1945
Worte zur Neuorientierung

Romano Guardini
Werke

Herausgegeben
von
Florian Schuller

im Auftrag
des Sachverständigengremiums für
den literarischen Nachlaß Romano Guardinis
bei der Katholischen Akademie in Bayern

Romano Guardini

1945
Worte zur Neuorientierung

Herausgegeben von
Alfons Knoll

unter Mitarbeit von Max A. Oberdorfer

Mit einem Vorwort von
Hans Maier

Matthias Grünewald Verlag · Ostfildern
Verlag Ferdinand Schöningh · Paderborn

Alle Autorenrechte liegen bei der
Katholischen Akademie in Bayern

»Romano Guardini, 1945. Worte zur Neuorientierung«:
1. Auflage 2015

Für die Schwabenverlag AG ist Nachhaltigkeit ein wichtiger
Maßstab ihres Handelns. Wir achten daher auf den Einsatz
umweltschonender Ressourcen und Materialien.

Bibliografische Information der Deutschen Nationalbibliothek
Die Deutsche Nationalbibliothek verzeichnet diese Publikation
in der Deutschen Nationalbibliografie; detaillierte bibliografische
Daten sind im Internet über http://dnb.d-nb.de abrufbar.

Umschlaggestaltung: Finken & Bumiller, Stuttgart
Satz: Schwabenverlag AG, Ostfildern
Druck: CPI – Ebner & Spiegel, Ulm
Hergestellt in Deutschland
ISBN 978-3-7867-3047-7 (Matthias Grünewald)
ISBN 978-3-506-78320-2 (Schöningh)

Inhalt

Vorwort

Leben und Werk Romano Guardinis sind seit langem gut erschlossen. Dabei richtete sich das Interesse der Forschung vor allem auf die Jahre nach dem Ersten und nach dem Zweiten Weltkrieg, in denen der Autor mit vielbeachteten Werken in Kirche und Öffentlichkeit hervortrat. Wer sich über Guardini, den Wegbereiter der liturgischen Bewegung (nach 1918), über Guardini, den Zeitkritiker und Interpreten der Gegenwart (nach 1945), unterrichten will, dem stehen heute zahlreiche Editionen und Monographien zur Verfügung.

Aber wie ist es mit dem Jahr 1945, das zwischen diesen Epochen liegt? Wie hat der Autor und Priester Guardini – Italiener von Herkunft, Deutscher nach eigener Wahl – auf das Kriegsende, den Zusammenbruch der Hitler-Diktatur, die Neuaufbrüche im Nachkriegsdeutschland reagiert?

Darüber wusste man bisher nur wenig. Das vorliegende Buch, herausgegeben von einem ausgewiesenen Guardini-Forscher, schließt daher eine Lücke, mehr noch: es markiert das Kriegsende und den Neubeginn im Jahr 1945 als einen wichtigen Dreh- und Angelpunkt im Leben und Werk Guardinis.

Die Katastrophe verschlug vielen die Sprache. Auch Guardinis Stimme erhob sich nur zögernd aus dem »Exil« im schwäbischen Mooshausen, wohin er 1943 aus dem vom Luftkrieg bedrohten Berlin geflüchtet war. Über den dortigen Pfarrer Josef Weiger, seinen Freund, über Bekannte und Besucher ergaben sich die ersten Nachkriegskontakte nach Memmingen, Ulm und Tübingen, nach Stuttgart und München. Zahlreiche der von Alfons Knoll und Max A. Oberdorfer edierten Texte waren bisher ungedruckt, ihre Existenz war allenfalls vom Hörensagen bekannt: so die in Memmingen am 8. Juli 1945 bei einem »Triduum« vor der katholischen Jugend gehaltenen Vorträge zu den Themen »Recht und Unrecht«, »Wahrheit«, »Vorsehung« – Guardinis erste Nachkriegsäußerung überhaupt –, dann die im August/September 1945 in Memmingen, Ulm und Stuttgart vorgetragenen Überlegungen zum Thema »Wahrheit und Lüge«; ferner die Eingangsbemerkungen zum Beginn der Vorlesungen in Tübingen (15.11.1945) und ein 1945/46 in Tübingen, München und Stuttgart gehaltener Vortrag »Unsere Verantwortung für die Sprache«. Auch andere Texte wie der Vortrag »Die Vorsehung« und die bekannte Würdigung der Weißen Rose »Die Waage des Daseins« – beide gleichfalls aus diesem Zeitraum stammend – werden hier dankenswerterweise wieder in Erinnerung gebracht.

Es wäre verlockend, Guardinis Nachkriegstexte mit anderen Äußerungen dieser Zeit zu vergleichen und eine Einordnung zu versuchen – etwa mit den gleichzeitig erschienenen Schriften von Karl Barth, Karl Jaspers, Isa Vermehren, Reinhold Schneider. Berührungen ergeben sich vor allem mit Werner Bergengruens 1945 erschienenen Gedichtband »Dies irae«. Ganz ähnlich wie Guardini in seinen im Jahr 1945 gehaltenen Vorträgen stellt auch Bergengruen dort die Lüge als zentrales Kennzeichen der NS-Zeit heraus: »Wo ist das Volk, das dies schadlos an seiner Seele ertrüge? / Jahre und Jahre war unsere tägliche Nahrung die Lüge.« Auch zu den Sprachanalysen von Dolf Sternberger, Gerhard Storz und Wilhelm Emmanuel Süskind, die typischen Nazi-Worten galten und 1945–1948 in der Zeitschrift »Die Wandlung« erschienen – später zusammengefasst in dem Buch »Aus dem Wörterbuch des Unmenschen« (1957) – ergeben sich zahlreiche Beziehungen. Aber bezeichnend für Guardini ist doch der Bezug zur Jugend: dass seine ersten Worte über das eben Geschehene an junge Menschen gerichtet sind als Mahnung und Warnung, aber auch als Aufmunterung und Ansporn – das kennzeichnet den Pädagogen und Seelenführer.

Das Mittelstück der Edition, die Studie »Der Heilbringer in Mythos, Offenbarung und Politik« – geschrieben schon in der Kriegszeit im Pfarrhaus in Mooshausen, als Buch veröffentlicht 1946 – greift über die speziellen Anlässe der Nachkriegszeit hinaus und geht unmittelbar auf das Dritte Reich und Hitler ein. Der Text ist ein Versuch, das Phänomen Nationalsozialismus religionsphilosophisch zu erschließen – wohl der einzige, der in der unmittelbaren Nachkriegszeit unternommen wurde. Guardini macht dabei von den religionsphänomenologischen Forschungen seit 1900, von den Arbeiten von Rudolf Otto, Heinrich Scholz, Gerardus van der Leeuw und anderen Gebrauch, die den individualistisch verengten Religionsbegriff des 19. Jahrhunderts zu überwinden strebten und ein neues, umfassendes Bild von »Religion« entwarfen. Religion gewann in diesen Schriften mit der sozialen Dimension auch die Züge des Numinosen, Faszinierend-Erschreckenden, Provozierenden zurück, die in einer Betrachtung der Religion »innerhalb der Grenzen der bloßen Vernunft« verloren gegangen waren. Zentrale Begriffe wie Heil und Unheil, Heilbringer, Heilserwartung traten neu hervor. Religion wurde auf elementare Weise versinnlicht und verkörperlicht – was Guardini, dem Anwalt des »Lebendig-Konkreten«, sichtlich entgegenkam.

Guardini nimmt den »Heilbringer der zwölf Jahre«, Adolf Hitler, als quasi-religiöse Figur so ernst wie kein Autor vor ihm. Er ist für ihn der mythische Usurpator, der im Verblassen des christlichen Bewusstseins in der Gegenwart von der allgemeinen Sinnleere profitiert, der in einer krisenhaften, zur Entscheidung drängenden Zeit die messianischen Erwartungen der Massen auf sich zieht. Das »Heil« – allgegenwärtig im »Heil-Hitler-Gruß« – spielt in Guardinis Analysen eine Schlüsselrolle. Mit ihm dringt der Usurpator bestimmend in den Alltag, in den täglichen Umgang der Menschen miteinander ein – was in dieser Dichte und Penetranz nicht einmal anderen zeitgenössischen Diktatoren wie Lenin, Mussolini und Stalin gelang. Der Hitlergruß beherrschte in Deutschland in den zwölf Hitler-Jahren die gesamte Kommunikation, das öffentliche wie private Leben; noch im Kriegsende, in den Monaten der Zerstörung und des Untergangs, ging er – wie es Walter Kempowski in seinem Roman »Alles umsonst« (2006) geschildert hat – wie ein rituelles Zucken durch die allgemeine Auflösung hindurch. Wer das erlebt hat – der Unterzeichnete gehört dazu – wird gerade diesen Passagen in Guardinis »Heilbringer« besondere Hellsicht und Tiefe bescheinigen. Sie veranschaulichen auf souveräne Weise die pseudoreligiöse Dimension des Nationalsozialismus, ohne deren Einbeziehung und Würdigung sein historisches Bild unvollständig und fragmentarisch bliebe.

Den Lesern der neuen und der alten Texte Guardinis gibt der Herausgeber in einem einleitenden Essay wichtige Fingerzeige. Seine ausführliche Kommentierung der Texte in zahlreichen Anmerkungen lässt keine Wünsche übrig. Alfons Knoll sei für die Entdeckung und Vergegenwärtigung dieses »Guardini 1945« herzlich gedankt!

HANS MAIER

Einleitung

»Spürt man noch den Staub in der Luft jener heißen Sommer-
tage 1945, das bröckelnde Abrutschen des Ruinenschutts unter
den Füßen, als man auf schmalen, ausgetretenen Pfaden am
Abend zur Martin-Luther-Kirche zog; erinnert man sich des er-
greifenden Sichöffnens der Zuhörer an jenen ersten Abenden, als
wenige Wochen nach dem Chaos Menschen dort zu sprechen
begannen, die zu den geistigen Hintergründen der unmittelbaren Vergangenheit Stellung nahmen?«[1] – Mit diesen Worten erinnert sich ein Zeitzeuge an das große Wendejahr 1945, das mit
dem Kriegsende am 8. Mai auch für die fast völlig zerstörte Stadt
Ulm an der Donau eine echte ›Stunde Null‹ brachte, in der Wei-
chen für eine völlig ungewisse Zukunft gestellt wurden. Was
später beim anstrengenden äußeren Wiederaufbau Deutschlands
und durch die Erfahrung des erstaunlichen ›Wirtschaftswunders‹
im Westteil der Bundesrepublik schnell wieder in den Hintergrund trat, war für viele Persönlichkeiten, die nach Jahren
schändlicher Verbrechen und erzwungenen Schweigens noch
der selbstverständliche erste Schritt: ein Aufdecken der Hinter-
gründe und Abgründe der Vergangenheit! Nur so konnten ja
Lehren gezogen und Wege in die Zukunft gewiesen werden.
Nur so konnten Orientierungsmarken gegeben und Wertmaß-
stäbe in Erinnerung gerufen oder von neuem entwickelt werden.
Und offenbar suchten genau danach die Menschen, die in der
›Stunde Null‹ zwar durchaus auch ganz elementare Sorgen um
die äußeren Lebensumstände hatten, zugleich aber offensichtlich
ahnten, dass sie in diesem Augenblick mehr brauchten als körperliche Kraft und materielle Ressourcen.
Zu den Rednern, die vor diesem Hintergrund nach Ulm geholt
wurden, gehörte auch *Romano Guardini* (1885–1968) – in Ve-
rona geboren, in Mainz aufgewachsen, dort 1911 zum Priester
geweiht, ab 1923 Professor für Religionsphilosophie und katholische Weltanschauung in Berlin, zugleich aber auch geistiger
Mentor der katholischen Jugendbewegung und der Liturgischen
Bewegung. Nach dem erzwungenen Ende seiner Tätigkeit auf
der Quickbornburg Rothenfels am Main wie auch seiner Berliner Professur im Jahr 1939 war dieser gefeierte Pädagoge,

Prediger, Universitätsprofessor und Schriftsteller seit Sommer 1943 in die Verborgenheit des kleinen Pfarrhauses von Mooshausen im württembergischen Allgäu ›abgetaucht‹, um nun, nach dem Ende der nationalsozialistischen Schreckensherrschaft und der grauenvollen Zerstörungen des Krieges Schritt für Schritt wieder in die Öffentlichkeit zurückzukehren![2] Er sprach sicher verhaltener als mancher Andere, aber sein unaufdringlich präsenter christlicher Hintergrund und sein abwägendes Herantasten »an die Gründe des Daseins«[3], das keineswegs weniger auf einer kritischen Analyse der zurückliegenden »zwölf Jahre«[4] basierte, zogen gerade in diesen Nachkriegsjahren unzählige Menschen an, und zwar weit über den eng begrenzten Bereich des Katholizismus hinaus.

Dabei sollte nicht übersehen werden, dass es sich hier um erste tastende Versuche handelte, nach den Jahren des Verstummens überhaupt erst einmal die Sprache wiederzufinden. Sehr vieles blieb ungesagt, auch sehr Bedeutendes, und aus größerer zeitlicher Distanz heraus vermisst man am schmerzlichsten, dass nicht entschiedener vom Entsetzlichsten und Furchtbarsten die Rede ist, das in jenen Jahren geschah – von den grausamen Massakern an unzähligen Menschen und vor allem vom Versuch der Auslöschung des jüdischen Volkes in der *Schoa*.[5] Hier geht es wohl zunächst überhaupt erst einmal um die Wiederaufrichtung der Koordinaten, innerhalb derer das menschliche Dasein wieder ›richtig‹ wird, um vor diesem Hintergrund dann auch die Verbrechen der Vergangenheit in vollem Maße als solche erkennen und aufarbeiten zu können.[6]

Der vorliegende Band dokumentiert sieben Vorträge, die Guardini unmittelbar nach Kriegsende bis zum Ausgang des Jahres 1945 vor allem im württembergischen Raum sowie im direkt benachbarten Gebiet des bayerischen Schwaben hielt. Entweder wird hierbei auf direkte Vortragsunterlagen (Typoskripte) zurückgegriffen, soweit diese noch vorhanden sind (hier handelt es sich demzufolge um Erstveröffentlichungen, was für die Kapitel I, II, VI und VII gilt), oder auf Publikationen, die zeitnah auf den gehaltenen Vorträgen basieren, teils relativ wörtlich (wie bei den Kapiteln IV und V), teils in erheblich erweiterter Form (wie in Kapitel III). Auf diese Weise soll das anschauliche Bild eines Redners entstehen, der heute vor siebzig Jahren an vielen Orten durch klare und sensible Worte Neuorientierung zu geben versuchte. Die beigefügten Anmerkungen, aus Gründen der Lesbarkeit an das Ende des Bandes gestellt, wollen neben möglichst kurzen editorischen Hinweisen eine Erläuterung von Begriffen und Sachverhalten bieten, die heute nicht mehr ohne weiteres verständlich sind. Bisweilen machen sie auch knapp den Zusammenhang mit Guardinis sonstigen Werken deutlich, ohne hierbei freilich über bloß punktuelle Hinweise hinauszugehen. Die Vortragstermine innerhalb des Jahres 1945 werden jeweils nach der Überschrift des Vortrags kurz genannt. Die genauen bibliographischen Nachweise zur Textgrundlage sowie zu weiterer in den Anmerkungen benutzter Literatur finden sich ebenfalls am Schluss dieses Bandes.

Vom Schreibtisch zurück ans Vortragspult

Noch im Februar 1945 hatte Guardini beim Schreiben autobiographischer Aufzeichnungen wehmütig auf seine akademische Lehrtätigkeit zurückgeblickt; ein Vortrag vor der Stuttgarter Hölderlingesellschaft (am 8. Juli 1944) sei der einzige Anlass gewesen, wo er sich seit der Aufhebung des Lehrstuhls ganz an seinem Platz gefühlt habe.[7] »Alles ist anders. Die äußere Tätigkeit, der Verkehr mit den Menschen und die Möglichkeiten des Angeregtwerdens und Lernens, die in Berlin mein Leben bestimmten, sind verschwunden. Alles hat sich in die Arbeit am Schreibtisch zusammengezogen – und in die Hoffnung, noch einmal zu irgendeiner Aufgabe gerufen zu werden.«[8] Das abgelegene Dorf, in dem Guardinis engster Freund *Josef Weiger* (1883–1966) seit 1917 als Pfarrer wirkte, hatte in den vergangenen Jahren das Grauen des Krieges relativ fern halten können, doch diese Distanz schuf Raum für kritische Zeitanalyse und gefahrlosen Austausch unter Menschen, die ihre geistige Unabhängigkeit bewahren und sich in ihrem inneren Widerstand gegen den Zeitgeist gegenseitig stützen wollten.[9] Neben dem bereits genannten Stuttgarter Vortrag über »Form und Sinn der Landschaft in den Dichtungen Hölderlins« konnte Guardini 1944 lediglich einige »Konferenzen« des Katholischen Bibelwerks im Raum Südwürttemberg halten, wozu es allerdings keine weiteren Informationen gibt.[10]

Nach Kriegsende nahmen zuerst katholische Kreise in der nahe gelegenen bayerischen Stadt *Memmingen* Kontakt mit Guardini auf und gewannen den für sein Wirken unter der Jugend der 1920er Jahre bekannt gewordenen Professor für ein »Triduum« zur Vorbereitung des ersten »Bekenntnistags der katholischen Jugend«, der am Sonntag, den 8. Juli 1945 stattfinden sollte.[11] Mit dieser Veranstaltungsform griffen die Memminger Jugendlichen und ihre Seelsorger eine Tradition auf, die mit der Einführung von »Jünglingssonntagen« oder »religiösen Jugendsonntagen« um die Jahrhundertwende ihren Anfang genommen hatte.[12] Später entwickelten sich daraus am Dreifaltigkeitsfest (am Sonntag nach Pfingsten) und am Christkönigsfest (damals noch am letzten Sonntag im Oktober) »Bekenntnistage« der katholischen Jugend (auch »Gottbekenntnistage« genannt), die gerade in nationalsozialistischer Zeit eine immer größere Rolle zu spielen begannen, da durch die Behinderung und später das Verbot der Verbände nur noch die Form rein religiöser Versammlungen (vorerst) möglich war.[13] An diese Tradition knüpfte auch die katholische Jugendarbeit im Nachkriegsdeutschland zunächst wieder an, in Memmingen sogar schon zu einem besonders frühen Zeitpunkt, wenn auch nicht am Dreifaltigkeitssonntag (der in diesem Jahr auf den 27. Mai gefallen wäre, wo an eine solche Veranstaltung noch kaum zu denken war), wohl aber sechs Wochen später.

Die darauf vorbereitenden Vorträge fanden offenbar an den beiden unmittelbar vorangehenden Tagen in der Kirche St. Johann statt; Guardini sprach, wie ein Augenzeuge berichtet, »von der Kanzel herab. Das Ganze war Vortrag, nicht Liturgie. Die Kirche war gesteckt voll.«[14] Die örtliche Zeitung erwähnt rückblickend Vorträge über »Recht und Unrecht« sowie über »Wahrheit und Lüge«[15] und nach Auskunft von Zeugen musste Guardini hierzu über das Iller-Stauwehr bzw. die Eisenbahnbrücke (das heißt über die Grenze zwischen französischer und amerikanischer Besatzungszone) geradezu »geschmuggelt« werden.[16] Es ging also durchaus etwas abenteuerlich zu, und auch Memmingen lag noch weitgehend in Trümmern, sodass die Veranstaltungsreihe Anfang Juli bei aller äußeren Bescheidenheit ein bedeutsames Ereignis im Leben der Stadt dargestellt haben muss. Dass Guardini freilich nicht nur zwei, sondern drei Vorträge hielt, ergibt sich aus dem Nachlass Guardinis[17], der neben den Vorträgen über »*Recht und Unrecht*« und »*Die Wahrheit*«[18] noch einen weiteren über »*Die Vorsehung*« umfasst, der vermutlich am Bekenntnistag selbst, also am Sonntag (vielleicht nach dem Festgottesdienst oder an anderer Stelle), stattgefunden haben wird. Die Memminger Jugendvorträge werden hier erstmals nach den Typoskripten veröffentlicht (Kapitel I), auch wenn sie in mancherlei Hinsicht Entwurfscharakter tragen.[19]

Schon hier fällt auf, dass Guardini *grundsätzliche* Werte und Vorstellungen thematisiert, statt sich mit spezifisch religiösen bzw. christlichen (oder gar dezidiert katholischen) Fragen zu beschäftigen. Das gilt auch für das Stichwort »Vorsehung«, das gerade vor dem Hintergrund der vorhergehenden ›zwölf Jahre‹ damals eine große Aktualität besaß, auf die weiter unten noch einzugehen sein wird. Schon hier lenkt Guardini in jedem einzelnen Vortrag den Blick zurück in die ideologischen Abgründe des sogenannten ›Dritten Reiches‹ und ist offensichtlich darum bemüht, die in diesem Regime groß gewordenen jungen Menschen wieder an die universalen Werte der Menschlichkeit heranzuführen und die entscheidenden Aufgaben eines geistigen Neuanfangs in der vor ihnen liegenden Epoche vorzubereiten. Allerdings versäumt er es auch nicht, von jedem der drei Stichworte (Recht, Wahrheit, Vorsehung) aus den Blick gerade auf *Jesus Christus* zu richten, der – wie schon auf den Bekenntnistagen der Vorkriegszeit – auch jetzt im Zentrum des Jugendtreffens stand. Die jungen Menschen sollten spüren, dass die entscheidende Motivation für die geistige Neuorientierung, zu der sich ihre ganze Generation entschließen sollte, speziell ihnen von einem lebendigen Christusglauben her zufließen werde.

Die Ulmer Vorträge

Am Sonntag, den 5. August, kehrte Guardini noch einmal nach *Memmingen* zurück, diesmal aber, wieder in der Kirche St. Johann, zu einem Vortrag vor Erwachsenen. Er wählt dafür ein Thema, das ihm in diesen Monaten offenbar besonders vordringlich erschien: ›*Wahrheit und Lüge*‹.[20] Die Ausarbeitung des Themas hat offenbar mehrere Stufen durchlaufen[21] und Guardini hat den in Memmingen erstmals vorgetragenen Text für spätere Anlässe weiter bearbeitet, unter anderem auch für *Ulm,* wo schon im Jahr 1945 eine umfassende kulturelle Aufbauarbeit begann.

Neben den ersten Konzerten und Aufführungen der ›Städtischen Bühne‹, der vorläufigen Wiedereröffnung des Ulmer Museums und der ›Städtischen Volksbücherei‹, der Gründung einer Zeitung und eines Verlages sowie der Einrichtung eines Amerikahauses[22] wurde vor allem eine Reihe von Vorträgen etabliert, die meist donnerstags um 19.30 Uhr in der Martin-Luther-Kirche stattfanden.[23] Der Titel ›*Religiöse Ansprachen über christliche Weltanschauung*‹[24] verrät deutlich den Einfluss Guardinis, hatte dieser doch in Berlin über »Religionsphilosophie und katholische Weltanschauung« gelesen und seine Tätigkeit 1923 mit einer grundlegenden Reflexion über das »Wesen katholischer Weltanschauung« eingeleitet.[25] Für den Tübinger Neuanfang dieses Lehrstuhls favorisierte er die Umbenennung in »christliche Weltanschauung«,[26] die auch im Ulmer Titel auftaucht, zumal man dort eine konfessionsübergreifende Zielgruppe im Auge hatte.[27] Schon von Anfang an hatte sich Guardini sowohl von dem kämpferischen Grundton des politischen Katholizismus, der sich für die Interessen einer ›katholischen Weltanschauung‹ stark machte, wie auch von dem relativistischen Klang, den der Begriff im Kontext liberalistischer Weltanschauungstypologien hatte, distanziert und ›katholische Weltanschauung‹ als umfassenden Blick des christlichen Glaubens (auf dem Standpunkt Christi, verankert in der Kirche) auf das Ganze des menschlichen Daseins interpretiert – zunächst auf der Ebene des menschlichen Lebens überhaupt, dann aber auch – im wissenschaftlichen Kontext – als ›katholische‹ bzw. ›christliche‹ Weltanschauungs-Lehre.[28]

Die Initiative ging in Ulm von einem Kreis junger Erwachsener aus, die später auch den Grundstein zur städtischen Volkshochschule legten. Zu ihnen gehörte vor allem *Otto (Otl) Aicher* (1922–1991), der aus dem katholischen Milieu Söflingens stammte und trotz kritischer Distanz zur ›Institution‹ Kirche tief von der Widerstandskraft des damaligen Söflinger Pfarrers

Franz Weiß und der katholischen Jugendbewegung geprägt war.[29] Er hatte sich während des ›Dritten Reiches‹ mit Inge, Hans, Elisabeth, Sophie und Werner Scholl angefreundet, den Kindern des seit 1932 in Ulm ansässigen Ehepaares Robert Scholl (1891–1973) und Magdalene Scholl (geb. Müller, 1881–1973). Die heranwachsenden Scholl-Geschwister waren von Haus aus protestantisch, schlossen sich aber – nach einer frühen Begeisterung für die Hitlerjugend – mit Otl Aicher und anderen Gleichartigen zu einem Freundeskreis zusammen, den eine eindeutige Distanz zur nationalsozialistischen Ideologie kennzeichnete.[30] *Hans Scholl* (geb. 1918) und *Sophie Scholl* (geb. 1921) gehörten später bekanntlich zum Kern der studentischen Widerstandsbewegung »Weiße Rose« in München und wurden mit einer Reihe von Mitstreitern nach ihrer Entdeckung und Verhaftung hingerichtet (beide am 22. September 1943).[31] Ihre ältere Schwester *Inge Scholl* (1917–1998), die weiter in Ulm lebte und das Gedächtnis ihrer ermordeten Geschwister intensiv pflegte (1952 erschien erstmals ihr Buch »Die weiße Rose«), wurde später die erste Vorsitzende der dortigen Volkshochschule, konvertierte zur katholischen Kirche und heiratete 1952 (mit Romano Guardini als Traupriester) den bereits erwähnten Jugendfreund Otl Aicher, der später zu einem bedeutenden deutschen Gestalter bzw. Grafikdesigner wurde. Mit Guardinis Schriften waren die Scholl-Geschwister – wie auch andere Mitglieder der »Weißen Rose« – schon früh vertraut gewesen, auch wenn die unmittelbare geistliche Begleitung von anderen katholischen Intellektuellen, vor allem *Theodor Haecker* (1879–1945) und *Carl Muth* (1867–1944), wahrgenommen worden war.[32] Durch deren Einfluss waren auch Hans und Sophie Scholl in eine immer größere Nähe zum Katholizismus hineingewachsen. Es war aber dann Otl Aicher, der über seine Söflinger Kontakte von Guardinis Aufenthaltsort in Mooshausen erfuhr und eines Tages »auf einem ziemlich ramponierten Motorrad«, wie Guardini sich später erinnert,[33] vor dem dortigen Pfarrhaus auftauchte. »Nach kurzer Vorstellung erklärte er: ›Herr Professor, es muss etwas geschehen!‹ Über das ›Dass‹ brauchten wir nicht zu diskutieren; Frage war nur das ›Wie‹.«[34] Am Ende des Gesprächs stand dann offenbar die Organisation jener Vorträge, von denen oben die Rede war.

16

Guardini beeinflusste nicht nur die Konzeption der Reihe (im Dienst an einer »christlichen Weltanschauung«), sondern er vermittelte auch den Kontakt der Initiatoren mit anderen bedeutenden katholischen Persönlichkeiten, von denen die meisten auf irgendeine Art mit ihm bekannt oder sogar befreundet waren.[35] Er hielt selbst am 16. August den Eröffnungsvortrag über »Wahrheit und Lüge«[36], auf den zwei Wochen später der Vortrag »Christ und Heide« des Benediktiners *Gregor Lang* (1884–1962) folgte. Am 13. September sprach erneut *Romano Guardini*, diesmal über »Die Heilandsgestalt als Mythos und Offenbarung«, was er kurz zuvor (am 9. September) wiederum bereits in Memmingen ausgebreitet hatte (dort unter dem Titel »Christus und der Mythos«[37]). Am 12. Oktober redete dann in Ulm der Moraltheologe *Theodor Steinbüchel* (1888–1949) über »Die Symptome der heutigen Krisis des Menschen«, am 25. Oktober der im bayerisch-schwäbischen Türkheim lebende Schriftsteller *Joseph Bernhart* (1881–1969) über »Das Dämonische in der Geschichte« und am 15. November der Leipziger Oratorianer *Werner Becker* (1904–1981) über »Das Harren des Christen«. Den Vortrag am 6. Dezember hielt der russische Schriftsteller *Fedor Stepun* (1884–1965) zum Thema »Wahrheit und Antlitz«, bevor am 20. Dezember zum vorläufigen Abschluss der Reihe noch einmal *Romano Guardini* nach Ulm kam, ohne dass uns der Titel dieses Vortrags bekannt ist.[38] »Als einziges Mittel der Benachrichtigung blieben Plakate, die an die Ruinenmauern angeschlagen wurden. In einer persönlichen, merkwürdig einprägsamen Handschrift mit teilweise vereinfachten Profilzeichnungen der Redner wurde auf die Vorträge aufmerksam gemacht. Die Plakate stammten von Otto Aicher und sind in ihrer Art einmalig; sie stellen eines der ersten öffentlichen Zeugnisse seines Stils und seiner Schaffenskraft dar.«[39]
In Ulm fand – neben dem sehr realen Ringen um eine Wiederherstellung elementarster Lebensgrundlagen – das Angebot ›geistiger Nahrung‹ offenbar breite Resonanz: »Die Menschen bewegten sich in den schmalen Gassen zwischen den Ruinenfeldern tastend und suchend. Ihre erste Sorge galt der Beschaffung von Nahrung und Kleidung und dem Herrichten einer Behausung. Zugleich aber regte sich in ihnen der Wunsch nach Geistigem, nach Aussprache, nach Anschluss. Erster und einziger

Treffpunkt im zerstörten Ulm war die Martin-Luther-Kirche in der Weststadt. Dort stand bereits im Sommer 1945 einer der großen Geistigen unserer Zeit, Romano Guardini, auf der Kanzel. ›Was ist Wahrheit?‹ war das Thema seines Vortrags.«[40] Auch dieser Vortrag wird hier erstmals publiziert (Kapitel II), wiederum in einer noch nicht völlig ausgereiften, dafür aber den Inhalt der Rede sehr wörtlich wiedergebenden Typoskript-Fassung.[41] Gerade dieses Thema blieb offenbar in Ulm noch lange in Erinnerung, zumal Guardini damit – nach dem ideologischen Gebrauch aller Variationen von Lüge und Trug – die für die Zukunft elementare Ausrichtung an der ›Wahrheit‹ ins Zentrum rückt – eine gerade jetzt, mit dem Neubeginn des Jahres 1945, im wörtlichen Sinne not-wendigen ›Welt-Anschauung‹, die ihre christlichen Wurzeln nicht verleugnet, sich aber zugleich an alle Menschen – gleich welcher religiöser Einstellung – wendet.

Guardini kehrte auch später immer wieder nach Ulm zurück, um dort Vorträge zu halten und die Arbeit der im Sommer 1946 gegründeten Volkshochschule sowie der von Otl Aicher gegründeten Hochschule für Gestaltung zu unterstützen.[42] »Auf der Fahrt zwischen Tübingen und Ulm in einem alten Holzvergaser über die Schwäbische Alb (wie oft blieben wir stecken und mussten dem braven Vehikel mit Anschieben wieder neue Zugkraft einflößen) gab es ausgiebig Gelegenheit, über die Entwicklung dieser Institution, über den Auftrag dieser Volkshochschule und der Erwachsenenbildung allgemein zu sprechen. Er sprudelte von Ideen und praktischen Ratschlägen. So ist die Besonderheit der Ulmer Volkshochschule, die noch heute wirkende Strahlkraft ihrer Gründungsjahre, der Kontakt mit vielen hervorragenden Köpfen der Wissenschaft und des geistigen Lebens, in vielem auf ihn zurückzuführen … Als dann einige Jahre später die Vorarbeit für die Hochschule für Gestaltung begann, stellte er sich mit großer Selbstverständlichkeit in das Kuratorium der Geschwister-Scholl-Stiftung, der Trägerin der künftigen Hochschule.«[43]

Hilfen zur Unterscheidung

Nach *Memmingen* kehrte Guardini nur noch zwei Mal zurück, und zwar zu dem bereits erwähnten Vortrag am 9. September 1945 (»Christus und der Mythos«) sowie am 28. Oktober, ebenfalls einem Sonntag, als er über »Die Vorsehungsbotschaft Jesu« sprach.[44] Auch in *Ulm* folgte bekanntlich auf die Rede über die Wahrheit eine solche über »Die Heilandsgestalt als Mythos und Offenbarung« (siehe oben) und über die »Vorsehung«, letztere freilich erst Ende 1946.[45] In *Stuttgart* sollte Guardini im Rahmen der auch dort neu begründeten »Religiösen Bildungsarbeit« die ersten beiden Vorträge des Winterhalbjahres halten und wählte dafür »Wahrheit und Lüge« (am 23. September) und »Der Heiland in Mythos und Offenbarung« (am 24. September).[46] Das dritte Hauptthema dieser Monate, die christliche Interpretation der »Vorsehung«, spielte in Guardinis Vortragstätigkeit noch längere Zeit hinweg eine nicht unbedeutende Rolle und ist nach Memmingen (siehe oben), Mariatann bei Wolfegg,[47] Heilbronn (im Winter 1945/46[48]) und Ulm (am 22. Dezember 1946) auch noch für Ravensburg (am 15. April 1947) und Trier (am 27. Mai 1947) nachzuweisen.

Dem Vortrag über die »*Vorsehung*«, den wir in der publizierten Fassung von 1948[49] ebenfalls an dieser Stelle neu edieren (Kapitel IV) lag der überarbeitete Text einer Kleinschrift zugrunde, mit der Guardini bereits im Jahr 1939 die Reihe »Christliche Besinnung« eröffnet hatte.[50] Auffällig dabei ist, dass die Worte »Vorsehung« und »Jesus« im Titel ursprünglich kursiv gesetzt worden waren, was im späteren Wiederabdruck dann allerdings verschwindet.[51] Da Hitler vor 1939 den Begriff noch eher selten auf seine eigene Person anwandte, ist es fraglich, ob Guardini sich schon mit dem *Titel* seines Beitrags bewusst von der nationalsozialistischen Vorsehungsideologie, die während des Krieges dann immer häufiger herangezogen wird, absetzen wollte. Die Rede von »starken, wagemutigen und schöpferischen Menschen«, die davon überzeugt sind, für eine »bestimmte Aufgabe« da zu sein und »von den Mächten des Daseins unterstützt« zu werden, so dass sie sich als »Mittelpunkt des Geschehens« und »von einem geheimnisvollen Auftrag gesendet« usw. finden,[52] wurde von einem Zensor des Sicherheitsdienstes (SD) im

Reichssicherheitshauptamt 1941 jedoch sofort als ein Angriff auf den ›Führer‹ verstanden und zusammen mit weiteren Klein-schriften Guardinis und anderer inkriminiert, ohne dass es dann freilich Gott sei Dank zu den angekündigten »staatspolizeilichen Maßnahmen« kam.[53] Guardini hat von dieser Anordnung vermutlich nie etwas erfahren, jedoch seinerseits nach dem Krieg seine Vorsehungsschrift als eine Auseinandersetzung mit der verzerrenden Darstellung der Hitler-Propaganda interpre-tiert – fügte er doch jetzt ausdrücklich Beispiele einer verkehrten Selbstsicherheit im Vertrauen auf das über ihnen waltende ›Schicksal‹, den ›Stern‹, das ›Glück‹ und ihrer katastrophalen Konsequenzen hinzu. Dabei nennt er zum einen Napoleon, zum andern jenen Vorgang, »in welchem sich Massensinn mit quälen-der Minderwertigkeit mischen, die Erscheinung Hitlers.«[54] Was früher eher unbewusst geschehen sein mag (vielleicht aber doch auch zu jenen sublimeren Formen einer geistigen Immunisie-rung gegenüber der allgegenwärtigen Indoktrination gehört hatte), wird jetzt explizit: Es geht darum, die Urbedeutung reli-giös (und christlich) konnotierter Worte wiederzufinden. Weil auch »der Gedanke der Vorsehung ins Welthafte geglitten ist und dabei einen unbestimmten, ja falschen Sinn angenommen hat«, muss er »gegen ähnliche und doch wesensverschiedene Vorstellungen abgegrenzt werden«[55], und zwar aus der ur-sprünglichen Botschaft Jesu heraus! »Worum es eigentlich geht, ist das Werden des Reiches Gottes und des Menschen in ihm«[56] – nicht des »Dritten Reiches« also und überhaupt nicht in Form der »Durchsetzung gewisser politischer Ziele, wozu eben jene ›Vorsehung‹ Hitlers in Dienst genommen wird.«[57] Für die tatsächliche Aktualität dieser Gedanken im Kontext einer kritischen Aufarbeitung der Vergangenheit spricht auch ihre Aufnahme in die von *Walter Dirks* und *Eugen Kogon* heraus-gegebenen »Frankfurter Hefte«.[58]

Auch der Vortrag über den »*Heiland*« bzw. die »Heilandsge-stalt« oder den »Heilbringer«, hier ebenfalls nach der zeitnah publizierten Fassung neu ediert (Kapitel III),[59] basiert auf einem viel früheren Beitrag, nämlich dem Aufsatz »Der Heiland«, mit dem Guardini sich vor allem mit aktuellen religionsphänomeno-logischen Erkenntnissen auseinandersetzen wollte.[60] Dieser ge-hört in eine Reihe ganz ähnlich ausgerichteter Arbeiten, die dazu

beitragen wollen, »wesentliche Inhalte des christlichen Bewusstseins aus den Überdeckungen, Angleichungen und Verfälschun-
gen freizumachen, in die sie im Laufe der Neuzeit geraten
sind«[61]. Guardini hatte hier nicht ausschließlich die nationalsozialistische Propaganda vor Augen, sondern die gesamte neuzeitliche Entwicklung mit ihrer »Entkräftung des Glaubens«,
dem immensen Einfluss des wissenschaftlichen Fortschritts und
der Tendenz zum »Synkretismus«.[62] »In diesem Wirrsal von
Verwechslungen, Verschiebungen, Verdünnungen und Sinnent-
leerungen; diesen bis ins Phantastische gehenden Verzerrungen;
diesen Fehldeutungen bis zum Unsinn; diesem Übersehen des
vor Augen Liegenden bis zur Blindheit, ja bis zur offenkundigen
Selbstverschließung des Geistes – in dieser geradezu dämoni-
schen Wirrnis fassen diese Versuche die jetzt vor allem gefor-
derte Aufgabe an: Die ursprünglichen christlichen Phänomene
herauszuholen; das Christlich-Eigentliche vom Allgemein-Religiösen zu unterscheiden; jedem seinen Sinn zu geben und eben
damit das echte positive Verhältnis zu finden.«[63] Hierzu greift
Guardini die Erkenntnisse über die Erfahrungen von »Heil«
und die Gestalt des »Heilbringers oder »Heilandes« aus den religionsphänomenologischen Forschungen seiner Zeit auf,[64] um
anschließend bei der Rückfrage nach Christus festzustellen, dass
dieser nicht einfach als eine »Heilandsgestalt unter anderen« betrachtet werden dürfe (um dann am Ende gar als »missglückter
Heiland« zu erscheinen), sondern als ein Heilbringer unver-
wechselbar eigener Art, »quer« zu den übrigen »Heilanden« wie
Dionysos oder Baldur, nämlich ganz in der Geschichte stehend
und die Rhythmen der Natur durchbrechend, also von eben
jenem Kreislauf erlösend, den die übrigen »Heilande« gerade
repräsentieren, »aus der unabhängigen, ihrer selbst mächtigen
Freiheit Gottes« kommend und so jenes Heil des Menschen ent-
hüllend, das allein aus Gott stammt. Dabei könnten Heilande
wie Dionysos, Orpheus oder Herakles durchaus als Gestalten
des »Advent« interpretiert werden, wenn die dahinter stehenden
Erfahrungen sich, wie es in der christlichen Liturgie häufig der
Fall sei, auf die »eigentliche Erlösung« hin öffneten und sich
nicht, als Vorboten des »Antichrist«, im bloß Naturhaften ver-
schlössen.
Dass gerade diese – an sich nur auf den Dialog mit den Religi-

onswissenschaften ausgerichtete – Darstellung in den folgenden Jahren auch als ein Kontrast zur nationalsozialistischen Vereinnahmung des Heilsbegriffs (»Heil Hitler!«) und der Stilisierung des »Führers« zu einem Heilbringer des deutschen Volkes verstanden werden konnte – ähnlich wie übrigens Guardinis bis heute berühmte Christuspredigten, die 1937 unter dem prägnanten Titel »Der Herr« als Buch erschienen[65] –, versteht sich von selbst, so dass es nicht verwunderlich ist, wenn Guardini im Jahr 1945 diese indirekte Wirkung nun auch explizit macht. Der Titel der entsprechenden Vorträge lässt das zwar noch nicht erkennen, da hier immer noch der Gedanke einer ›Unterscheidung des Christlichen‹ im Kontext religionsphänomenologischer Forschung (»Christus und der Mythos«, »Die Heilandsgestalt als Mythos und Offenbarung«, »Der Heiland in Mythos und Offenbarung«) dominiert; aber ähnlich wie in den Memminger Jugendvorträgen sowie in den weiteren Vorträgen des Jahres 1945 wird Guardini nicht ausgerechnet hier den Ungeist der voraufgehenden ›zwölf Jahre‹ außer Acht gelassen haben.[66] Die Publikationsfassung trägt jedenfalls nun den Titel, der wohl auch schon dem Duktus der Vorträge von 1945 entspricht: *»Der Heilbringer in Mythos, Offenbarung und (!) Politik«*. Dafür spricht, dass diese schriftliche Fassung bereits an Weihnachten 1945 fertig gestellt war, als Guardini in seiner in Mooshausen niedergeschriebenen Vorbemerkung den Hintergrund der ›zwölf Jahre‹ klar zum Ausdruck bringt, um dann allerdings zusätzlich noch den größeren Zusammenhang der »Nach-Neuzeit« und der damit gegebenen »geistig-religiösen Situation« über das Jahr 1945 hinaus deutlich zu machen.

Zu diesem weiteren Horizont gehört, zumindest in der Buchfassung, die Einbeziehung des *Europa*-Gedankens.[67] Guardini identifiziert in seinem Heilbringer-Beitrag die Begriffe »Europa« und »Abendland« und knüpft damit sowohl an die berühmte »Europa«-Rede des Romantikers *Novalis*[68] als auch an die nach dem Ende des Ersten Weltkriegs neu entfachte »Abendland«-Idee[69] an. Dabei folgt er freilich nicht der Ablehnung des ›Europa‹-Gedankens im Namen eines zwar im »Untergang« begriffenen, aber irgendwann wieder erstehenden »Abendlandes« im Sinne eines *Oswald Spengler* (1880–1936).[70] Mit einzelnen Protagonisten eines katholischen »Abendland-Kreises« stand

Guardini seit den zwanziger Jahren zwar in Kontakt, kann allerdings kaum als ein eigentliches Mitglied angesehen werden. Mit *Theodor Haecker* verwendet er vielmehr emphatisch bereits in den zwanziger Jahren den Europa-Begriff,[71] schreibt als Dostojewskij-Interpret (konträr zu Spengler) der russischen Kultur eine wichtige Bedeutung für Europa zu (ohne sie explizit diesem Kulturraum zuzuordnen)[72] und sieht außerdem die als »Abendland/Europa« charakterisierte Einheit als integrierenden Bestandteil einer immer mehr ihre Einheit begreifenden Weltkultur.[73]

Ausweitung des Wirkungsfeldes

Schon im Juni 1945, als Guardinis Vortragstätigkeit noch nicht einmal begonnen hatte, taucht sein Name bereits im Umfeld des von der französischen Besatzungsmacht als Landesdirektor für das Unterrichtswesen und die kulturellen Angelegenheiten eingesetzten *Carlo Schmid* (1896–1979) auf.[74] Nachdem dieser deswegen mit der neu formierten Philosophischen Fakultät der Universität Tübingen Kontakt aufgenommen hatte, antwortete Dekan Rudolf Stadelmann am 30. Juli zustimmend, bei der »kulturpolitischen Bedeutung«, die dem Werk Guardinis zukomme, dürfe »die Gelegenheit nicht versäumt werden, diesem wahrhaft sokratischen Lehrer eine Einwirkung auf die akademische Jugend zu ermöglichen«[75]. Als dann im August Gerüchte über eine angebliche Berufung Guardinis nach München kursierten, trieb Schmid die Universitätsgremien zur Eile an, was dort nicht nur auf Wohlwollen stieß.[76] Als Guardini am 23. und 24. September im Stuttgarter Gesellenhaus seine beiden Vorträge über »Wahrheit und Lüge« und den »Heiland in Mythos und Offenbarung« hielt (siehe oben), konnte er den Aufenthalt bereits dazu nutzen, nähere Vereinbarungen bezüglich seiner Berufung nach Tübingen zu unterzeichnen.[77]
Guardinis Ruf als Vortragsredner drang aber bereits über Süddeutschland hinaus. Im Oktober reiste eigens eine junge Studentin von Frankfurt am Main nach München, Türkheim und Mooshausen, um Josef Bernhart und Romano Guardini als Redner für eine Vortragsreihe des Freien Deutschen Hochstifts in

Frankfurt am Main zu gewinnen, an der sich auch die evangelischen Theologen Karl Barth und Martin Dibelius, der Pädagoge Wilhelm Flitner und viele andere bedeutende Persönlichkeiten unterschiedlichster Fachrichtungen beteiligten.[78] Auch wenn ein Vortrag Guardinis dann doch nicht zustande kam, macht die Einladung zumindest deutlich, welche Bedeutung man dem ehemaligen Berliner Professor zumaß.[79] Zusammen mit Theodor Heuss, Reinhold Schneider, Karl Barth, Josef Bernhart und anderen wird Guardini auch im Oktober 1945 von der Stuttgarter Deutschen Verlagsanstalt zur Mitarbeit an einer neuen Reihe eingeladen, wobei es sich eigentlich nur um jene Serie von kleineren Schriften handeln kann, die unter dem Titel »Der Deutschenspiegel. Schriften zur Erkenntnis und Erneuerung« ab 1946 zu erscheinen begann und in der Guardini dann (als Heft 7 dieser Reihe) seinen Beitrag über den »Heilbringer« publizierte.[80]

Manche wunderten sich dennoch, dass ausgerechnet Guardini die Hauptrede bei der ersten *Gedenkfeier* für die Opfer der studentischen Widerstandsbewegung »Weiße Rose« hielt, die am Vormittag des 4. November 1945 im Münchener Schauspielhaus (Kammerspiele) stattfand.[81] Guardini sprach nach dem Oberbürgermeister (Karl Scharnagl), dem Staatsminister für Unterricht und Kultus (Franz Fendt) sowie Josef Furtmeyer als Angehörigem des »Freundeskreises«. Gleich zu Beginn machte er deutlich, dass er von den »Angehörigen« und »Freunden« der Ermordeten um seine Rede gebeten worden war, obwohl er diese nicht persönlich gekannt habe.[82] Wer um seine oben beschriebenen Ulmer Kontakte wusste, konnte aber die Auswahl Guardinis für diese Veranstaltung gut nachvollziehen. Auch später, als er schon an der Münchner Universität lehrt, wird Guardini intensiv die Erinnerung an die Mitglieder der studentischen Widerstandsbewegung pflegen, sodass es sich nahelegte, seine Rede zusammen mit Geleitworten des Rektors und des Studentenvertreters sowie einer Hinführung von Inge Scholl ab 1955 in einer eigenen Broschüre jedem dort neu immatrikulierten Studenten zu überreichen.[83] Da der Text mit der Erstveröffentlichung von 1946 völlig übereinstimmt, übernehmen wir für unsere Edition diese späte Fassung und fügen, um die Nachwirkung der Rede im Raum der Universität zu dokumentieren, im Anhang die begleitenden Texte hinzu (Kapitel V).

Guardini verzichtet in seiner Rede ganz auf eine biographische Skizze und konzentriert sich stattdessen auf die Frage nach den »Ideen«, denen die Angehörigen der Widerstandsbewegung verpflichtet waren, und nach »den Werten, durch die sie sich verpflichtet wussten«. Unter dem Titel »Die Waage des Daseins« reflektiert er über die »Ordnungen«, an denen sich Sophie und Hans Scholl, Christoph Probst, Alexander Schmorell, Willi Graf und Prof. Dr. Huber orientierten. Die Vorgehensweise ist von früheren Schriften und Vorträgen Guardinis her vertraut: Sie schreitet die Stufen des Daseins ab, beginnend mit der materiellen Ebene, von dort zu der Ebene von Werk und Tat aufsteigend und schließlich bei der durch Jesus Christus begründeten ›Ordnung‹ ankommend. Wie schon bei der Frage nach Recht und Unrecht, Wahrheit und Lüge, Vorsehung und Heil weitet sich sein Blick auch hier aus auf die spezifisch christliche Ebene des Daseins, deren tatsächliche Bedeutung für die Geschwister Scholl und ihre Freunde damals vermutlich nur engste Vertraute erahnen konnten. Die spätere Forschung hat Guardinis Deutung klar bestätigt, wobei es dem damaligen Redner freilich vor allem um die generelle Lehre ging, die aus dem »Opfer« der jungen Studenten für Hier und Heute zu ziehen war.[84]

Einen Tag nach der Gedenkveranstaltung in München[85] setzte sich der Münchener Oberbürgermeister Karl Scharnagel in einem Schreiben an den bayerischen Kultusminister vehement dafür ein, Romano Guardini auf einen Lehrstuhl an der Münchener Universität zu holen. Der Minister sei ja bei der Gedenkfeier der Geschwister Scholl und ihrer Mitstreiter anwesend gewesen und habe somit von Guardini, der dabei die Schlussansprache gehalten hatte, selbst einen Eindruck gewinnen können.[86] »Ich würde es sehr bedauern, wenn Professor Dr. Guardini nicht nach München käme«. Scharnagl ist der Überzeugung, Guardini würde »für das Geistesleben Münchens ganz allgemein von größter Bedeutung sein«, und er glaubt auch zu wissen, Guardini würde einen Ruf nach München nicht ablehnen.[87] Offenbar ist den Beteiligten nicht bekannt, dass Guardini zu diesem Zeitpunkt den Ruf nach Tübingen längst angenommen hatte.[88] Drei Jahre später gelingt es dann aber schließlich doch noch, Guardini in die bayerische Landeshauptstadt zu holen.[89]

Neue Verantwortung

In Tübingen wurde der Lehrstuhl Guardinis exakt am Modell der Berliner Professur ausgerichtet – mit dem freilich wichtigen Unterschied, dass der Inhaber nicht mehr einer Theologischen Fakultät eingegliedert war (1923 war Guardini formell an die Katholisch-Theologische Fakultät der Universität Breslau berufen worden, um als ständiger Gast an der Universität der Reichshauptstadt zu lehren[90]), sondern, wie später auch in München, in eine Philosophische Fakultät. Außerdem war er als Ordinarius mit vollen Rechten und Pflichten Mitglied des Großen Senats[91] und war auch sonst viel stärker in die Universität integriert, genoss aber gleichzeitig weiter das Privileg, nicht an Prüfungen teilnehmen und ein akademisches Amt übernehmen zu müssen.[92]

Der generelle Vorlesungsbeginn im Wintersemester 1945/46 war auf den 15. Oktober 1945 festgesetzt; nur die beiden Theologischen Fakultäten hatten mit dem Lehrbetrieb bereits im August angefangen[93] und gingen dafür bereits Anfang November in die verkürzten Winterferien.[94] An den anderen Fakultäten ließ sich der vorgesehene Beginn nicht immer einhalten; auch Guardini begann erst am 15. November mit seiner Vorlesung. Die einleitenden Worte, die er dabei fand, sind uns in einem Typoskript erhalten geblieben, dessen Text wir ebenfalls in unsere Sammlung aufnehmen (Kapitel VI).[95] Er ist zwar von deutlich anderer Art als die übrigen an ein breiteres Publikum gerichteten öffentlichen Vorträge des Jahres 1945, da er den Startpunkt einer neuen Phase in Guardinis Wirken markiert; aber er kann sehr gut deutlich machen, dass die anderweitig behandelten Themen von ihm auch in die akademische Tätigkeit aufgenommen werden.

Guardini erinnert einleitend an die Aufhebung des Berliner Lehrstuhls und erklärt dies mit dem von den Machthabern vertretenen staatlichen Weltanschauungsmonopol, zu dem eine »christliche Weltanschauung« nicht mehr zu passen schien.[96] Vor diesem Hintergrund will er nun aber wieder bewusst an seine frühere Tätigkeit anknüpfen, »freilich so, dass die dazwischen liegende Zeit überall ihr Wort mitspricht«[97]. Wie schon in der Berliner ›Antrittsvorlesung‹ vom Jahr 1923 gibt er auch hier unumwunden zu, kein »Fachgelehrter« zu sein, bringt aber zugleich ausdrücklich seine Hochschätzung für die »Fachwissenschaft« zum Ausdruck, da diese »mit ihrer Redlichkeit, Ordnung und Strenge die Grundlage der Universität« sei. Seine eigene Methode gehe freilich aus von der (umfassenden) Frage, »was von einem bestimmten Standorte aus, nämlich dem Glauben an die christliche Offenbarung, als ›Welt‹ sichtbar wird«, was verschiedene Zugänge (philosophische Phänomene, Werke der Dichtung, geschichtliche Gestalten) einschließe, aber in echter wissenschaftlicher Verantwortung (nicht nur populärwissenschaftlich) betrieben werden solle. In aller Kürze bringt Guardini – wie bereits in seiner Münchner Gedenkrede angedeutet – seine hohe Erwartung an die Universität zum Ausdruck, die – trotz der längst vollzogenen Isolierung der Einzeldisziplinen und der Abspaltung ganzer Bereiche (er erwähnt ausdrücklich die technischen Disziplinen) – der »*universitas litterarum*«, also der »Ganzheit des Geistes« verpflichtet sei – eine Aufgabe, die »neu erkannt« werde, auch an der Universität Tübingen.[98]

Die schon in Memmingen zutage getretene pädagogisch-seelsorgerliche Sorge um junge Menschen, die nach den schlimmen Erfahrungen der Vergangenheit behutsam mit den neuen Herausforderungen vertraut gemacht werden mussten, wurde auch für Guardinis akademische Lehrtätigkeit ab 1945 bestimmend: »Unsere Jungen sind Verletzte, Schwerkriegsverletzte. Man muss sanft mit ihnen sprechen, wie man mit jemandem spricht, der von weither kommt. Zwölf Jahre lang waren sie wehrlos Lehrern ausgeliefert, deren einziger Ehrgeiz darin zu bestehen schien, sie am Denken zu hindern. Wir müssen jetzt versuchen, unserer Jugend die Unruhe des Geistes wiederzugeben. Ich glaube, dass sie auf dem rechten Weg ist, da sie die Lust an der Arbeit nicht verloren hat. Das wird sie vor dem Nihilismus retten, in den sie hätte absacken können, vor der Verzweiflung, die noch auf die besten lauert.«[99] Zu dieser Generation gehörte auch der damalige Medizin- und Philosophiestudent *Iring Fetscher* (1922–2014), der später als Politikwissenschaftler und Marxismusforscher bekannt wurde. In seiner Autobiographie erwähnt er an vielen Stellen den starken Eindruck, den Romano Guardinis Vorlesungen auf ihn machten.[100] Der junge Kriegsheimkehrer, der von Haus aus Protestant bzw. Agnostiker war, spricht in seinem Tagebuch von Guardinis »toleranter Frömmigkeit«, die ihn tief beeindruckt habe,[101] nennt ihn einmal auch »den letzten christlichen Europäer«[102] und erzählt von der eigenen Konversion zur katholischen Kirche, an der Guardinis Vorlesungen einen nicht geringen Anteil gehabt zu haben scheinen.[103]

Schon von Beginn an engagierte sich Guardini auch in der katholischen Studentengemeinde, die damals vom späteren Moraltheologen *Alfons Auer* (1915–2005) betreut wurde. Guardini hielt nicht nur sonntags einen eigenen Gottesdienst in der Kapelle des damals noch der Studentengemeinde zur Verfügung stehenden ›Johanneums‹[104], sondern entwickelte mit Auer auch die Idee einer katholischen Glaubensschule für Studenten, die Guardini schon in seinem ersten Tübinger Semester in Form von öffentlichen Vorträgen (»Mittwochabende«) in der Johanneskirche in die Tat umsetzte.[105] Ob den beiden Initiatoren bewusst war, dass nach dem Ersten Weltkrieg der für Guardinis eigene theologische Entwicklung so bedeutende Dogmatiker *Wilhelm Koch* (1874–1955)[106] fünfundvierzig Jahre zuvor am selben Ort bereits öffentliche Vorträge im Rahmen der Studentenseelsorge mit einer ganz ähnlichen Zielrichtung veranstaltet hatte?[107] Guardini selbst hielt bereits in Berlin Abendvorträge in einer Kirche (St. Canisius in Charlottenburg), die, mit einem sparsamen liturgischen Rahmen versehen, eine Zwischenform zwischen Predigt und Vortrag im üblichen Sinne darstellten.[108] In Tübingen knüpfte er daran wieder an, wobei neben den Studenten als primärer Zielgruppe auch »Leute aus der Stadt« willkommen waren. Diese »theologischen Darlegungen populärer Art« sollten so gehalten sein, »dass jeder, auch der Fernstehende, ja noch der ganz Ungläubige, eintreten könne, ohne das Gefühl einer kirchlich geprägten Veranstaltung zu haben. In diese Freiheit würde, so dachte ich, ein christlicher Gedanke eher nahekommen, als unter anderen Umständen.«[109] Guardini verzichtet jetzt auf jede »gottesdienstliche Umrahmung« und geht »im einfachen schwarzen Anzug, so, wie auf den [*sic!*] Katheder, auf die Kanzel«. Rückblickend stellt er fest: »Diese Praxis hat sich durch über zwei Jahre in Tübingen bewährt. Zahlreiche Hörer verschiedenster religiöser Provenienz sind zu den Vorträgen gekommen, und ich weiß, dass die Vorträge auf sie Eindruck gemacht haben.«[110] Auch der Direktor des benachbarten Wilhelmsstifts verweist ausdrücklich auf diese »Katholische Glaubensschule« und greift sie aus der »Überfülle bedeutsamer Darbietungen«, die im Laufe des Wintersemesters 1945/46 stattfanden, eigens heraus.[111] Guardini führte das ›Projekt‹ später auch in München weiter, wo er in der Kirche St. Ursula jeweils dienstags Vorträge über »katholische Glaubenslehre« anbietet.[112] Darüber hinaus ließ sich der neue Professor von Carlo Schmid auch sehr schnell für weiterbildende Vorträge außerhalb des universitären Kontextes gewinnen. Dazu gehört vor allem sein Auftritt vor Schulräten der französischen Zone, bei dem er über ›Unsere Verantwortung für die Sprache‹ referierte.[113] »Dem Zeitungsbericht zufolge breitet Guardini dabei ein anthropologisches, sprachphilosophisches, ethisches und theologisches Panorama aus, das er überraschend mit ein paar handfesten Regeln für den praktischen Gebrauch abschließt.«[114] Zu diesem Thema sind im Nachlass zwei Textfassungen vorhanden: Zum einen handelt es sich um ein einfaches *Typoskript*[115], das durch seinen Umfang (36 Seiten) den Rahmen eines Einzelvortrags mit Sicherheit sprengt und durch die Benutzung eines bestimmten Heftes der Zeitschrift »Die Wandlung« frühestens Ende April 1946 entstanden sein kann.[116] Möglicherweise handelt es sich hier um eine Vorarbeit zu dem am 19. August 1946 in München (Pfarrkirche St. Ursula) gehaltenen Vortrag zum selben Thema, wofür der Text dann allerdings noch einmal entscheidend gekürzt worden sein muss.[117] Im Nachlass liegt daneben aber noch eine kürzere Fassung vor, die bereits die Form einer fertig gesetzten *Druckvorlage* besitzt, ohne dass eine Veröffentlichung bisher nachgewiesen werden konnte.[118] Da hier alle Merkmale, die auf das schon fortgeschrittene Jahr 1946 hinweisen, noch fehlen, zugleich aber das Interesse an pädagogischen Fragen, das in der späteren Fassung noch weiter ausgebaut wird, bereits deutlich in den Vordergrund tritt, dürfte diese Druckfassung zeitnah im Anschluss an Guardinis Vortrag vor den Schulräten zu datieren sein, möglicherweise im Hinblick auf eine (von Carlo Schmid?) geplante Veröffentlichung, die dann doch nicht zustande kam. Auch zu den Vorträgen vor Lehrern, die Guardini im Januar 1946 hielt,[119] für die uns aber kein Thema bekannt ist, würde diese Fassung gut passen. Wir nehmen daher die kürzere Fassung der Druckvorlage in unsere Edition auf (Kapitel VII) und fügen die spätere Langform als Anhang bei.

Dieser letzte Vortrag Guardinis aus dem Jahr 1945 erweist einmal mehr seine Sensibilität für eine sachgemäße – oder besser vielleicht: wahrheitsgemäße – Sprache. Nicht nur in der längeren Fassung – hier freilich besonders ausführlich – setzt er sich intensiv mit der nationalsozialistischen Ideologie (hier speziell ihres Sprachverhaltens) auseinander und fragt nach den Konsequenzen aus dieser Erfahrung über das Jahr 1945 hinaus. Siebzig Jahre später ist man freilich überrascht, dass Begriffe wie »Lehrkraft« oder »Schreibkraft«, aber auch das Sprechen von »Einsätzen«, Überbleibsel der »furchtbaren« zwölf Jahre sein sollen und staunt wieder einmal über die Macht der Gewohnheit, die inzwischen gar nicht mehr merkt, welche gefährlichen Implikationen in solchen Formulierungen lauern.[120] Vor diesem Hintergrund erinnert Guardini an die *Verantwortung*, die wir gerade gegenüber unserer Sprache haben, und an die Konsequenzen, die dies vor allem für den Bereich der *Bildung* haben muss. »Die Erziehung zum Sprechen beginnt mit der zur Ehrfurcht vor der Wahrheit und zur Achtung des Menschen. Von da setzt sie sich ins Einzelne fort. Der Erzieher lehrt die ihm anvertraute Jugend, einfach zu sprechen, indem er zeigt, dass der positive Ausdruck in der Regel stärker ist als der superlative, und ein einzelnes Eigenschaftswort bedeutungsvoller als die Anhäufung von zweien oder dreien usw. Er lehrt richtig zu beobachten, und das Gesehene zuverlässig und klar darzustellen. Er führt in die wahre Bedeutung jener Worte ein, auf denen das sittliche und religiöse Dasein ruht – nachdem er sie durch eine Art Betrachtung sich selbst klargemacht hat. Er braucht die zerredeten Worte nur selten, da, wo sie wirklich am Platze sind, und reinigt die verschmutzten. [...] Sobald der Erzieher sich seiner Verantwortung für unsere so sehr gefährdete Sprache bewusst wird und mit der Arbeit für sie beginnt, wird ihm eine Möglichkeit um die andere aufgehen.«[121]

Guardini selbst hat sich mit seinen Vorträgen im entscheidenden Wendejahr 1945 selbst für eine solche pädagogische Bemühung um eine menschengemäße Sprache stark gemacht. An erster Stelle verweist er daher auf die *Wahrheit*, die gegenüber der Macht der Lüge neu zur Geltung gebracht werden muss (vor allem Kapitel II). Er lenkt den Blick auf das menschliche Dasein, das seine richtige »Waage« bzw. »Ordnung« wiederfinden muss (Kapitel V). Er bemüht sich um die ins Ideologische verzerrten *religiösen* Begriffe und Inhalte, die ihren richtigen Sinn wiederfinden müssen (Kapitel III und IV) und lenkt den Blick auf *Christus* als entscheidenden Orientierungspunkt für ein Europa der Zukunft (ansatzweise schon in Kapitel I und durchgehend in allen Vorträgen, explizit vor allem aber in Kapitel IV). Er sieht ferner die Chance einer *Universität*, sofern diese bei aller fachwissenschaftlichen Einzelanstrengung die Gesamtheit des Geistes nicht aus dem Blick verlieren darf, wozu er selbst mit seiner »*christlichen Weltanschauung*« einen Beitrag leisten möchte (Kapitel VI). Und er richtet seine Aufmerksamkeit vor allem auf die *junge Generation*, der er als schon 60-Jähriger im Jahr 1945 neu begegnet (Kapitel I, V und VI, indirekt auch in Kapitel VII und anderswo).

»Liebe Freunde, ich brauche Euch nicht zu sagen, wie schwer das Schicksal ist, das auf uns liegt; wie viele Menschen ihr Leben verloren haben; wie viel an Hab und Gut, an schönen und kostbaren Dingen zerstört ist«, sagt er bereits im letzten seiner Memminger Jugendvorträge. Mit dem *äußeren* Aufbau könne man erst dann beginnen, wenn die entsprechenden Möglichkeiten dazu bestünden, mit dem *inneren* Aufbau jedoch sofort: »Die Zukunft hängt davon ab, dass das Rechte wieder recht und das Unrecht unrecht sei; dass Ja wieder für Ja gilt und Nein für Nein.«

Siebzig Jahre danach können wir uns das immer noch mit Nachdruck gesagt sein lassen.

An der Herstellung einer editierfähigen Fassung der zum Teil bisher unveröffentlichten Vorträge sowie bei der Literaturrecherche war eine Reihe von Personen beteiligt, denen ich zu großem Dank verpflichtet bin. Zu erwähnen sind besonders Frau Ursula Ulrich, Frau Sylvia Schraml, Frau Maria Griesbeck, Herr Korbinian Maier und Herr Peter Kelly, allesamt Mitarbeiterinnen und Mitarbeiter an der Professur für Fundamentaltheologie der Universität Regensburg. Für wertvolle Hinweise danke ich auch meinem Kollegen Prof. Dr. Klaus Unterburger. Am meisten haben zur Verwirklichung des Projekts die fundierten Anstöße und Recherchen von Max A. Oberdorfer beigetragen, dem wir auch die sorgfältige Auswahl der beigegebenen Abbildungen verdanken.

Alfons Knoll

I.
Memminger Triduum[122]

Romano Guardini auf einem Quickborntreffen in Wolfegg am 26. August 1945

1.
Recht und Unrecht[123]

Freitag, 6. Juli 1945, abends, Memmingen.

I

Wir wollen unsere Überlegungen mit einer Art Geschichte anfangen. Da ist ein Mann, gesund, stark, mit gutem Verstand, was man so einen rechten Kerl nennt. Er macht sich über das Leben weiter keine Gedanken, sondern tut immer, was er mag. Wenn er Lust zum Arbeiten hat, dann arbeitet er; wenn nicht, dann lässt er es sein. Wenn er irgend eine Absicht hat, dann setzt er sie rücksichtslos durch; von irgend einer Pflicht gegen andere Menschen aber weiß er nichts. Hat er einen Menschen gern, dann ist er nett zu ihm; ist einer ihm zuwider, dann wird er grob. Will er etwas gern haben, so nimmt er sich's. Hat er mit jemand eine Auseinandersetzung, dann braucht er Gewalt – kurzum, er tut immer das, wozu es ihn treibt. Da er aber in einem Lande lebt, wo von Gesetz und Gericht nicht viel die Rede ist, kann er sich ein solches Benehmen leisten – und außerdem hat er das, was man »Glück« nennt. Es gibt ja solche Leute, denen alles gelingt und alles durchgeht, wo andere sofort Schwierigkeiten bekommen würden. Ein solcher ist dieser Mann.

Was für einen Eindruck würde wohl ein solcher Mensch auf uns machen, der nur seinem Gefühl folgt, oder seiner Natur, oder wie man es nennen will – kurzum, der immer tut, was ihm passt? Vielleicht würden wir ihn interessant finden, oder sympathisch – vorausgesetzt, dass er nicht gerade eine Laune hat, die uns zu nahe kommt – aber wir hätten doch sicher das Gefühl: Der ist noch gar nicht richtig erwachsen! Bei dem fehlt etwas Wichtiges! Eines Tages hat er einen Streit mit jemand und will dem ans Leben – da kommt ihm plötzlich der Gedanke: »Der hat ja Kinder! Wenn ich den umbringe, dann haben die ja keinen Vater mehr! Das geht doch nicht!« Sonst hat er immer darauflos gehandelt, jetzt stutzt er, und weiß nicht, was er machen soll. Die Stimme in ihm, der er sonst immer gefolgt ist, seine Natur, sagt:

35

»Mach doch keine Umstände! Räche Dich!« Daneben ist aber jetzt eine andere Stimme da, die er bisher noch gar nicht vernommen hat, und sagt: »Das kannst Du doch nicht tun. Denk an die Kinder!«

Die neue Stimme ist ihm unbehaglich. Sie stört ihn, und er möchte sie zum Schweigen bringen. Aber sie scheint ihm doch wieder wichtig, und er sinnt über sie nach ...[124] Ein andermal will er jemand etwas nehmen, was er gern hätte. Früher hätte er ohne weiteres zugegriffen; jetzt kommt wieder die sonderbare Stimme und sagt: »Das braucht ja der andere. Das kannst Du doch nicht einfach nehmen. Das gehört ja dem.« Wieder stutzt er und wird nachdenklich. Und so geht das weiter. Immer stärker spricht diese Stimme in ihm: wie er einen anderen betrügen; wie er einer Frau Unziemliches zumuten will und so fort, und jedesmal fühlt er: Das ist wichtig. Darüber darf ich nicht hinweggehen. Davon hängt etwas für mich ab ...

Etwas ganz Neues ist in das Leben dieses Menschen gekommen. Vorher hat er nur aus seiner Natur heraus, nur nach seinen Trieben und Leidenschaften, seinem Vergnügen und Nutzen gelebt; jetzt aber hat sich in ihm etwas erhoben, das redet ganz anders. Vorher hat er nur überlegt: Bin ich stark genug, den anderen unterzukriegen? Jetzt fühlt er den Zweifel: Geht das, dass ich über den herfalle? Vorher hat er gefragt: Wie komm ich an das Ding heran, was ich gern haben möchte? Jetzt fragt er: Darf ich's nehmen, auch wenn ich dran komme? Vorher war sein Gedanke: Gefällt es mir? Was nützt mir? Jetzt: Ist es Recht? ... Er lernt eine ganz neue Art zu leben: Er fängt an, Recht und Unrecht zu unterscheiden. Eine neue Welt geht ihm auf: die des Rechten und Guten.

Damit aber hat er überhaupt erst angefangen, ein wirklicher Mensch zu sein. Und in dem Maß, als er das Neue versteht; im Maße er auf die innere Stimme hört und ihr gehorcht, entsteht in ihm das, was wir eine Persönlichkeit nennen, einen Charakter – das, was den Menschen vom Tier unterscheidet. Ja, Ihr könnt sicher sein, mit der Zeit würde ein solcher Mann sogar ein ganz neues Gesicht bekommen, dass Leute, die ihn vorher gekannt haben, fragen würden: »Bist Du's, oder bist Du's nicht?«

Was ist dieses Neue, von dem da die Rede war? Recht oder Unrecht?

II

Einer will nach einem bestimmten Ort, sagen wir nach Ottobeuren, und marschiert los. Er kennt aber die Gegend nicht, und geht in die falsche Richtung. Unterwegs trifft er jemand, sie kommen ins Gespräch, und er sagt, wo er hin will. Da antwortet der andere: »Mein Lieber, wenn du so weitergehst, kommst Du ins Württembergische!« Dem Mann gefällt aber die Gegend, und er denkt: Ach was, ich gehe weiter. Es wird schon richtig werden! So hat er sein Vergnügen; aber natürlich kommt er nicht ans Ziel, versäumt sein Geschäft, und muss den Schaden tragen. Was war das, was der Mann da gemacht hat? Ein Unsinn, eine Torheit … Wie aber, wenn er ein Arzt ist, und in Ottobeuren wartet ein Schwerkranker auf ihn? Was wäre das dann? Eine Pflichtvergessenheit, ein Unrecht. Das aber ist ein großer Unterschied. Wenn es mir Spaß macht, den falschen Weg zu gehen, und ich habe dabei einen Schaden, so ist das schließlich meine Sache. Wer will mir verbieten töricht zu sein? Wenn da aber ein Kranker ist, der sich auf mich verlässt, dann habe ich eine Verantwortung, und wenn ich sie vernachlässige, tue ich ein Unrecht, werde ich schuldig.

Ein anderes Beispiel. Ein Mann ist geschickt, aber ein bisschen sehr wagemutig und steckt sein Geld in ein unsicheres Geschäft; die Sache geht fehl und er verliert alles. Was war das? Leichtsinn, Torheit. Er kann aber sagen: »Die Sache hat mich interessiert. Sie hätte auch gut gehen können. Ich habe niemand Schaden zugefügt; so geht's auch niemand etwas an … Wenn der Mann aber Vormund von Kindern wäre, die ihren Vater verloren haben, und das Geld, das er riskiert hat, war das Vermögen der Kinder? Dann wäre es Unrecht gewesen, und zwar ein sehr großes.

Seht Ihr den Unterschied?

Es gibt zwei Arten von Fragen, die für unser Handeln in Betracht kommen.

Zur ersten Art gehören folgende: Was ist angenehm? Was ist unterhaltend? Was ist gesund und nützlich? Was bringt Macht und Ansehen? … Zur anderen Art gehören folgende Fragen: Was fordert meine Pflicht? Was verlangt die Ehrlichkeit? Was tut ein anständiger Mensch? Mit einem Wort: Was ist Recht?

Im ersten Fall kann ich tun, was ich will, wenn ich bereit bin, die Folgen auf mich zu nehmen; im zweiten Fall stehe ich unter einer Pflicht, und soll ihr folgen. Wenn ich's im ersten Fall verkehrt mache, habe ich Unannehmlichkeit oder Schaden; wenn im zweiten Fall, dann werde ich schuldig. Das ist ein großer Unterschied.

Was ist nun das Rechte?

Eigentlich kann man auf die Frage so schnell gar keine Antwort geben. Es ist einfach die Grundlage des menschlichen Lebens. Dass der Mensch um Recht und Unrecht weiß, unterscheidet ihn vom Tier. Das Tier weiß nichts davon; es folgt mit Notwendigkeit seiner Natur. Der Mensch hingegen hat Herrschaft über sich selbst, und darum braucht er eine Ordnung, nach der er sich richtet, und das ist die des Rechten.

Das Rechte ist die Ordnung des menschlichen Lebens. Es ist heilig und ewig. Und wie ein Mensch sich dazu stellt, danach entscheidet sich, was er ist.

Den Wert eines Menschen kann man nach verschiedenen Gesichtspunkten beurteilen, dass ein starker Mensch mehr ist als ein schwacher; ein gescheiter mehr ist als ein dummer; ein wohlgeratener, fröhlicher Mensch mehr als ein kränklicher oder gedrückter. Doch gilt das alles nur bis zu einem gewissen Grade und ist nicht das Letzte. Die letzte Entscheidung liegt darin, wie der Mensch zu Recht und Unrecht steht. Was er im letzten wert ist, richtet sich danach, wie entschieden er zwischen Recht und Unrecht unterscheidet, wie sicher sein Urteil und wie zuverlässig seine Haltung ist.

Wie sieht er aber, was Recht und was Unrecht ist? Der Mensch hat mancherlei Organe. Eines, durch das er das Licht wahrnimmt, und im Licht Formen und Farben: das Auge. Ein anderes, durch das er den Ton, das Wort auffasst, das Ohr und so fort. Er hat aber auch ein Organ, durch das er die Majestät des Rechten empfindet. Du sollst das Rechte tun – Du darfst das Unrechte nicht tun. Und danach, wie wach dieses Organ ist, wie fein es empfindet, wie sicher es unterscheidet, und wie fest es bei seinem Urteil bleibt, bestimmt sich der innerste Wert des Menschen.

Immerfort sagt es dem Menschen: »In allen Dingen ist ein Rechtes; das sollst Du tun.« Dafür aber, dass er herausfindet, was dieses Rechte im Einzelnen ist, hat er seinen Verstand. Wenn die Pflicht ruft, dann ist das Recht: genau sein und sich anstrengen. Wenn ich über einen anderen Menschen rede, dann ist das Rechte: Achtung vor seiner Ehre. Wenn jemand fragt, und er hat Anspruch auf Antwort, dann ist das Rechte: Die Wahrheit sagen. Wenn ich ein Versprechen gegeben habe, und es wird Zeit, dann ist das Rechte: mein Wort halten. Wenn ich vor fremdem Eigentum stehe, dann ist das Rechte: Finger davon! Und so fort, von Stunde zu Stunde und von Fall zu Fall. Und umso wertvoller ist ein Mensch, umso zuverlässiger, reifer, charaktervoller, je klarer man sieht, was das Rechte ist, und je sicherer sein Urteil bei der Wahrheit bleibt.

III

Vielleicht hat aber der eine oder andere von Euch einen Gedanken gehabt, der zu Wort kommen muss: Wird nicht durch dieses Achten auf Recht und Unrecht der kraftvolle Mensch behindert? Wird nicht dadurch sein Mut bedenklich und seine Unternehmungskraft unsicher gemacht? Vielleicht sind ihm dabei die Dinge eingefallen, die in den voraufgehenden Jahren von denen, die das Wort hatten, überall gesagt worden sind: Der kraftvolle Mensch kümmert sich nicht um Gebote und Verbote, sondern tut, wozu das Leben ihn treibt. Er achtet nicht auf die Bedenklichkeiten von Recht und Unrecht, sondern greift fest zu, lebt sich aus, kämpft und erobert, schafft das Werk, das er seiner Natur nach schaffen muss, und alles andere gilt ihm nichts. Nur eins ist recht: dass das Leben stark und blühend wird. Nur eins ist unrecht: dass das Leben schwächlich und ängstlich wird. Das Gewissen, das Achten auf Recht und Unrecht ist eine christliche Erfindung, die ausgerottet werden muss, damit wieder der starke, frohe, lebensbejahende Mensch werde.
Sicher habt Ihr solche Worte gehört. Man konnte ja nichts Gedrucktes in die Hand nehmen, ohne sie zu lesen. In allen Versammlungen und Schulungskursen und wo immer bekam man sie zu hören. Und wie oft wurde danach gehandelt! Was entsteht aber daraus?

Denken wir uns, die Menschen lebten wirklich so. Nicht bloß der eine oder andere üble Charakter, nicht bloß der eine oder andere verbrecherisch Veranlagte, sondern wirklich der Durchschnitt der Menschen wäre überzeugt: Es gibt kein Recht und Unrecht, sondern nur Kraft und Schwäche. Alles, was aus einem starken Trieb kommt, ist gut. Alles, was Ehrfurcht heißt, Selbstüberwindung, Rücksicht, ist verächtlich. Was für ein Mensch würde denn daraus entstehen? Wir brauchen bloß das Wort anzunehmen, das sich von selbst darbietet: der gewissenlose Mensch. Der Mensch, der kein Gesetz mehr über sich kennt; der tut, was ihm gefällt, was ihm nützt, was seinen Zwecken entspricht.

Das aber ist ein furchtbarer Mensch, und was aus dieser Gesinnung kommt, haben wir erlebt. Nie hat eine solche Zerstörung in der Welt gewütet wie in den letzten Jahren, und von dieser Gesinnung ist sie gekommen.

IV

Liebe Freunde! Wir haben über die merkwürdige Stimme gesprochen, die in uns mahnt, dass wir das Rechte tun sollten. Sie begleitet unser ganzes tägliches Leben wie ein leiser Ton, der durch alles hindurchgeht. Manchmal wird sie stärker, ganz stark und lässt uns keine Ruhe: »Tu das! Das ist das Rechte. Das ist deine Pflicht.« Oder: »Lass das. Es ist nicht recht. Das darfst du nicht.« Irgendetwas von dieser Stimme tönt in jedem Menschen, wenn auch noch so schwach und verwirrt. Und wenn selbst einer überhaupt nichts davon wissen will – sobald er mit einem Menschen zusammentrifft, der wirklich rechtschaffen ist, wirklich zum Rechten steht, dann fühlt er innerlich: »So sollte es sein. Mit mir steht es nicht gut.«

Erst im Tun des Rechten finden wir innere Erfüllung, finden wir Ruhe. Wenn das Bewusstsein, das Rechte zu wollen, fehlt, dann können unsere äußeren Erfolge noch so groß sein, können wir noch so viel Geld und Macht haben, kann es uns noch so gut gehen, das Innerste in uns weiß ganz genau: Das ist doch alles nichts. Das Eigentliche fehlt.

Was ist das für eine Stimme? Bis jetzt haben wir immer nur von

Recht und Unrecht gesprochen, als wie von etwas, was zur Natur des Menschen gehöre, was die innerste Ordnung des Lebens bildet, was eben so ist und nicht anders sein kann. Das war schon richtig, war es aber alles? Was ist das Rechte eigentlich? Was bedeutet sein Ruf?

Darauf gibt es eine Antwort, die einzig richtige; sie hat aber eine Gefahr: Sie ist so klar und einfach, dass man unwillkürlich meint, man habe sie längst verstanden. In Wahrheit sagt sie etwas Wunderbares, Großes und Tiefes, und wir wollen es uns recht nahekommen lassen: Das Rechte ist der Wille Gottes. Die Stimme des Rechten im Gewissen ist der Ruf Gottes, wir sollen seinen Willen erfüllen. Die Unruhe, die wir fühlen, wenn wir das Rechte nicht tun, ist das Drängen und Mahnen Gottes. Wir sollen nicht wider seinen Willen handeln.

Gott selbst ist dieses Rechtsein. Nichts Böses, Hässliches, Niedriges. Alles in ihm ist rein, stark, groß und klar. Das meint die Heilige Schrift, wenn sie sagt, Gott ist heilig. Wenn wir das offen sehen könnten, würden wir vor Bewunderung brennen. Wir könnten es auf dieser von Unrecht verwüsteten Erde nicht mehr ertragen. Dieser Gott hat die Welt geschaffen und will, alles in ihr soll recht sein.

Die Welt ist reich und mannigfaltig; so gibt es auch mannigfache Weisen, wie Gottes Wille erfüllt wird.

Nehmen wir ein Beispiel heraus. Da ist die Sonne. Sie zieht ihre Bahn in regelmäßigen Zeiten. An jedem Tag verschiebt sich ihr Aufgang. Immer früher erhebt sie sich, und die Tage werden länger, bis zur Sonnenwende. Dann werden die Tage wieder kürzer, bis zum kürzesten Tag im tiefen Winter. Ihr Bogen am Himmel ist erst richtig niedrig, wird dann immer höher und höher; ihr Licht und ihre Wärme wachsen, um dann wieder abzusinken. In allem ist eine unfehlbare Regelmäßigkeit, wie bei einer Uhr. Ja der Vergleich ist sogar falsch, denn keine Uhr ist so genau, wie die Sonne es ist. Die Wissenschaft weiß bis auf ein Winziges, wie sie kreist, im strengen Verhältnis zur Erde, zum Mond, zu den anderen Gestirnen. Das alles geht nach einem genauen Gesetz unverbrüchlich, immer gleich. Es geht nach der reinen Notwendigkeit … Und wie mit der Sonne, so ist es mit dem Monde, so ist es mit den anderen Gestirnen, so ist es mit der Erde; und wiederum auf der Erde selbst ist es so mit ihren Kräften und mit ihren Elementen. Alles geht nach strenger Notwendigkeit. Und darin erfüllt sich der Wille Gottes.

Dann gibt es aber auch das Lebendige, die Pflanzenwelt in ihrer unabsehlichen Mannigfaltigkeit. Auch darin ist eine Notwendigkeit, aber eine lebendige. Die Pflanze benimmt sich nicht mit starrer Genauigkeit wie eine Maschine, sondern sie entfaltet sich, blüht, trägt Frucht, sinkt ab und stirbt. Trotzdem ist auch hier Notwendigkeit. Alles geht so, wie das Wesen der Pflanze, des Baumes oder wie immer es verlangt. Entsprechendes gilt auch vom Tier. Auch es wächst und entwickelt sich; es läuft aber auch, und schwingt und fliegt, geht seiner Nahrung nach, baut sich ein Nest, hat sein Leben in der Mannigfaltigkeit seiner Bewegungen und Tätigkeiten. Trotzdem ist auch darin eine Notwendigkeit. Seine Natur ist, wie sie ist, wer sie kennt, weiß genau, wie es sich verhalten wird.

So erfüllt sich in allem Lebendigen, in Pflanzen und Tieren der Wille Gottes. Dann gibt es aber noch eine andere Art, wie dieser Wille sich erfüllen kann. Und die ist im Menschen. Auch der Mensch hat sein Wesen, seine Ordnungen, das innere Maß seine Lebens, aber er hat auch die Freiheit. Er kann überlegen, wählen, sich entscheiden und schließlich handeln wie er will.

Wenn ein Tier dahinläuft, kommt es manchmal an einen Punkt, wo es unschlüssig wird, eine Weile zögert, um dann eine bestimmte Richtung einzuschlagen. Das war keine Überlegung, sondern sein Instinkt brauchte eine Weile, bis er sich zurecht gefunden hat. Dann wählte er mit Notwendigkeit. Beim Menschen ist es anders. Er kommt an die Kreuzung zweier Wege und überlegt, soll ich den rechts gehen oder den links. Er kann das eine und kann das andere, und er entschließt sich in Freiheit.

So ist der Mensch: Er hat auch die Freiheit zu wählen. So steht er zum Willen Gottes anders als die Natur sonst. Bei ihm erfüllt dieser Wille sich nicht durch die Notwendigkeit der Naturgesetze, sondern er soll sich erfüllen in der Freiheit der Tat. Sonstwo [*sic!*] steht Gottes Wille in der Hut der Notwendigkeit. Er muss sich erfüllen. Beim Menschen ist er in der Freiheit anvertraut. Der Mensch muss nicht, sondern er soll. Und er kann es tun, kann es aber auch lassen.

Das ist die vollkommenste und höchste Weise, wie der Wille

Gottes geschieht. Es ist die Weise, um derentwillen Gott alles andere erschaffen hat. In jedem Ding, in jedem Geschehnis vollzieht sich sein Wille. Überall nach der Weise der Notwendigkeit; im Menschen soll er sich vollziehen, nach der Weise der Freiheit. Und was da im Herzen redet, das Gewissen, mahnt ihn dazu: »Tu das Rechte, denn es ist Gottes Wille. Tu es in Freiheit, damit darin Gott verherrlicht werde, und Du den Sinn Deines Lebens findest.«

Dieses Geheimnis hat Christus verkündet.. Er hat es aber auch selbst erfüllt.. »Ich bin nicht gekommen, meinen Willen zu tun, sondern den meines Vaters, der im Himmel ist.« ... Die Geschichte der Versuchung am Anfang seiner Wirksamkeit ... Der Gang seines Lebens ... Die sich zusammenziehende Gefahr und Jesu Treue.
Die Stunde am Ölberg: Nicht mein, sondern Dein Wille geschehe ...
Diese Gesinnung hinterlässt er den Seinen.. Die Liebe zum Willen Gottes.. Die Szene in der Apostelgeschichte, wo die Jünger vor dem Hohen Rat stehen und auf das Verbot, die Botschaft zu verkünden, antworten: »Urteilet selbst, ob es recht ist, den Menschen mehr zu gehorchen als Gott.«[125]

2.
Die Wahrheit[126]

Samstag, 7. Juli 1945, abends, Memmingen.[127]

I

Wir haben gestern von dem gesprochen, woran sich zeigt, was ein Mensch zu innerst wert ist: ob er unterscheidet zwischen Recht und Unrecht; ob er erkennt, was recht ist und es entschlossen tut; ob er das Unrecht ablehnt, auch wenn es ihm Vorteil und Genuss bringt. Und wir haben gesehen, wie die letzte Gewähr für die Klarheit und Entschiedenheit hierin in der Person Jesu Christi liegt. Solange sein Bild vor unserem Geiste steht, können wir wohl fehlen – er hat es ja selbst gesagt und uns angewiesen, immer wieder Gottes Vergebung anzurufen – nicht aber können wir den heiligen Unterschied aus unserem Geist verlieren.

Heute wollen wir von etwas sprechen, das ebenso grundlegend ist, ebenso Fundament alles echten menschlichen Daseins: der Wahrheit. Und wir wollen es wieder machen wie gestern. Keine großen Worte machen; uns in keine Begeisterung hineinreden; vielmehr ruhig Schritt für Schritt vorgehen und zu verstehen suchen, worum es sich handelt. Denn es gibt etwas, das ist mehr als alle Begeisterung: die klare, feste Überzeugung. Die können wir natürlich in der kurzen Zeit heute nicht gewinnen. Wir wollen aber daran arbeiten. Wir wollen uns einige Gedanken klarmachen, zu denen wir später immer wieder zurückkehren können, bis wir klar wissen, wie es mit diesen Dingen steht.

Was ist also Wahrheit?
Sie fängt an in den Dingen. Wenn ich einen Stein in der Hand habe, kann ich nicht sagen: »Jetzt lasse ich ihn los, und er soll in der Luft liegen bleiben.« Das geht nicht, sondern er fällt. Er muss fallen, denn so ist sein Wesen, so will es seine Wahrheit … Ebenso wenig kann ich Feuer machen, bis es hell brennt und wollen, dass es dadurch kalt im Zimmer wird. Das geht nicht.

Die Verbrennung entwickelt Hitze, so ist die Wahrheit, und so muss es geschehen.

Wenn ich ein Apfelbäumchen habe, kann ich es nicht ins Wasser pflanzen, denn seine Natur ist so, dass es Luft und Licht braucht. Nur nach seiner Wahrheit kann es wachsen und gedeihen. Gebe ich ihm die nicht, dann stirbt es ... Ich kann nicht erwarten, dass ein Rosenstrauch im Winter, wenn alles unter Eis und Schnee liegt, im offenen Garten blüht. Das würde gegen sein Wesen, gegen seine Wahrheit gehen. Es zu verlangen, wäre unsinnig und unmöglich ... Ebenso wenig ginge es an, von einer Schwalbe, die ganz auf das Fliegen angelegt ist, zu verlangen, sie solle auf dem Boden leben, etwa wie ein Huhn und dabei gedeihen, oder von einem Landtier, dass es im Wasser bestehe. Jedes Tier hat seine Natur, und darin liegt seine Wahrheit. Bis zu einem gewissen Grade kann es sich anpassen; darüber hinaus fängt die Unmöglichkeit an. Seine Wirklichkeit verlangt, dass es so und so bestehe; wenn es das nicht kann, geht es zu Grunde.

Hat auch der Mensch eine solche Wesenswahrheit? Gewiss. Sein Körper gehorcht den Gesetzen, denen alle Dinge gehorchen. Wenn er vom Rand einer Anhöhe hinaus in die Luft träte, würde er sich nicht halten können, sondern müsste fallen ... Soll er leben und wachsen, dann muss er Nahrung haben, sonst verkümmert er und stirbt schließlich ... Mehr als ein gewisses Maß Hitze kann er nicht ertragen, und Kälte ebenso; wird es mehr, dann geht er zu Grunde ...

So kann man noch vieles anführen. Die Natur des Menschen hat ihre Wahrheit, und sein Gedeihen und Leben hängt davon ab, dass die eingehalten wird.

Dann aber ist beim Menschen noch etwas anderes. Die Dinge haben ihre Wahrheit, das Wesen, nach dem sie geschaffen sind; der Mensch hat nicht nur eine Wahrheit, sondern er kann sie – die eigene und die der Dinge – auch erkennen. Wenn er etwas Neues vor sich sieht, betrachtet er es, vergleicht es mit anderen Dingen, überlegt und denkt nach, bis er schließlich sieht: »So ist das!« Dann weiß er die Wahrheit des Dinges. Das kann nur ein Mensch, das kann das Tier nicht. Das Tier kann sich unter den

Dingen zurechtfinden. Es kann aber nicht ihr Wesen erkennen. Der Vogel findet mit Sicherheit den Baum wieder, in dem er sein Nest hat. Wir sagen »er kennt« den Baum – gewiss, aber niemals »erkennt« er dessen Wesen. Sein Instinkt führt ihn sicher; niemals aber denkt er nach und versteht. Das kann nur der Mensch, weil in ihm die Kraft des Geistes ist. So vermag er sich die Wahrheit, die in den Dingen ist, innerlich zu vergegenwärtigen, sie zu durchdringen und zu verstehen. Und das ist etwas Großes. Für gewöhnlich machen wir uns keine Gedanken darüber, weil es zu unserem Menschenwesen gehört, aber heute wollen wir uns Gedanken darüber machen und einmal empfinden, wie wunderbar das ist: »Ich kann das Wesen der Dinge verstehen. Ich kann die Wahrheit erkennen, die in allen Dingen liegt.«

Die Erkenntnis macht, dass die Wahrheit der Dinge uns zu eigen wird. Jeder Mensch bedarf dieser Wahrheit. Unser Geist lebt von ihr, wie der Leib von der Nahrung. Und manche Menschen haben ein solches Verlangen nach ihr, dass sie ihr ganzes Leben daran setzen, Entbehrung und Mühe auf sich nehmen, um immer tiefer und vollkommener und klarer die Wahrheit zu erfassen. Und wenn sie etwas davon erkennen, dann ist das eine Freude, von der sich der andere gar keinen Begriff macht. Es ist, als ob man in die Werkstatt Gottes eingelassen würde.

II

Und nun kommt etwas anderes dazu, ebenso groß und herrlich: das Wort. Der Mensch kann die Wahrheit nicht nur erkennen, sondern er kann sie sagen.

Habt Ihr schon einmal darüber nachgedacht, wie wunderbar das Wort ist? Ein flüchtiges Gebilde aus Lauten. Der Mensch bildet es mit der Luft, die er ausatmet; mit den Schwingungen seiner Kehle und den Bewegungen seines Mundes. In dieses Gebilde aus Laut tut der Mensch die Wahrheit hinein, die er im Sinn hat; und sendet es hinaus, buchstäblich, zum anderen Menschen hinüber. Es geht durch den Raum und langt beim anderen an, und was geschieht? Zuerst ist die Wahrheit in meinem Geiste eingeschlossen. Was ich da denke und empfinde, weiß nur ich selbst. Nun sende ich das Wort hinaus; das vorher in mir Verborgene geht durch den Raum; dann verstummt es, und alles ist wieder still. Aber der drüben hat es vernommen; und nun weiß auch er, was vorher nur in mir war. Jetzt ist es in mir und auch in ihm. Dann antwortet er; sendet seinerseits das in ihm Verborgene hinaus; es langt bei mir an und ist nun in ihm und auch in mir. So geht die Wahrheit hinüber und herüber, und wir haben in ihr Gemeinschaft.

Ist das nicht wunderbar, eine solche Rede und Gegenrede, ein solches Gespräch? Ich habe Wahrheit in mir und teile sie dem anderen mit. Er nimmt sie auf; gibt das Seine hinzu, zustimmend oder widersprechend, einschränkend oder fortführend, und gibt mir das Ergebnis wieder. Und in uns beiden wächst die Einsicht ... Man hat die Wahrheit verglichen mit dem Licht, und so ist es auch. Der Mensch, der nicht erkennt, ist in einem geistigen Dunkel: er sieht nicht; alles ist verschlossen. Sobald er erkennt, wird es hell. Man sagt ja: das »leuchtet mir ein,« das »wird mir klar.« Wenn aber zwei Menschen aufrichtig miteinander reden, wächst in ihrem Gespräch das Licht der Wahrheit, und in diesem Licht haben sie Gemeinschaft. Was gibt es Größeres?

III

Die Erkenntnis der Wahrheit und das Wort, das sie aufrichtig ausspricht, bildet [*sic!*] die Grundlage unseres ganzen Lebens.

Schon in den alltäglichen Dingen ist es so. Wenn zwei Menschen einander begegnen, und der eine fragt den anderen nach dem Weg, nimmt er selbstverständlich an, dass er nicht irre geführt wird ... Umso mehr in den wichtigen Beziehungen des Lebens. Freundschaft kann nur auf der Grundlage der Wahrheit bestehen. Natürlich muss mir ein Mensch sympathisch sein, wenn er mein Freund werden soll; ich muss mich freuen, mit ihm zusammen zu sein. Die Grundlage ist aber die Wahrheit: Ich muss wissen, wenn er mir etwas sagt, ist es so. Wenn er mir etwas verspricht, hält er es ... Freundschaft ist etwas Anspruchsvolles; man kann nicht viele Freunde haben, wohl aber kann man mit vielen Menschen in einer guten Kameradschaft stehen, etwa in der Arbeit oder im Betrieb. Auch da ist es die Wahrheit, was alles trägt, denn Kameradschaft ist etwas Klares, Sauberes, Zuverlässiges. Man weiß, der andere meint es ehrlich … Wahrheit muss sein zwischen dem Arzt und dem Kranken. Dieser muss ehrlich sagen, wie er gelebt hat, und was ihm zugestoßen ist, damit der Arzt Bescheid weiß; der Kranke aber muss sich darauf verlassen können, dass der Arzt aufrichtig seine Sache vertritt … Auf Wahrheit und Vertrauen ruht das Verhältnis zwischen Lehrer und Schüler, zwischen dem Rechtsanwalt und dem, der seine Hilfe in Anspruch nimmt – und den Staatsbürgern; alle Berufe sind auf Wahrheit und Vertrauen aufgebaut. Auf der Wahrheit ruht aber auch die Familie. Mann und Frau, Eltern und Kinder können nur dann in Frieden und gegenseitiger Hilfsbereitschaft mit einander leben, wenn trotz aller Heimlichkeiten im Einzelnen doch im Ganzen Wahrheit zwischen ihnen besteht.

Das menschliche Leben ist wie ein unabsehlich großes Gewebe aus lauter Beziehungen zwischen den Menschen. Manche, z.B. eine kurze Begegnung, sind flüchtig, andere sind dauerhaft, halten vielleicht, wie eine Freundschaft, oder eine Ehe durch das ganze Leben. Manche sind oberflächlich, wollen auch nicht mehr sein; andere gehen sehr tief, reichen bis ins Herz. Bei manchen geht es um das Persönliche, so wenn einer dem anderen sympathisch ist, oder ihn liebt; bei anderen geht es um die Sache, z.B. um die Aufgaben der verschiedenen Berufe und so fort … Alle diese Beziehungen ruhen zuletzt darauf, dass der eine es dem anderen gegenüber ehrlich meint, und man sich auf Wort und Handlung verlassen kann.

Treue und Wahrheit tragen das ganze Leben – so sehr, dass man sich darüber gar keine Gedanken macht. Nimmt man nicht unwillkürlich an, dass ein Mensch, den man fragt, die Wahrheit antwortet? Ist das Sagen der Wahrheit nicht das Selbstverständliche, Natürliche, Menschliche? Muss man nicht erst durch bittere Erfahrungen belehrt werden, wie oft das nicht der Fall ist?

IV

Leider macht man aber diese Erfahrung – und nun kommen wir zu etwas anderem: Derselbe Mensch, der die Ehre hat, die Wahrheit zu erkennen und sie sagen zu können, kann auch lügen. Das Tier kann es nicht, denn es hat keinen Geist, und all die Geschichten, in denen von Tieren erzählt wird, dass sie so gescheit seien wie Menschen, sind Unsinn. Nur der Mensch kann die Wahrheit sagen, weil nur er sie erkennen kann – er allein kann sie aber auch verraten; er allein kann lügen.

In vielfacher Weise kann der Mensch das tun: Er kann die Wahrheit verschweigen, wenn sie gesagt werden müsste; nur einen Teil der Wahrheit sagen, sodass das Ganze schief wird; die Sache, um die es sich handelt, nach einer bestimmten Richtung hin betonen oder färben, sodass ein Durcheinander von Wahrheit und Lüge entsteht, das manchmal schlimmer ist, als die blanke Unwahrheit – bis zur vollständigen Lüge, die behauptet, was nicht zutrifft ... Und das alles nicht im Scherz, sodass der andere merkt, es ist nicht ernst gemeint, sondern mit der Absicht, ihn irre zu führen. Er soll sich auf das verlassen, was man sagt und glauben, was nicht wahr ist.

Warum tut man das? Warum sagt man, was doch nicht wahr ist? Dafür gibt es viele Gründe, wir kennen sie nur allzu gut: Man sieht eine Unannehmlichkeit vor sich und sucht sich ihr zu entziehen. Man will einen Vorteil auf gradem Wege nicht erreichen und versucht es auf krummem. Man hat einen Hass gegen jemand und will ihm schaden, und so fort. Unzählige Gründe gibt es für das Lügen, einen immer schlimmer und armseliger als den anderen.

Und nun muss ich etwas ganz aufrichtig sagen. Die Menschen haben ja immer die Unwahrheit gesagt. Immer hatten sie große oder kleine Gründe, das Vertrauen des anderen zu täuschen. Aber noch nie in der ganzen deutschen Geschichte hat die Lüge eine solche Macht gehabt wie in den vergangenen Jahren. Damals gab es vieles, was einen aufrechten Menschen drücken musste: all die Ungerechtigkeiten, die man hinnehmen musste; all die Gewalt, die einem angetan wurde – eines aber war vor allem empörend: die Lüge überall. Wie ist das Volk über die Dinge des Krieges belogen worden: über unsere Industrie, über unsere Ernährung, über neue Waffen, über den sicheren Sieg, als schon alles verloren war. Und wohin hat es geführt!

Aber die Lüge hat nicht erst da angefangen. Schon sehr viel früher; schon gleich am Anfang des dritten Reiches, das tausend

Jahre dauern sollte und nach zwölfen zusammengebrochen ist. Vor allem die Unwahrheit über uns selbst. Wie war man bemüht, bei sich selbst nur Herrliches, bei anderen nur Schlimmes zu sehen. Wie hat man die Leute gewöhnt, die Ursachen alles Übels nur bei anderen zu suchen, nie bei sich selbst. Wie hat man ganz bewusst die deutsche Geschichte verfälscht, dass der Hörer meinen musste, von den Zeiten eines Karls des Großen bis 1933 sei nur Verrat am deutschen Wesen getrieben worden, und erst jetzt habe die eigentliche deutsche Geschichte begonnen. Was ist alles über das Christentum behauptet worden. Lügen von einer Schamlosigkeit und Verächtlichkeit, dass man nicht versteht, wie in einem Lande, worin die geistigen Dinge so hoch in Ehren gestanden hatten, derartiges möglich war – bis zur Lüge, dass Leute, die weder von Christentum noch von Religion etwas wissen wollten, sich »gottgläubig« nannten – und so fort, ins Uferlose.

Das Schlimmste aber war, dass die Unwahrheit weiterhin zur selbstverständlichen Haltung geworden ist. Galt nicht der als ein rechter Kerl, dem im Notfall die Lüge mühelos vom Munde ging? Der sie so vorbringen konnte, dass man überhaupt nichts merkte? Ja, bei vielen Leuten hat man das Gefühl, dass ihnen der Sinn für Wahr und Falsch ganz verloren gegangen ist. Für sie kommt es nur darauf an: Was sag ich, damit ich durchkomme? Komme ich durch, dann ist alles gut.

Und das war nicht nur eine Verlogenheit, wie sie sich aus schlechter Gewohnheit ergibt, sondern Grundsatz. Ihr habt sicher schon den Namen Friedrich Nietzsche gehört, jenes Philosophen, der, der die Weltanschauung der letzten zwölf Jahre begründet hat. Er hat gesagt, es gibt keine Wahrheit, die in sich selbst gilt, sondern sie richtet sich nach dem, was das Leben fördert. Wahr ist, was stark macht; Lüge, was schwächt.

Ihr dürft mir glauben, liebe Freunde, ich sage das alles nicht, um große Worte zu machen, oder um andere herunterzureißen, sondern um auf Furchtbares aufmerksam zu machen, das durch die Weltanschauung und Volkserziehung der letzten zwölf Jahre bewusst in die Menschen hineingetrieben worden ist.

Und was ist die Wirkung? Während man früher mit Selbstverständlichkeit dem gesprochenen oder geschriebenen Worte geglaubt hat, kann man es jetzt in dieser Weise nicht mehr. Immer wieder muss man den Verdacht haben: Will man die Wahrheit sagen? Hat man keine heimlichen Absichten? Wird da um irgend eines Zweckes willen die Sache entstellt? Wird da einer um seine Ehre gebracht? Gab es nicht unter den höchsten Behörden des Reiches ein Ministerium, welches das Volk »bilden und aufklären« sollte, und so zielbewusst, so unablässig, so schamlos log, dass Leute, die Bescheid wussten, alles, was von dorther kam, von vornherein als Lüge ansahen?

Ich hatte einmal ein Gespräch mit einem sehr klugen Arzt darüber, was eigentlich die Krankheit bedeute. Wir sprachen zuerst von der Krankheit des Körpers, was sie anrichtet, wie man mit ihr fertig wird, wie man aus ihr etwas Gutes machen kann. Dann kam die Rede darauf, ob es auch eine Krankheit des Geistes gebe. Gewiss, war die Antwort, alle jene Störungen und Zerstörungen, die in den Nervenanstalten behandelt werden. Betreffen die aber eigentlich den Geist? Sind es nicht in Wahrheit nur Erkrankungen des Gehirns und der Nerven; Störungen in der Art, wie sich die Vorstellung bilden, die Gefühle abspielen, der Wille funktioniert? Kann denn der Geist selbst krank werden? Und wir meinten zuerst, das gehe doch wohl nicht; er sei durch irgendwelche Störungen nicht angreifbar. Trotzdem hatten wir das Gefühl, es müsse so etwas geben, und schließlich wurde es uns klar: Der Mensch wird im Geiste krank, wenn er von der Wahrheit abfällt. Nicht schon dann, wenn er lügt; auch nicht, wenn er es oft tut. Das ist natürlich schlimm, zerrüttet aber sozusagen noch nicht das Mark des Geistes. Das geschieht dann, wenn ein Mensch überhaut die Wahrheit nicht mehr empfindet; wenn er sie abschafft; wenn er sich und andere gewöhnt, nicht mehr zu fragen: was ist wahr? – sondern: wie erreiche ich, was ich will? Dann wird der Geist selbst krank, und das ist furchtbar. Und ich kann mir nicht helfen: wenn ich sehe, wie die Dinge in Deutschland in der letzten Zeit gegangen sind, wie der Krieg fortgesetzt wurde, als kein Sinn noch Verstand darin war; wie man eine Stadt um die andere, eine Provinz um die andere zerstören ließ, für nichts und nichts und noch einmal nichts – liebe Freunde, hier hat eine furchtbare Krankheit des Geistes gewütet, und sie kam aus dem Abfall von der Wahrheit.

V

Was wir da bedacht haben, war nicht schön, aber wir mussten es tun. Wir müssen wissen, welches die schlimmste Zerstörung ist. Nicht die der Häuser, und der Fabriken, und der Brücken, und der Eisenbahnen, obwohl das alles furchtbar genug ist; nein, die innere, geistige, sittliche. Und das ist vor allem die Zerstörung der Wahrheit.

Hier liegt unsere Aufgabe. Wir wollen aus der Zerstörung heraus. Wir wollen wieder ein Leben aufbauen, das lohnt. Dazu müssen wir bei der Wahrheit anfangen. Erinnert Ihr Euch, was die Heilige Schrift über den ersten Anfang der Sünde erzählt? Ihr erster Anfang war eine Lüge: da sagte der Versucher zu den Menschen, Gott habe ihnen den Baum des Guten und Bösen verboten, weil er ihnen die Erkenntnis nicht gönne. Die erste Lüge; eine Verleumdung Gottes; damit hat das Böse angefangen … So fängt das Gute damit an, dass man sich zur Wahrheit entschließt.

Denkt nach über das, was hier gesagt worden ist; und wenn Euch scheint, es sei so, dann fasst den heiligen Entschluss: Ich will heraus aus der Lüge. Mein Wort soll so werden, dass man ihm trauen kann. Ich will dazu helfen, dass wieder die reine klare Luft der Wahrheit um uns sei.

Lieber wollen wir eine Unannehmlichkeit oder einen Schaden auf uns nehmen als zu lügen. Das wird manche unangenehme Stunde geben, aber es geht nicht anders. Es wird auch nicht immer gelingen. Leichtfertigkeit, Feigheit, Nebenabsichten werden sich geltend machen. Wir werden noch manchesmal versagen. Aber wir wollen nicht ablassen. Wir wollen uns selbst zur Rechenschaft ziehen, uns das nächste Mal umso mehr zusammen nehmen, und mit der Zeit wird es gelingen.

Das ist wahrer Aufbau.

Und wieder ist auch hier Christus für uns maßgebend. Erinnert Ihr Euch, wie er vor Pilatus stand, und dieser ihn verhörte? Er war angeklagt, er habe sich selbst zum König machen wollen. Also eine gefährliche Sache. Das Land war unruhig, und alle Wahrscheinlichkeit sprach dafür, ein römischer Richter würde einen Menschen, der unter diesem Anschein stand, unschädlich machen. Was lag also näher, als den Richter zu täuschen? Alles abzustreiten, was er hätte missverstehen können. Alles im harmlosesten Lichte darzustellen. Und das wäre nicht schwer gewesen, denn Pilatus hatte offenbar Interesse für den Angeklagten. Was geschieht aber? Pilatus fragt: »›Also bist Du ein König‹ und Jesus antwortete: ›Du sagst es, ich bin ein König!‹« Das war die Wahrheit. Er wusste, sie würde gefährlich sein. Sie war aber wahr, und also sprach er sie. Und das Ergebnis war, dass er zum Tod am Kreuze verurteilt wurde.[128]

Damals hat Christus auch zu Pilatus gesagt: »Ich bin dazu geboren und dazu in die Welt gekommen, dass ich für die Wahrheit zeuge. Jeder, der aus der Wahrheit ist, hört auf meine Stimme.« Ein geheimnisvolles Wort. Es ist die Wahrheit. Er will nur die Wahrheit. Jedes Wort, das er spricht, ist lautere Wahrheit. Wenn Pilatus innerlich bereit gewesen wäre, hätte er sich sagen müssen: »Ein Mann, der unter dieser Gefahr so spricht, ist ernst.« Statt dessen hat er die Achseln gezuckt. »Was ist Wahrheit?« Hat ihn geißeln lassen und dann, wissend, dass er das Recht brach, zum Tode verurteilt.
Gott ist der Wahrhaftige, und er verlangt, dass auch wir wahrhaftig seien. Christus hat diese Forderung in die Welt getragen und wir wollen an Ihn denken, wenn es bei uns um die Wahrheit geht.

3.
Die Vorsehung[129]

Sonntag, 8. Juli 1945, Memmingen[130]

I

Vorgestern haben wir über Recht und Unrecht und gestern über die Wahrheit gesprochen. Wir haben uns nicht mit begeisternden Worten abgegeben, sondern genau zu verstehen gesucht, worum es da geht. Und wir haben gesehen, dass darauf das ganze Leben ruht.

So viel ist ein Mensch wert, als er sicher zwischen Recht und Unrecht unterscheidet, als er entschlossen ist, danach zu handeln. So viel ist ein Mensch wert, als die Wahrheit ihm heilig ist, und er sich bemüht, sich an sie zu halten.

Wir haben uns die Pflicht vor Augen gestellt, die uns aus einer solchen Einsicht erwächst, und ich hoffe, wir haben uns vorgenommen, Menschen des Rechten und der Wahrheit zu werden.

Nun könnte aber einer fragen: Wird dadurch das Leben nicht schwer? Wenn einer sich streng an das halten will, was recht ist – bindet der sich nicht die Hände? Wenn einer entschlossen ist, zur Wahrheit zu stehen – wird der nicht überall Unannehmlichkeiten und Schaden haben?

Etwas daran ist sicher wahr. Dadurch, dass man auf die Stimme des Gewissens hört, wird das Leben schwerer. Aber wollen wir es denn leicht haben? Wollen wir bequem, mit Genuss und Vorteil durchs Leben kommen, oder soll es so sein, dass unser Inneres uns sagt: So kann ich es vor mir selbst und vor Gott verantworten. So ist es in sich gut, für Zeit und Ewigkeit?

II

Der Mensch, der es mit dem Gewissen ernst nimmt, hat es schwerer als ein anderer – darüber dürfen wir aber nicht vergessen, dass dieses Ernstnehmen auch eine Kraft bedeutet, die im Leben hilft.

Wenn man von Kraft redet, dann denkt man meistens an starke Muskeln oder leistungsfähige Maschinen. Es gibt aber auch andere Kräfte: des Geistes und des Herzens.

Denken wir an den Gelehrten, der den Erreger der früher kaum überwindbaren Tuberkulose gefunden hat. Was er für sich hatte, waren eine unvollkommene Kenntnis vom Wesen dieser Krankheit und sehr bescheidene Mittel; gegen ihn standen die Anschauungen der Zeit, der Spott seiner Kollegen und die Sorgen um seine Familie. Er war aber der Überzeugung, ein solcher Krankheitserreger müsse da sein, und fühlte die Pflicht, ihn zu entdecken. So hat er ihn nach langer, mühsamer, immer wieder durch Misserfolge enttäuschter Arbeit schließlich gefunden und den kranken Menschen einen gar nicht zu ermessenden Dienst geleistet.

Oder denkt an den großen Nordpolarforscher Fridtjof Nansen. Viele haben mit Begeisterung die Berichte seiner kühnen Fahrten gelesen; seine größte Leistung war die Hilfe, die er unzähligen Menschen nach dem vergangen Weltkrieg gebracht hat, als er die freiwillige Umsiedlung ganzer Völker durchführte und der Hungersnot in … entgegenarbeitete. Die Mittel, die er zur Verfügung hatte, waren klein; gegen sich hatte er, wie immer in solchen Dingen, die Gleichgültigkeit und Selbstsucht der Menschen. Für ihn ging es aber um eine große, wahrhaft menschliche Aufgabe, und er hat vollbracht, was unmöglich schien.[131]

Die eigentlichen Kräfte im Leben sind nicht die des Körpers und der Maschine, sondern die des Geistes und des Herzens. Eine solche Kraft ist auch der sittliche Wille.

Wenn ein Mensch erkannt hat, die innerste Entscheidung im Leben ist die zwischen Recht und Unrecht; er stellt sich auf die Seite des Rechten, und zwar wirklich, mit Herz und Charakter; er ist entschlossen, Mühe und Opfer nicht zu fürchten … wenn er erkannt hat, das menschliche Dasein kann nur auf der Wahrheit ruhen, denn die Lüge ist eine furchtbarere Zerstörung als Armut, Krankheit und was immer, und er entschließt sich, in Aufrichtigkeit und Tapferkeit zur Wahrheit zu stehen – eine solche Gesinnung ist eine Kraft, und diese Kraft vermag Unerhörtes zu leisten.

Nicht mit einem Mal. Er wird versagen, oft vielleicht. Das ist natürlich nicht richtig, aber es kommt darauf an, wie er sich dazu stellt. Ob er in den alten Trott fällt, oder aber sich im guten Willen erneuert und frisch anfängt. Kein Streben nach irgendeiner Tugend hat Erfolg, wenn es nicht mit einer Eigenschaft verbunden ist: der Beharrlichkeit. In den Dingen des Herzens und des Charakters geht nichts schnell.

Und im Kampf um diese Dinge ist nichts verloren. Jede Anstrengung, das Rechte zu tun, jedes Opfer, das man um der Wahrheit willen bringt, tragen ihren Sinn in sich. Der äußere Erfolg mag sein, wie er will; der innere ist immer da. Immer ist etwas im Inneren klarer, stärker, freier geworden.

III

Als wir von Recht und Unrecht und dann von der Wahrheit sprachen, haben wir uns zuerst unsere eigenen Gedanken darüber gemacht; dann aber haben wir das letzte Wort bei Jenem geholt, der unser Meister und Führer ist, Jesus Christus. Er hat uns gesagt, was es eigentlich mit dem Recht und Unrecht auf sich hat: dass es dabei um Gottes Heiligkeit geht. Und er hat uns gesagt, was es mit der Wahrheit auf sich hat: dass sie der Ausdruck von Gottes Majestät ist. Er soll uns auch sagen, woraufhin wir es in unserem Kampf um das Rechte und Wahre wagen.

Ihr kennt aus dem Neuen Testament die Lehren Jesu, die unter dem Namen »Die Bergpredigt« zusammengefasst sind. Darin steht folgende Stelle, und ich bitte Euch, gut zuzuhören.

»Darum sage ich euch: Sorget nicht (ängstlich) für euer Leben, was ihr essen, noch für euren Leib, was ihr anziehen sollt. Ist nicht das Leben mehr als die Nahrung, und der Leib mehr als das Kleid? Seht die Vögel des Himmels an: sie säen nicht, sie ernten nicht, sie sammeln nicht in die Scheunen, denn euer himmlischer Vater ernährt sie. Seid ihr aber nicht viel besser als sie? Und wer unter euch kann mit seinen Sorgen seiner Lebenslänge auch nur eine Elle zusetzen? Und was sorgt ihr (ängstlich) für die Kleidung? Achtet auf die Lilien des Feldes, wie sie wachsen: sie arbeiten nicht, sie spinnen nicht; ich sage euch aber, selbst Salomo in all seiner Herrlichkeit war nicht angetan wie eine von ihnen. Wenn aber Gott das Gras des Feldes, das heute steht und morgen in den Ofen geworfen wird, also kleidet, wie nicht viel mehr euch, ihr Kleingläubigen? So sollt ihr denn nicht (ängstlich) sorgen und sagen: Was sollen wir essen, was sollen wir trinken, was sollen wir anziehen? Um alles das kümmern sich die Heiden. Euer himmlischer Vater weiß ja, dass ihr all dieser Dinge bedürftet. Trachtet aber zuerst nach seinem Reich und dessen Gerechtigkeit, so wird euch dieses alles zugelegt werden.« (Mt 6,25–33)

Wie klingt uns das? Was für ein Gefühl haben wir dabei, wenn wir nicht bloß auf den frommen Klang lauschen, sondern uns als vernünftige Menschen ein Urteil bilden wollen? Hört sich das nicht wie ein Märchen an? Wird da nicht gesagt, die Menschen sollen sich keine Sorgen um Essen und Trinken, um Kleidung und Wohnung machen, sondern sich auf Gott verlassen; wie der für Blumen und Vögel, so werde er auch schon für die Menschen sorgen? Fehlt da nicht aller Ernst?
Zunächst ist zu erwidern, dass die Worte Jesu nicht sagen, der Mensch solle seine Pflichten für den Unterhalt seines Lebens und das seiner Angehörigen vernachlässigen. Im Gegenteil, gerade das Christentum ist es ja gewesen, das die Menschen den Ernst der Arbeit gelehrt hat. Wovor Jesus warnt, ist das Sich-Ängstigen und Sich-Härmen; jene Art von Arbeit, welche macht, dass das Herz des Menschen für nichts anderes mehr frei ist.

Dann aber steht in dieser Lehre Jesu ein Satz, den man meistens übersieht, wenn man von Gottes Sorge und Vorsehung redet, und zwar ist das gerade der letzte, in dem alles gipfelt: »Trachtet aber zuerst nach dem Reich und dessen Gerechtigkeit, so wird euch dieses alles zugelegt werden.« Das heißt also, dass das Ganze an einer Bedingung hängt. Jesus redet zu uns vom Vater im Himmel, den niemand kennt als nur Er. Er sagt uns, wie dieser Vater gegen die Menschen gesinnt ist; wie gütig und weise und wachsam, und versichert uns, dass Er uns mit einer nie müde werdenden Sorge umgebe. Es ist das, was wir Gottes

Vorsehung nennen. Diese dürfen wir uns aber nicht als eine Art himmlischer Wohlfahrtspflege denken, sondern sie waltet zwischen dem himmlischen Vater und jedem Menschen danach, wie er die Bedingung, von der Christus spricht, erfüllt.

Was ist das aber für eine Bedingung? Dass der Mensch zuerst »trachtet nach dem Reiche Gottes und seiner Gerechtigkeit.« Reich Gottes ist da, wenn Sein Wille erkannt wird, die Menschen sich nach ihm richten, und Er so in ihrem Herzen und in ihrem Leben herrscht. Die Bedingung, von der Jesus redet, besteht also darin, dass ein Mensch Gott liebt und tut, was in seinen Kräften steht, damit sein Leben zum Gottesreich werde. Und nicht nur so nebenbei, sondern so, dass das die Hauptsache für ihn ist: »Trachtet zuerst nach dem Reiche Gottes und seiner Gerechtigkeit.« Wenn der Mensch so tut, sagt Christus, übernimmt Gott die Bürgschaft dafür, dass es ihm im Leben an nichts fehlen wird, dessen er bedarf.

Was heißt das für unsere Frage? Wir haben gesehen, das Rechte ist der heilige Wille Gottes, die Wahrheit ist der Glanz von Gottes heiliger Majestät. Wenn also jemand im Gehorsam gegen Gott Recht und Unrecht unterscheidet und für das Gute Mühe und Opfer auf sich nimmt; wenn er zur Wahrheit steht, auch um den Preis von Unannehmlichkeit und Schaden, dann darf er guten Mutes sein. Gott wird sein Leben behüten, es innerlich reich machen, und dafür sorgen, dass er hat, dessen er bedarf.

Dann geht das Leben eines solchen Menschen anders, als bei dem, der nicht »nach dem Reiche Gottes und dessen Gerechtigkeit trachtet.« So ist es: Christus sagt, dieses Leben wird von Gott in einer besonderen Weise gelenkt und gefügt und hat einen besonderen nur ihm eigenen Charakter.

Klingt das nicht aber sonderbar? Das tut es; so wollen wir genau zusehen, wie es gemeint ist. Vielleicht gibt es in der täglichen Erfahrung einen Hinweis darauf … Läuft das Leben der verschiedenen Menschen in der gleichen Weise? Das Wasser fließt überall so, wie es muss, der Baum wächst, wie seine Natur ist – geht auch das Leben der Menschen nach dem gleichen Gesetz vor sich?

Wir haben gewiss schon Tage durchlebt, an denen wir gedrückt und mutlos waren, alles uns lästig und schwierig erschien. An diesen Tagen wollte nichts richtig glücken. Alles ging verkehrt. Es war, als ob ein Unstern über uns stehe. Ein andermal hingegen war unser Gemüt klar und zuversichtlich; alles ging sicher, alles gelang, als ob die Dinge von selber liefen. Was bedeutet das? Es bedeutet, dass das Leben verschieden geht, je nachdem in welcher Verfassung wir sind. Dieselben Dinge bekommen einen anderen Charakter, wenn wir freudig und zuversichtlich, oder wenn wir gedrückt und mutlos sind. Ja in der glücklichen Stimmung kommen manche Misslichkeiten überhaupt nicht an uns heran; sind wir aber innerlich verkehrt, dann ist es, als ob wir die Schwierigkeiten förmlich anzögen.

Ein anderes Beispiel: Ein Mensch hat ein gütiges Herz, verzeiht gern, nimmt an fremder Not teil und ist immer bereit zu helfen; ein anderer hart, denkt nur an seinen Vorteil und kümmert sich nicht um die Not des anderen – nimmt das Leben dieser Menschen den gleichen Gang? Nehmen wir sogar an, sie wachsen unter den gleichen Bedingungen auf, sind Brüder, haben die gleiche Umgebung, die gleichen Möglichkeiten, sind beide gescheit und begabt: ihr Leben wird sich ganz verschieden gestalten. Sie werden verschiedene Dinge tun; verschiedene Menschen werden zu ihnen kommen; verschiedene Schicksale werden ihnen zuteil werden.

Das Leben eines Menschen wird gleichsam nur zur Hälfte von außen her geformt, von dem, was ihm passiert und an ihn kommt – zur anderen Hälfte, und vielleicht zu einem viel größeren Teil, gestaltet es sich aus seinem Herzen heraus, aus seiner Veranlagung, aus seiner Gemütsart, aus seiner Gesinnung, aus der Art, wie er das Leben anfasst.

Kommt das Wort Jesu uns nun nicht schon viel näher? Es sagt: Wenn du »zuerst trachtest nach dem Reiche Gottes und seiner Gerechtigkeit«; wenn Du aus aufrichtigem Herzen und ernstem Willen zum Reiche Gottes gehören willst; wenn Du Dich mühst, das Rechte zu tun und Dich die Wahrheit etwas kosten lässest, dann wird Dein Leben anders, als es sonst sein würde.

Aber Gott sagt noch mehr. Er sagt: Wenn Du es ernst nimmst mit Recht und Unrecht; wenn die Wahrheit Dir heilig ist, will ich mit Dir sein. Wenn Du so tust, wird meine ganze Liebe auf Dich gerichtet sein. Du wirst mein Kind sein; ich will Dich lieben und für Dich sorgen.

IV

Liebe Freunde, ich brauche Euch nicht zu sagen, wie schwer das Schicksal ist, das auf uns liegt; wie viele Menschen ihr Leben verloren haben; wie viel an Hab und Gut, an schönen und kostbaren Dingen zerstört ist. Manche Stellen Eurer Stadt zeigen es Euch und dabei ist das, was man da sieht, ein Nichts im Vergleich zu dem, was anderswo geschehen ist. So empfindet jedes rechtschaffene Herz den Wunsch, zuzugreifen und die Voraussetzungen für ein würdiges und fruchtbares Leben zu schaffen.

Dabei dürfen wir aber eines nicht übersehen: die äußere Zerstörung ist nicht die größte, ja sie ist nicht einmal die eigentliche. Dass überall die Häuser zertrümmert, die Stätten der Arbeit zerschlagen, die Denkmäler der Geschichte vernichtet sind, ist ein Gleichnis für das, was vorher schon im Geistigen zerstört worden war: die Ehrfurcht vor Gottes Majestät; Gerechtigkeit, Treue und Liebe der Menschen untereinander. Bleiben wir bei den Gedanken dieser beiden Abende: Die Zerstörung von Stadt und Land ist nur ein Ausdruck dafür, dass die Menschen den Sinn für Recht und Unrecht weithin verloren haben, und die Lüge eine furchtbare Macht geworden ist.

Hier muss der Wiederaufbau einsetzen. Was wir im äußeren tun können, hängt von Ruf und Möglichkeit ab; hier können wir sofort beginnen: das Unsrige tun, dass die innere Welt wieder in Ordnung kommt. Die Zukunft hängt davon ab, dass das Rechte wieder recht und das Unrecht unrecht sei; dass Ja wieder für Ja gilt und Nein für Nein.

II.
Wahrheit und Lüge[132]

Sonntag, 5. August 1945, Memmingen.
Donnerstag, 16. August 1945, Ulm.
Sonntag, 23. September 1945, Stuttgart.[133]

Otl Aicher, Plakat für den ersten Vortrag im Rahmen der
»Religiösen Ansprachen über christliche Weltanschauung« am
16. August 1945

I

Ein Mann, der in der Welt der Heiligen Schrift ebenso zu Hause ist wie in der des Menschenherzens, sagte mir kürzlich, die Katastrophe, die uns getroffen hat, enthalte bei all ihrer Furchtbarkeit auch eine große Gnade: nämlich die Tatsache, dass die Handlungen, die zu ihr geführt haben und die Katastrophe selbst in verhältnismäßig kurzer Zeit aufeinandergefolgt sind, sodass der heute Lebende das Ganze vor Augen hat. Meistens erstreckt sich ja ein solcher Zusammenhang über lange Zeit. So haben jene, welche die letzten Ereignisse erleben, nicht miterlebt, was zu ihnen führte, und empfinden die Katastrophe als etwas Unverständliches, jedenfalls Unverdientes. Infolgedessen fällt es ihnen schwer, zu erkennen, warum es so kam; Recht und Unrecht zu unterscheiden und zur inneren Läuterung und Reifung durchzudringen. Dann aber ist ein Unheil erst wirklich und vollständig Unheil, wenn wir aus ihm nichts lernen.

Was über uns gekommen ist, ist schwer [furchtbar]; [doch ist es da] und wir müssen es tragen. Wir wollen aber auch die Gnade nützen, die uns darin geboten wird: das Ganze überschauen; Ursachen und Wirkungen verstehen und das Verhängnisbringende zuerst einmal in uns selbst zu überwinden suchen. Das ist dann auch der erste Ansatz zum Neuen.

Seit geraumer Zeit hat sich eine verhängnisvolle Art eingebürgert, die Geschichte aufzufassen: man hat sich nämlich gewöhnt, ihre Ereignisse wie Vorgänge der Natur anzusehen. In dieser geht alles nach Notwendigkeiten vor sich; die Naturmächte wirken, wie sie müssen, und aus ihnen kommen unausweichlich die entsprechenden Konsequenzen. Daher bildet das Geschehen der Natur einen einheitlichen Prozess, in welchem alles geht, wie es gehen muss. In der gleichen Weise hat die Wissenschaft auch das Leben der Völker ansehen wollen; als große Prozesse, in denen immer eines mit Notwendigkeit aus dem anderen folgt. Diese Anschauung hat sich dann ins Populäre übersetzt, und so konnte man überall hören: der Krieg musste kommen, weil die wirtschaftlichen Verhältnisse Deutschlands und seiner Nachbarn so und so waren. Man musste ihn führen, wie man ihn geführt hat, weil die moderne Kriegstechnik es so forderte, und so fort.

Diese Anschauung ist bis in die Wurzel hinein falsch. Kein geschichtliches Ereignis »muss kommen«. Gewiss verändern sich die Zustände, sammeln sich Spannungen an usw. und bilden so gleichsam das Feld, auf dem die künftige Geschichte sich zuträgt. Damit sie sich aber wirklich zutrage, muss gehandelt werden; und die Handlung geht aus der Überlegung, dem Urteil, dem Entschluss eines Menschen hervor. Zu sagen, »es musste so kommen«, klingt gescheit, ist aber in Wahrheit ebenso falsch wie feige. Warum ist das, was kam, wirklich gekommen? Weil es gewollt wurde. Von wem wurde es gewollt? Von denen, welche die Macht und die Verantwortung in der Hand hatten. Und warum haben sie es so gewollt? Warum haben sie ihre Pläne so gemacht, die Situationen so beurteilt, ihre Entschlüsse so gefasst? Weil sie sich zu einer bestimmten Anschauung vom Leben, vom Menschen, vom Staate entschieden hatten. Nicht in Entwicklungen und Zuständen; nicht in einem geschichtlichen »Muss«, nicht in einem geheimnisvollen »Schicksal« liegt die wirkliche Ursache dessen, was geschehen ist, sondern in dieser inneren Entscheidung bestimmter Menschen; in dieser »Weltanschauung«[134], die bewusst angenommen und mit allen, auch den verwerflichsten Mitteln durchgesetzt wurde.

Darum ist auch eine Frage, wie wir sie heute stellen wollen, nämlich die nach der Bedeutung von Wahrheit und Lüge, so wichtig. Die Weltanschauung jener, die in den vergangenen zwölf Jahren Deutschland beherrscht hat, ist nämlich wesentlich durch die Absage an die Wahrheit bestimmt. Damit meine ich nicht nur, dass sie die Unwahrheit gesagt hat. Sie hat mehr getan. Sie hat die Wahrheit abgeschafft – ebenso wie sie abgeschafft hat das Recht, die Ehrfurcht und die Barmherzigkeit.
Und wir wollen unsere Frage in der richtigen Weise stellen: ruhig und sorgfältig. Die gleiche »Weltanschauung« hat nämlich auch die Ruhe und den Ernst der Besinnung unmöglich gemacht. Der Mensch sollte nicht in jenen klaren Bereich eintreten, wo er vor das Ewige gelangt und zugleich vor sich selbst; wo er versteht, wie die Dinge des Lebens sich zutragen, und prüft, ob er es richtig macht. Das durfte nicht sein; so hat man immer nur Parolen gegeben, immer nur von Aktion, Bewegung und Tempo geredet. Nun, Aktion war da und Bewegung und

Tempo auch. Immer schneller ist's gegangen, wie es auf jeder Straße zu geschehen pflegt, die in den Abgrund führt!

Wir wollen aus dem Abgrund wieder heraus; so müssen wir eines lernen, die Geduld. Lassen Sie uns mit dieser Geduld heute bei unserer Frage anfangen.

II

Was ist also Wahrheit?

Sie fängt in den Dingen an. Sie wurzelt darin, dass die Dinge sind, wie sie sind; dass sie ihr Wesen haben. Wenn ich einen Stein in der Hand halte, kann ich nicht sagen: »Jetzt lasse ich ihn los, und er soll in der Luft liegen bleiben.« Das kann er nicht, sondern er fällt, denn so will es seine Wahrheit ... Ich kann nicht erwarten, dass ein Rosenstrauch zur Winterszeit, wenn alles unter Eis und Schnee liegt, im offenen Garten blüht. Das würde gegen seine Wahrheit gehen. Er muss auf den Sommer warten ... [Ebenso wenig kann ich von einer Schwalbe, die ganz auf das Fliegen angelegt ist, verlangen, sie solle auf dem Boden leben wie ein Huhn, und dabei gedeihen.] Jedes Tier hat seine Natur und darin liegt seine Wahrheit. Bis zu einem gewissen Grade kann es sich anpassen; darüber hinaus fängt die Unmöglichkeit an, und es geht zu Grunde.

Auch der Mensch hat eine solche Wesenswahrheit. Sein Körper gehorcht den Gesetzen, die für alle Dinge gelten. Wenn er vom Rand einer Anhöhe hinaus in die Luft träte, könnte er sich nicht halten, sondern müsste fallen. [Soll er leben und wachsen, dann muss er Nahrung haben, sonst verkümmert er und stirbt schließlich.] Mehr als ein gewisses Maß Hitze kann er nicht ertragen; was darüber hinausgeht, schädigt ihn und richtet ihn schließlich zu Grunde. Entsprechendes ließe sich über das Seelenleben des Menschen sagen, über sein Zusammenleben mit anderen und so fort. Überall zeigen sich bestimmte Gesetze, die von der Wissenschaft erforscht werden und auf denen sie die natürliche Lehre vom Menschen aufbaut.

III

Dann aber findet sich beim Menschen noch etwas anderes. Jedes Ding hat seine Wahrheit: das Wesen, in welchem es begründet ist und in dem es besteht. Der Mensch hat nicht nur selbst eine solche Wahrheit, sondern er vermag sie auch zu erkennen – die eigene sowohl wie die der Dinge. Wenn er etwas vor sich sieht, untersucht er es, vergleicht es mit anderem, überlegt, bis ihm klar wird: »So ist das! So ist es in sich selber; so verhält es sich zu anderem; so steht es im Zusammenhang des Ganzen.«

Das vermag nur der Mensch. Das Tier kann sich wohl, wie es für sein Fortkommen notwendig ist, unter den Dingen zurechtfinden; nicht kann es ihr Wesen erkennen. Der Vogel findet [erreicht] mit Sicherheit den Baum, in dem er sein Nest hat[, wir sagen, er »kennt« den Baum]; nicht aber »erkennt« er dessen Wesen. Sein Instinkt führt ihn sicher, niemals aber denkt er nach und versteht. Das vermag nur der Mensch, weil nur in ihm die Kraft des Geistes ist. Er allein kann sich die Wahrheit, die in den Dingen ist, innerlich zu Bewusstsein bringen, sie durchdringen, [sie verstehen, geistig] in ihr leben.

Durch die Wahrheit der Erkenntnis wird uns das Wesen der Dinge durchsichtig. Solange ein Ding nicht erkannt ist, steht es als Klotz Wirklichkeit da, verschlossen, dunkel und fremd. In der Erkenntnis öffnet es sich, tritt ins Licht, wird dem Geiste vertraut und bewohnbar.

Lassen wir uns einmal nahekommen, wie wunderbar das ist: »Ich kann das Wesen der Dinge verstehen. Ich kann das, was da draußen steht, in meinen Geist hereinholen. Ich kann auch mich selbst verstehen; mein Wesen, meine Aufgaben, meinen Weg. Ich kann zu erkennen suchen, welche Bewandtnis es mit dem Dasein überhaupt hat, wie ich selbst darin stehe ...« [Durch die Erkenntnis wird mir die Welt zu eigen. Denn es gibt verschiedene Weisen, wie etwas mir gehören kann: die körperliche, indem ich es greife und halte; die seelische, indem ich es durch meinen Willen beeinflusse; aber auch die geistige, indem ich sein Wesen erkenne. Darin wird es zu meinem Eigentum.]

Der Mensch bedarf der Wahrheit. Von Wesen her trägt er in sich die Fragen: »Was ist das? Warum ist das so? Wie hängt das mit dem Übrigen zusammen? Was ist der Sinn davon? Wohin führt es?« Die Antwort auf diese Fragen ist die Wahrheit. Ihrer bedarf der Geist, so wie der Leib der Nahrung bedarf. Solange der Mensch nicht erkennt, ist er geistig in Dunkelheit und Gefangenschaft. Durch die Erkenntnis wird es in ihm hell, und es öffnet sich der innere Raum. Darin atmet und entfaltet sich sein Geist. Darin hat er Umgang mit dem Wesen der Dinge.

[In irgend einem Maße sucht jeder Mensch nach der Wahrheit, die seinen Geist hell und frei macht. Manche haben nach ihr ein solches Verlangen, dass sie ihr ganzes Leben an sie setzen und Entbehrung und Mühe auf sich nehmen, um sie zu erringen. Und wenn ihnen das in einem entscheidenden Schritt glückt, dann ist das eine Freude, als würden sie in die Werkstatt Gottes eingelassen.]

IV

Und nun kommt etwas anderes hinzu, scheinbar selbstverständlich, weil altgewohnt und täglich gebraucht, in Wirklichkeit aber ebenso groß und geheimnisvoll wie die Wahrheit selbst: das Wort. Der Mensch vermag die Wahrheit nicht nur zu erkennen, sondern auch sie zu sagen. Alle tiefere Erkenntnis fängt damit an; dass der Mensch die scheinbare Selbstverständlichkeit abstreift, die ja in Wirklichkeit nur Gewöhnung ist; dass er [der Mensch] vom Wesen eines Dinges berührt wird, und innehält: »Wie seltsam, wie mächtig, wie beunruhigend ist das!« Solche Verwunderung kann man natürlich nicht machen, sondern die muss über einen kommen; immerhin kann man sich Mühe geben, das Gewöhntsein abzuschütteln und sich innerlich aufzutun. Versuchen wir es diesem seltsamen Ding gegenüber, »Wort« genannt.

Es ist ein Gebilde von Tönen und Geräuschen. Der Mensch bildet es mit der Luft, die er ausatmet; durch die Schwingungen seiner Kehle und die Bewegungen seines Mundes. Es besteht in raschem Vorübergang; beginnt mit dem ersten Laut, endet mit dem letzten und ist nachher nur noch im Gedächtnis da. In dieses flüchtige Gebilde aus Lauten tut der Mensch die Wahrheit, die er im Sinn hat, und sendet es hinaus, buchstäblich aus seinem

Munde hinaus, zum anderen Menschen hinüber. Es geht durch den Raum und langt beim anderen an – und was geschieht da? Zuerst ist die Wahrheit in meinem Bewusstsein [Gedächtnis] eingeschlossen. Was ich denke und empfinde, weiß nur ich selbst. Nun bilde ich das Wort und sende es zum anderen hinüber. Es enthält das, was vorher in mir verborgen war und trägt es durch den Raum. Rasch ist es verstummt, und alles ist wieder still – aber der drüben hat es vernommen. Es ist in sein Ohr, in seine Vorstellung, in seinen Geist eingegangen, und nun ist die Wahrheit, die erst nur in mir war, auch in ihm ... Dann antwortet er; sendet seinerseits das in ihm Verborgene, die Erkenntnis, die sich an der meinigen entzündet [zum Mindesten bestimmt] hat, im Wort hinaus; es langt bei mir an, und nun ist sie in ihm und auch in mir. So geht die Wahrheit hinüber und herüber und wir beide gewinnen Anteil an ihr [und ebendamit Gemeinschaft unter uns].

Ist das nicht wunderbar, eine solche Rede und Gegenrede, ein solches Gespräch? Ich habe die Wahrheit in mir und teile sie dem anderen mit. Er nimmt sie auf; gibt, zustimmend oder widersprechend, einschränkend oder fortführend, das Seine hinzu und sendet mir das Ergebnis zurück? So wächst in uns beiden die Einsicht. Aber nicht nur das, es geschieht mehr: Wir haben in der Wahrheit Gemeinschaft .....[135]
[Das ist etwas ganz Einzigartiges.[136] Bedenken wir doch: den Geist als solchen kann man nicht sehen, hören, greifen. Er ist verborgen, er ist innerlich. Soll man ihn erfassen, dann muss er sich ausdrücken. Das tut er durch die Miene des Antlitzes, die Gebärde der Hand, die Haltung der Gestalt, den Laut eines Ausrufes. Das alles beschränkt sich aber auf einfache Dinge, Zuneigung oder Hass, Güte oder Härte, Bereitschaft oder Ablehnung. Was darüber hinausgeht: Wissen um das Wesen der Dinge; Absichten, die man hat; Werke, die einem im Sinn liegen; persönliche Beziehungen in ihrer Mannigfaltigkeit – alles das kann man nur im Wort ausdrücken. Im Wort wird der Geist offenbar. Und er, der an sich in die eigene Einsamkeit eingeschlossen ist, gewinnt durch den Austausch des Wortes mit dem anderen Geiste die Gemeinschaft der Wahrheit.]
Und wie die Gemeinschaft der Wahrheit, gibt es auch den

Kampf um sie. Der Eine geht von diesem Standpunkt aus, der Andere von jenem; jeder sieht Richtiges, aber auch Falsches: in der Auseinandersetzung fördern sie sich gegenseitig. Mit den Stellungnahmen zu einer Frage verbindet sich auch Persönliches und droht die Wahrheit zu trüben: im Ringen der einen Persönlichkeit mit der anderen läutert sich die Sache heraus. Es gibt auch den Angriff auf die Wahrheit, wir werden noch davon zu sprechen haben: im Kampf wird sie geschützt, bestätigt, vertieft und entfaltet.

Die Gemeinschaft in der Wahrheit und der Kampf um sie: wie groß ist das! In Menschendingen gibt es nichts, was größer wäre – nur noch solches, das im Rang ebenbürtig ist: die Gerechtigkeit und die Liebe.

V

Die Erkenntnis der Wahrheit und das Wort, in dem sie sich ausspricht, bilden die Grundlage unseres ganzen Lebens.

So ist das schon in den alltäglichen Dingen. Wenn man nach dem Wege fragt, nimmt man als selbstverständlich an, dass man nicht irregeführt wird.[137] Wenn einer sagt: »Draußen ist jemand«, verlässt man sich unwillkürlich darauf und sieht nach.

Bedeutungsvoller werden Wahrheit und Wort in den tieferen Beziehungen des Daseins. Freundschaft zum Beispiel kann nur auf der Grundlage der Wahrheit bestehen. Gewiss muss mir ein Mensch sympathisch sein, wenn er mein Freund werden soll, und damit senken sich die Wurzeln der Freundschaft in die Tiefe des unmittelbaren Lebens. Was aber aus dem bloßen Gefühl wirkliche Freundschaft macht, ihr Sinn und Charakter gibt, ist die Tatsache, dass zwischen uns Wahrheit herrscht. Jeder von uns muss wissen: »Der andere meint es aufrichtig mit mir. Wenn er mir etwas sagt, dann ist es so. Wenn er mir etwas verspricht, hält er es. Wenn es darauf ankommt, redet er.« ... Freundschaft ist anspruchsvoll; wirkliche Freunde kann man nicht viele haben. Wohl aber kann man mit vielen in einer guten Kameradschaft stehen; etwa im Beruf, oder in der Sorge für die Dinge des öffentlichen Lebens. Hier ist die Wahrheit von vornherein die

Hauptsache, denn Kameradschaft ist etwas Klares und Sachliches [Zuverlässiges]. So muss man wissen, der andere steht redlich zur Aufgabe [Sache] und redlich zum Kameraden ... Wahrheit muss auch sein zwischen dem Arzt und dem Kranken. Dieser muss ehrlich sagen, wie er sich fühlt, wie er gelebt hat und was ihm zugestoßen ist, damit der Arzt Bescheid weiß. Der Arzt andererseits muss aufrichtig die Sache des Kranken vertreten, sodass dieser sich auf ihn verlassen kann ... Auf Wahrheit und Vertrauen ruht das Verhältnis zwischen Lehrer und Schüler; zwischen dem Rechtsanwalt und dem, der seine Hilfe in Anspruch nimmt; zwischen dem Beamten und dem Staatsbürger, der ihm im Dienst begegnet und so fort. Alle Berufe sind auf Wahrheit und Vertrauen aufgebaut ... Auf der Wahrheit ruht aber auch die Familie. Mann und Frau, Eltern und Kinder, Geschwister untereinander können nur dann richtig zusammen [miteinander] leben, wenn – trotz aller Heimlichkeiten im Einzelnen; wir wissen ja, wie leicht es dazu kommt – im ganzen doch Ehrlichkeit zwischen ihnen besteht.

Man kann das menschliche Leben als ein unendlich vielfältiges [kompliziertes] Gewebe aus lauter Beziehungen zwischen den Menschen ansehen. Manche, wie eine kurze Begegnung, sind flüchtig; in anderen knüpfen sich festere Bindungen, die vielleicht sogar, wie in einer Freundschaft oder eine Ehe, durch das ganze Leben dauern. [Manche sind oberflächlich, denken wir an solche des gesellschaftlichen und beruflichen Lebens; andere hingegen gehen tief, vielleicht bis ins innerste Herz.] Bei manchen geht es um das Persönliche, wie in den verschiedenen Formen der Sympathie; bei anderen um die Sache, so bei der Zusammenarbeit im Beruf und im öffentlichen Leben. Was auch der Inhalt all dieser Beziehungen sein mag: letztlich ruhen sie darauf, dass der eine es dem anderen gegenüber ehrlich meint und sein Wort verlässlich ist.

So sehr tragen Wahrheit und Vertrauen das ganze Leben, dass man sich darüber gar keine besonderen Gedanken macht. Nimmt man nicht unwillkürlich an, dass ein Mensch, den man fragt, mit der Wahrheit antwortet? Ist das Sagen der Wahrheit nicht das Selbstverständliche, Natürliche, Menschliche, gleichsam ein Grundrecht des Daseins? Muss man nicht erst durch bittere Erfahrungen darüber belehrt werden, wie oft das nicht der Fall und Vorsicht am Platz ist?

VI

Das ist aber tatsächlich so – denn derselbe Mensch, der die Ehre hat, die Wahrheit sagen zu können, kann auch lügen. [Das Tier kann es nicht,[138] denn es kann auch nicht die Wahrheit sagen, sondern existiert in den Notwendigkeiten seiner Natur. Die verschiedenen Formen des Sich-Verstellens etwa, die wir im Tierreich finden, sind keine Lüge, denn in ihnen wird nichts behauptet. Der Käfer, der keine Bewegung mehr macht, wenn man ihn anrührt »stellt sich nicht tot«, denn er weiß weder vom Tot- noch vom Lebendigsein; sein Körper ist vielmehr so gebaut, dass er auf die Berührung mit dem Starrwerden antwortet. Nur der Mensch kann die Wahrheit verraten, weil er allein sie sagen kann; und nur er kann sie sagen, weil er allein der Erkenntnis fähig ist.]

In vielfacher Weise kann der Mensch den Verrat an der Wahrheit begehen. Er kann in einem Augenblick, in dem die Wahrheit gesagt werden müsste, sie verschweigen, sodass falsche Voraussetzungen entstehen. Er kann sie nur zum Teil sagen und dadurch das Ganze schief machen. Er kann die Dinge nach einer bestimmten Richtung hin färben und so bewirken, dass alles richtig und falsch zugleich wird – bis zur vollständigen Lüge, die einfachhin ableugnet, was ist, oder behauptet, was nicht zutrifft. Das alles aber nicht etwa nur im Scherz, sodass der andere merkt, es ist nicht ernst gemeint; auch nicht so, wie es im gesellschaftlichen Leben oft geschieht, dass der andere wissen muss, die Worte haben nur einen äußerlichen Sinn – sondern mit der Absicht, den anderen irrezuführen. Er soll sich auf das verlassen, was man sagt und glauben, was nicht wahr ist.
Wir wollen gewiss keine Sittenrichter sein und die Schwächen des Menschen zu Verbrechen machen,[139] müssen uns aber doch klarmachen, was eigentlich in der Lüge geschieht. Vorhin haben wir gesehen, welch wunderbare Sache das Wort ist, das zum anderen Menschen hinübergeht und die Wahrheit zu ihm trägt; das

71

Gespräch, welches sich zwischen Mensch und Mensch vollzieht und Gemeinschaft in der Wahrheit schafft. Wir haben gesehen, wie auf der Verlässigkeit [sic!] des Wortes unser ganzes Leben ruht. Und nun kommt die Lüge, [setzt seine Würde voraus,] rechnet darauf, dass der Mensch unwillkürlich bereit [geneigt] ist, ihm zu vertrauen, und missbraucht es. Sie trägt dem Hörenden, der auf Wahrheit wartet, Unwahrheit zu. Sie drängt ihn, der sich auf die Gemeinschaft in der Wahrheit verlässt, ins Verkehrte ab. So zerstört sie tatsächlich die Grundlage aller menschlichen Beziehungen.

Warum aber? Warum sagt der Mensch, was nicht ist? Warum täuscht er das Vertrauen? Wir kennen die Gründe gut. Man sieht eine Unannehmlichkeit vor sich und sucht sich ihr zu entziehen. Man kann einen Vorteil auf geradem Wege nicht erreichen und versucht es auf krummem. Man hat Abneigung gegen jemand und will ihm schaden – und so fort.
Unzählige Gründe gibt es für die Lüge, einen immer armseliger und schlimmer als den anderen – bis zur Versuchung [Lust], sich an der Wahrheit zu vergreifen, und zum Hass, sie zu zerstören.

Und nun bitte ich aufrichtig sprechen zu dürfen. Immer haben die Menschen die Unwahrheit gesagt; immer hatten sie kleine und große Gründe, das Vertrauen des anderen zu täuschen – aber noch nie in der deutschen Geschichte ist die Lüge zu einer solchen Macht geworden, wie in den vergangenen zwölf Jahren. In dieser Zeit gab es vieles, was einen wohlgeschaffenen Menschen bedrückte: all die Ungerechtigkeit, die er hinnehmen musste; all die Gewalt, die ihm angetan wurde; all die Zerstörung dessen, was ihm heilig war [die ganze Flut der Minderwertigkeit, die sich auf allen Gebieten des Daseins eindrängte] – eines aber war besonders schlimm: die [von den Führern des öffentlichen Lebens ausgehende] unablässige Lüge.
Um mit dem zu beginnen, was uns unmittelbar im Gedächtnis steht: Wie ist das Volk über die Dinge des Krieges getäuscht [belogen] worden: über die Leistungsfähigkeit der Industrie, über den Stand der Ernährung, über die Bedeutung neuer Waffen, über den sicheren Sieg … Und nicht nur so, wie das immer ge-

schieht,[140] um [das Volk] zur Ausdauer und Leistung anzuspornen, solange ein Erfolg möglich ist, sondern auch, als schon alles verloren war, und nur noch das private Interesse der Verantwortlichen für den Kampf sprach.

Aber die Lüge hat nicht erst da angefangen, sondern schon gleich zu Beginn des dritten Reiches, das tausend Jahre dauern sollte und nach zwölfen zusammengebrochen ist. Sehen wir ab von all den unzähligen Täuschungen, um zur Macht zu gelangen. Sprechen wir von der Art, wie man »führte« und »baute« und die »neue« hohe Kultur begründete.

Da ist vor allem die Lüge über sich selbst. Im Eigenen gab es nur Vortrefflichkeit; das Schlimme war immer anderswo. Der deutsche Mensch wurde dazu erzogen[141], die Ursache aller Übel nur bei anderen zu suchen, nie bei sich selbst. Das Ganze unterbaut durch eine »Wissenschaft« von der Rasse, über welche ernste Forscher nur den Kopf schütteln konnten. Haben wir uns schon einmal klargemacht, was für eine furchtbare Sache es ist, wenn jemand, gar ein ganzes Volk, einen Sündenbock hat, der an allem schuld ist; ob dieser Universalschuldige nun das Judentum [der Jude] ist, oder das Christentum? Dass es das Ende jedes sittlichen Ernstes bedeutet, weil der Mensch, der so denkt, überhaupt nicht mehr dazu kommt, sich selbst zu prüfen? Weil er blind und taub im Unrecht wird? Das ist aber geschehen, unablässig, überall und in jeder Weise [in Rede, Zeitung, Rundfunk, Schule, Lager][142].

Wie hat man die deutsche Geschichte verfälscht [mit vollem Bewusstsein und voller Absicht], sodass der Hörer meinen musste, von den Zeiten eines Bonifatius[143] bis 1933 sei nur Verrat am deutschen Wesen getrieben worden, und die eigentliche deutsche Geschichte habe jetzt erst begonnen! Soweit man es nicht fertig brachte, die Vergangenheit nach dem eigenen Programm umzulesen [umzulügen], bis zu Grotesken [Ungeheuerlichkeiten] wie denen, der grundchristliche Johann Sebastian Bach, der lautere Hölderlin und der kindlich fromme Bruckner hätten zur neuen Weltanschauung gehört – sie, die sich mit Empörung von ihr abgewendet haben würden![144]

Was hat man vom Christentum behauptet! Wie hat man seine Lehren entstellt, seine Einrichtungen heruntergerissen, seine großen Persönlichkeiten besudelt; bewusst, methodisch, in der

Schule, im Lager, in der Zeitung und im Buch, vor Kindern, vor Jugendlichen, vor Erwachsenen, bei jeder nur erdenklichen Gelegenheit! Wie hat man seine Gesinnung ins Gefährliche und Verächtliche verkehrt, sodass jeder, der nicht im Stande war, die Unwahrheit zu durchschauen, vor ihr Abscheu empfinden musste!

Und so fort, auf jedem Gebiete – sodass es gar nicht zu begreifen ist, wie in dem edlen deutschen Volke, das die geistigen Dinge immer so hoch gehalten hat, Derartiges möglich werden konnte.[145] Hat man nicht den eigenen Anhängern eingeprägt: »Behauptet darauf los, immer wieder, trotz aller Widerlegungen; am Schluss bleibt immer etwas hängen, und Ihr habt gewonnen«? … Hat man nicht eine richtige Technik der doppelten Wortbedeutungen ausgebildet, und gehörte es nicht zur politischen Tüchtigkeit, sie so zu brauchen, dass man jederzeit von der einen auf die andere hinüberwechseln konnte? Haben nicht viele Worte einen doppelten Boden gehabt, den man nach Belieben herauszog? Nehmen Sie ein Beispiel für viele: das »positive Christentum«, von dem immer die Rede war. Das konnte bedeuten, man wolle an Stelle eines veräußerlichten, politisierten Christentums das richtige, die Frömmigkeit des Herzens und den Ernst der sittlichen Gesinnung setzen; es konnte aber auch etwas bedeuten, das sich vom Unglauben überhaupt nicht mehr unterschied … Hat man nicht das System der verschiedenen Initiativen geschaffen, von denen die eine so sagte, und die andere das Gegenteil tat? Ist nicht von verantwortungsvollster Stelle das Wort geprägt worden: »Was der Staat wegen seines empfindlichen Organismus nicht kann, das macht die Partei?« Was bedeutete das? Es bedeutete zum Beispiel, dass der Staat einen feierlichen Vertrag mit der Kirche schloss, worin er dieser mit klaren Worten die volle Freiheit des religiösen Lebens zusicherte; die Partei aber, das heißt die Leitung des gesamten öffentlichen Lebens in jeder Weise das religiöse Leben hinderte, unterhöhlte, verächtlich machte … Musste das alles dem Menschen nicht die Möglichkeit nehmen, sich ein Urteil zu bilden? Ruht aber nicht auf Urteil und Überzeugung alles das, was Charakter heißt? Und war es nicht die letzte Absicht dieser ganzen Lügentechnik, dem Volke den Charakter zu nehmen, und es so zu einer willenlos preisgegebenen Masse zu machen?

Dazu kam, dass niemand sich gegen all die Lüge wehren konnte. Wir haben vorhin vom Kampf um die Wahrheit gesprochen: dazu gehört aber die Möglichkeit offenen Redens. Doch die gab es nur für die regierende Weltanschauung. Gegen das, was ihr nicht genehm war, gegen das Christentum zum Beispiel, durfte das Böseste und Verächtlichste gesagt und geschrieben werden; die aber, denen so ihr Heiligstes angegriffen wurde, konnten sich nicht verteidigen. Sie konnten nichts sagen oder schreiben, was den Entstellungen und Entehrungen wirksam entgegengetreten wäre. Hier gab es weder Freiheit noch Recht. Auf Deutschland hat nicht nur die Macht, sondern der Terror der Lüge gelastet!

Alles das kann man aber nicht durch Jahre hin tun, ohne dass es die Gesinnung des Volkes selbst erfasst. So wurde die Unwahrhaftigkeit weithin zur selbstverständlichen Haltung. Weithin wurde der als rechter Kerl angesehen, dem, wenn es galt, die Lüge [natürlich und] mühelos vom Munde ging. Ja, Erzieher und Fürsorgetätige stellen mit Schrecken fest, dass bei vielen der Sinn für Wahr und Falsch überhaupt verloren gegangen ist. Dass an Stelle des Maßstabes: »ist das wahr?« bei ihnen getreten ist: »hat es Erfolg? komme ich durch?« Und wenn der Erfolg erzielt, wenn man durchgekommen ist, dann ist alles in Ordnung.

Aber es war ja noch schlimmer! Das Überhandnehmen der Lüge war nicht nur politische Skrupellosigkeit, die nicht sah, dass sie um ihrer Zwecke willen die Grundlagen alles volklichen und staatlichen Lebens zerstörte, sondern es ging weithin aus Grundsatz hervor. Das klingt hart, trifft aber zu ... Es ist wichtig, zu sehen, dass die Praxis des Alltags auf geistigen Entscheidungen ruht, welche durch bedeutende Menschen vollzogen worden sind. So geht auch die Weltanschauung, welche zwölf Jahre auf uns gelastet hat, auf verschiedene Ahnen zurück; einer der wirksamsten, dessen Gedanken denn auch bewusst verbreitet wurden, war Friedrich Nietzsche.[146] Er hat gesagt: Das Entscheidende im Dasein ist nicht die Wahrheit, das Gute, das Rechte, sondern das Leben. [Nicht soll sich das Leben nach der Wahrheit, sondern die Wahrheit soll sich nach dem Leben richten.][147] Wahrheit ist überhaupt nichts, was in sich selber steht und gilt, sondern wahr ist der Gedanke, der das Leben fördert. »Wahr« ist, was stark macht; »Lüge« ist, was schwächt – und so fort, in unzähligen Abwandlungen [*sic!*]. Wie Nietzsche zu solchen

Sätzen kam, können wir hier nicht untersuchen; wir müssten die Krankheitsgeschichte des abendländischen Geistes durch Jahrhunderte zurückverfolgen. Jedenfalls hat er die Wahrheit vom Throne gestoßen, und an ihre Stelle die Kraft, den Reichtum, das Gedeihen des Lebens gestellt. Nehmen Sie aber diesen Gedanken aus der Hand eines hochstehenden und sehr kultivierten Geistes, der Nietzsche war,[148] und geben Sie ihn in die skrupelloser, halbgebildeter Leute, dann entsteht daraus, was entstanden ist.

Sie dürfen mir glauben, verehrte Zuhörer, das alles habe ich nicht gesagt, um mir Luft [große Worte] zu machen, oder um etwas herunterzureißen, sondern aus Überzeugung und Pflicht. Ich hatte unter dem besonderen Gesichtspunkt unseres Themas zu zeigen, wie es denn mit dem steht, was sich im Laufe der letzten zwölf Jahre als die »Weltanschauung des deutschen Menschen« ausgegeben und in Wirklichkeit alles dem echten deutschen Menschen Ehrwürdige verneint hat.

Die Folgen aber sind unabsehlich. Was durch diese Entfesselung der Lüge in der Ethik des öffentlichen Lebens, in den Beziehungen zwischen Lehrer und Schüler, Arzt und Kranken, Beamten und Staatsbürger, ja bis in das Gefüge der Familien hinein zerstört worden ist, können wir heute noch gar nicht beurteilen. Es wäre sicher für jeden eine heilsame Übung, in der eigenen Umwelt einmal darauf zu achten.
Hier möchte ich nur noch auf etwas hinweisen, an das man selten denkt. Vor Zeiten sprach ich mit einem klugen Arzt darüber, was eigentlich »Krankheit« bedeute. Die Rede ging naheliegenderweise zuerst auf die Krankheit des Körpers: was sie im Haushalt des Lebens bewirkt, wie sie einerseits zerstört, andererseits aber auch aufbaut und so fort. Dann fragten wir uns, ob es auch eine Krankheit des Geistes gebe? Gewiss, war die Antwort, alle jene Störungen und Zerstörungen, die man in den Nervenheilanstalten behandelt. Betreffen die aber eigentlich den Geist? Sind es nicht in Wahrheit Krankheiten des Gehirns und der Nerven; Störungen in der Art, wie sich die Vorstellungen bilden und aneinanderreihen, wie die Gefühle ablaufen, wie der Wille Richtung nimmt und so fort? Kann der Geist selbst krank

werden? So meinten wir zuerst, das gehe doch wohl nicht, denn der Geist sei ja etwas ganz Unkörperliches und Einfaches, das keiner Zerstörung zugänglich sei. Trotzdem hatten wir das Gefühl, damit sei die Sache noch nicht erledigt, und schließlich wurde uns klar: Auch der Geist kann erkranken – und zwar dann, wenn der Mensch von der Wahrheit abfällt. Nicht schon, wenn er lügt. Auch nicht, wenn er es oft tut. Das ist natürlich schlimm; es greift aber sozusagen nur die Tätigkeiten und Gewohnheiten des Geistes an, noch nicht seine Substanz. Das geschieht erst, wenn ein Mensch von der Wahrheit abfällt; wenn er sich überhaupt nicht mehr um sie kümmert; wenn er sich und andere gewöhnt, nicht mehr zu fragen: »was ist wahr« sondern nur: »wie komme ich durch«; wenn er den Unterschied zwischen Wahrheit und Lüge überhaupt nicht mehr fühlt – dann wird der Geist selbst krank, weil er von der Wahrheit lebt.

Und man kann sich nicht helfen: Wenn man sieht, wie die Dinge in Deutschland in der letzten Zeit gegangen sind; wie der Krieg fortgesetzt wurde, als kein Sinn noch Verstand darin war; wie man eine Stadt um die andere, eine Provinz um die andere zerstören ließ, für nichts und nichts und noch einmal nichts; und nicht nur solche das taten, die sich dadurch noch für eine Weile von der Rechenschaft für ihre Handlungen [Taten] retten wollten, sondern auch so und so viele andere in einem völlig [unbegreiflichen] sinnlosen »Gehorsam« – meine verehrten Zuhörer, dann muss man sich sagen: Hier hat eine furchtbare Krankheit des Geistes gewütet. Die ist weder aus Überanstrengung, noch aus Entbehrung, noch aus erlittenen Ängsten, oder aus welchen psychologischen Gründen sonst gekommen, sondern aus dem Abfall von der Wahrheit, den die für die Erziehung und Führung des deutschen Volkes Verantwortlichen in sich selbst vollzogen und durch eine unablässige Beeinflussung – Propaganda, Erziehung, Schulung – in das Volk hineingetragen haben. Dadurch ist der Sinn für die Wirklichkeit, für das Verhältnis von Hauptsache und Nebensache, von Groß und Klein, von Dauer und Augenblick, mit einem Wort, für die Ordnung des Daseins in einer Weise zerrüttet worden, dass zuletzt im Verhalten der Gesamtheit überhaupt kein Sinn mehr zu erkennen war.

Jeder aber wird sich – in großem Ernst und in der Verantwortung für sich und für andere – fragen müssen, wie weit er selbst diese Krankheit in seinen Lebensbereich eingelassen hat. Und eines bedenken: die körperliche Krankheit wird geheilt, indem man die beschädigten Organe behandelt, gestörte Funktionen reguliert und fehlende Stoffe zuführt. Eine psychische Krankheit, indem man die Nerven beruhigt und das Gefüge der Triebe und Vorstellungen in Ordnung bringt. Was aber die geistige Krankheit angeht, so gibt es für sie nur einen Weg zur Gesundung: der von ihr Betroffene muss seine Gesinnung ändern. Er muss erkennen, dass er von der Wahrheit abgefallen ist und sich mit dem Innersten seines Herzens wieder zu ihr hinkehren. Er muss in seinem Leben wieder die Hoheit der Wahrheit aufrichten. Von da aus wird sich allmählich seine Gesundung vollziehen … [Das Furchtbare ist nur, dass die Führung und Menschenbildung der vergangenen zwölf Jahre an vielen Stellen einen Menschentypus herangezüchtet hat, der – menschlich gesprochen – einer solchen inneren Umkehr nicht mehr fähig scheint.]

VII

Was wir da bedacht haben, war nicht schön, aber wir mussten uns darüber klar werden. Wir müssen wissen, welches die schlimmste Zerstörung ist, die sich in den vergangenen Jahren ereignet hat. Nicht die der Häuser und Fabriken und Eisenbahnen, so groß die ist; die schlimmste ist die innere, geistige – und darin vor allem die Zerstörung der Wahrheit: die Art, wie sie aufgefasst, wie mit ihr umgegangen und wie ihr Werkzeug, das Wort gebraucht wird.

Hier liegt unser aller Aufgabe. Entschuldigen Sie diese moralische [sittliche] Anrede, die ja eigentlich nicht in einen Vortrag gehört; aber die Not der Zeit drängt so sehr, dass sie rechtfertigt, was sonst nicht am Platze wäre. Hier, im Verhältnis zur Wahrheit liegt für uns alle eine große von der Zeit her gestellte Aufgabe. Wir wollen aus der Zerstörung heraus. Wir wollen wieder ein Leben aufbauen, das würdig und fruchtbar ist. Dazu müssen wir innerlich, bei der Wahrheit anfangen.

Erinnern Sie sich, was die Heilige Schrift über den Beginn des Bösen auf Erden sagt? Sie sagt, dass er in einer Lüge bestand. Der Versucher redete den Menschen ein, Gott habe ihnen den Baum der Entscheidung deshalb verboten, weil Er ihnen die Erkenntnis nicht gönne. Dieses Wort hat den Sinn der Wahrheit in ihre ewige Wurzel, in Gottes Gesinnung hinein verdreht. Damit hat das Böse angefangen. Also fängt das Gute, fängt der Aufbau jedes guten Daseins damit an, dass man sich zur Wahrheit entschließt.

[Zum Wesen der Wahrheit gehört die Hoheit. Sie gilt unbedingt, ohne Warum und Wozu. So muss sie um ihrer selbst willen, ohne Rücksicht noch Seitenblick bejaht werden.

Nietzsche – und vor ihm der Pragmatismus[149] haben gesagt: Es gibt keine in sich selbst gültige Wahrheit. Was es gibt, ist nur Lebenswichtigkeit. Ein Gedanke ist »wahr«, wenn er dem Leben voranhilft; wenn er stärker, reicher, froher, freier macht. Um dieser Bedeutung willen wird er angenommen. Sobald er diese Bedeutung nicht mehr hat, hört er auf, »wahr« zu sein, und man muss ihn »umwerten«. Das heißt aber, dass die »Wahrheit« sich im Laufe der Geschichte wandelt, und, was für ein Zeitalter wahr ist, für ein anderes falsch sein kann. Damit ist nicht nur gemeint, dass der Mensch in seinem Forschen weiterkommt und Anschauungen voraufgehender Zeiten als Irrtum erkennt, sondern dass sich die Wahrheit in sich selbst ändert, etwa so, wie das die Sitten oder die Formen des Gesellschaftslebens tun.

Das klingt sehr philosophisch, und es können dazu sehr tiefsinnige Dinge gesagt werden; Tatsache ist, dass von hier aus nur wenige Schritte führen bis zu dem Satz: »Wahr ist, was mir hilft.« Das heißt aber, zur Lüge als Grundsatz und Lebenstechnik. Nein, die richtige Gesinnung der Wahrheit gegenüber fängt damit an, dass der Mensch nicht fragt: »was wirkt sie und wozu dient sie?«, sondern: »was sagt sie, in sich selbst, ohne Warum und Wozu?« Die richtige Gesinnung fängt damit an, dass er die Hoheit der Wahrheit erkennt und ehrt.]

Vom mehrfach genannten Nietzsche stammt das Wort: »Wehe dem Leben, das keine Höhe über sich hat.«[150] Das ist tief wahr. Wehe dem Leben, das sich selbst überlassen ist, in sich selbst wuchert und wühlt und wütet. Es muss eine »Höhe über sich«

haben; etwas, nach dem es sich richtet, und an das es sich hält. »Höhe« ist das, was »Hoheit« hat: die Wahrheit, die in sich gilt; die Gerechtigkeit, die um ihretwillen fordert. Ebendadurch, dass Wahrheit und Gerechtigkeit keinen Zwecken unterstehen, sondern in sich selbst gelten, helfen sie dem Leben. Das Wichtigste für das Leben ist, dass es auf etwas stoße, was sich vor ihm nicht beugt, sondern vor dem es selbst sich beugen muss, unbedingt, ohne Zweck noch Absicht, ohne Rücksicht noch Seitenblick. Darin wird es frei; darin berührt es die Ewigkeit, darin hat es Halt und Richtung.

III.
Der Heilbringer in Mythos, Offenbarung und Politik[151]

Sonntag, 9. September 1945, Memmingen:
»Christus und der Mythos«.
Donnerstag, 13. September 1945, Ulm:
»Die Heilandsgestalt als Mythos und Offenbarung«.
Sonntag, 24. September 1945, Stuttgart:
»Der Heiland in Mythos und Offenbarung«.[152]

sich beim Gebet zuwendete, erschien nun das Hakenkreuz und

das Bild Hitlers.. In der Schloßkapplle einer großen Stadt,

die den deutschen Christen überlassen war, stand ein Altar

und auf ihm ein Hitlerbild.. In den christlichen Schulen wur-

de an die Stelle, wo vorher das Kreuz, das Zeichen des

christlichen Glaubens gehangen, das Bild Hitlers aufgehängt,,

deutlicher Ausdruck dafür, daß die Empfindungen, die sonst

auf den Heiland und Erlöser Jesus Christus gegangen waren,

auf ihn gehen sollten.. Überall wurden Bilder verbreitet,

auf denen er sich in freundlicher Weise Kindern zuwendete,

die mit dem Gläubigkeit und dem Vertrauen, die Kindern nicht

schwer zu suggerieren sind, zu ihm aufschauten. Die Bedeu-

tung ist klar, wenn man weiß, welche Rolle das Bild des gött-

lichen Kinderfreundes in der christlichen Welt spielt.

Von besonderer Bedeutung war etwas, was an jeder

Stelle ins tägliche Leben griff, nämlich der sogenannte

deutsche Gruß. Sofort war klar, und wurde von jedem empfunden,

daß das "Heil Hitler!" das Gegenbild zum christlich-katholi-

schen Gruß "Gelobt sei Jesus Christus" war. Was bedeutet die-

ser Gruß? Was bedeutet überhaupt der Gruß? In ihm wirken ur-

alte Überzeugungen nach. Wenn ich einem begegne, der mir ver-

traut ist, wünsche ich ihm Gutes zu. Wenn er fremd ist, das

heißt aber für das frühe Gefühl feind, muß ich seine Kraft

bannen, und der Gruß wird zur Beschwörung. Der Gruß ist

eine der einfachsten Formen täglicher Frömmigkeit: Gemein-

schaft und Begegnung, Beschwörung und Abwehr. So steht hier

für den Christen die Person des Erlösers, Jesus Christus. An

*Auszug aus »Der Heilbringer in Mythos, Offenbarung und
Politik« (1946). Fragment eines Typoskript-Entwurfs*

Vorbemerkung[153]

In den jüngst vergangenen Jahren ist etwas vor sich gegangen, das einer genaueren Betrachtung wert ist, da es ein scharfes Licht auf die geistig-religiöse Situation der Nach-Neuzeit, darüber hinaus aber auch auf die des Menschen überhaupt wirft.

Um den Vorgang richtig zu verstehen, muss man weiter ausholen; so bitte ich den Leser, in einige religionswissenschaftliche und theologische Überlegungen einzutreten. Zuerst wird er vielleicht denken, sie seien weit hergeholt; bald aber wird, so hoffe ich, deutlich werden, wie alles zusammenhängt und wie nahe es jeden angeht.

Hinzufügen möchte ich, dass ein bereits früher erschienener und in dem Sammelband »Unterscheidung des Christlichen« 1935 herausgegebener Aufsatz mit dem Titel »Der Heiland«[154] zum Teil in die vorliegende Untersuchung eingearbeitet worden ist.[155]

Mooshausen i. schwäb. Allgäu
Weihnachten 1945

I.
Die Götter und der Mythos

Wir gehen von dem aus, was die Religionswissenschaft als religiöse Erfahrung bezeichnet.[156]

Wenn wir um uns schauen, bemerken wir Gegenstände und Vorgänge verschiedenster Art. Da sind die großen Dinge, die den Weltraum bestimmen, wie Sonne, Mond und Gestirne. Auf Erden jene, durch welche die Landschaft gebildet wird: Ebenen und Berge, Meer und Flüsse [*und anderes mehr*]. Da sind die Pflanzen, wie sie uns überall in Freiheit oder als Kulturgewächse begegnen, und die Tiere, die in ihrer Mannigfaltigkeit alle Bereiche des Erdraums bevölkern. Endlich die Menschen: nahe verbundene, zur weiteren Umgebung gehörige, darüber hinaus die unbestimmt vielen, welche wir mit den Worten »Volk« und »Menschheit« bezeichnen. Alle diese Dinge und Wesen bilden Gestalten des Seins und des Wirkens. Sie werden und vergehen, verändern sich und behaupten sich zugleich in der Veränderung. Sie haben Beziehung zueinander, wirken aufeinander ein, sind voneinander abhängig, und es entsteht ein großer, sich beständig wandelnder und doch durch allen Wandel sich aufrechterhaltender Zusammenhang: die natürliche Welt.

Die Wirklichkeiten dieser Welt nehmen wir mit unseren Sinnen wahr. Die Augen fassen das Licht auf und in ihm Gestalten der Form und Farbe; das Ohr vernimmt Töne und Geräusche, richtiger gesagt, Tongestalten und Geräuschbilder; die Haut empfindet die Oberfläche der Dinge, ihre Formen und Eigenschaften; die Hände, genauer gesagt, das lebendige Gleichgewicht des Körpers fühlt die Schwere, ihre Unterschiede und Verhältnisse, und so fort. Alle diese Sinneswahrnehmungen sind wiederum nicht jeweils in sich isoliert, sondern stehen in einer lebendigen Einheit, durch die »das Ding« als Ganzes zu Bewusstsein kommt.

Dabei darf nicht vergessen werden, dass die Sinne keine bloßen mechanischen Werkzeuge oder biologischen Reizempfänger darstellen, sondern vom Geiste bestimmt sind. Und nicht erst von da ab, wo dieser mit der Reflexion beginnt, sondern in ihrem ganzen Verlauf. Schon in ihrem ersten Ansatz ist der Geist wirksam. Schon die erste Reizaufnahme steht kontinuierlich zur

Erkenntnis von Wesen und Wert, zur Stellungnahme und zum Handeln.[157]

Ist mit diesem Gefüge der natürlichen Welt und Welterfahrung das Ganze der Gegebenheit sowohl als auch ihrer Aufnahme durch den Menschen erschöpft?

Greifen wir, um genauer zu prüfen, eine Einzelheit heraus.

Denken wir, wir stünden in einer klaren Nacht draußen und blickten zum Himmel hinauf, zu den Gestirnen: Was würden wir da sehen? Um richtig antworten zu können, müssen wir aber genauer fragen, nämlich wer es ist, der da schaut, denn die Menschen schauen verschieden, je nach dem Gesichtspunkt, von dem sie ihrer Veranlagung und ihren Interessen gemäß ausgehen. Ein Seemann zum Beispiel stellt mittels der Sterne Ort und Richtung fest und weiß dann, wie er zu steuern hat. Ein Astronom beobachtet ihr Verhältnis zueinander, berechnet ihre Bahnen. Ein Dichter empfindet ihre Schönheit und schreibt ein Nachtlied. Und so könnte man noch manches andere sagen. Hat man aber die verschiedenen sachbestimmten Weisen der Auffassung durchlaufen, dann bleibt noch eine andere, eigentümliche. Darin hat der Schauende kein besonderes Interesse, sondern öffnet sich der stillen Majestät über ihm. Er empfindet den Schauer, der von den funkelnden Bildern ausgeht. Sein Denken löst sich vom Alltäglichen und hebt sich dem Ewigen zu. Vielleicht taucht das Bild eines geliebten Menschen in seinem Innern auf. Vielleicht denkt er an etwas Großes, das er zu tun hat. Tiefes, Gutes, das sonst schweigt, erhebt sich in ihm und beginnt zu reden. Er fühlt, wie ihn etwas Besonderes berührt, fremd, anders als das Weltliche und doch tief vertraut; geheimnisvoll, und doch als das Eigentlichste empfunden. Er könnte es nicht nennen und weiß doch genau, was er meint.

Oder jemand geht allein im Hochwald dahin. Die Bäume stehen mächtig und still da, und zwischen ihren Stämmen schimmert das Licht. Auch das kann er in verschiedener Weise auffassen. Er kann die Bäume daraufhin prüfen, was man mit ihnen bauen kann und welchen Marktpreis sie haben. Er kann sie wissenschaftlich betrachten, als Botaniker oder Fachmann des Forstwesens. Er kann sie mit den Augen des Malers ansehen, die Formen der Baumwesen und das Spiel des Lichtes studieren und sich überlegen, wie er sie im Bild wiedergeben könne. Es kann aber auch sein, alle diese besonderen Gesichtspunkte verschwinden; der Wandernde empfindet das Ragen und Sich-Wölben ringsum, die Stille und Feierlichkeit, und er wird von einem Geheimnis berührt, das von anderswoher zu kommen scheint und ihm doch ans Innerste greift. Er kann es nicht aussprechen und weiß doch, es hat die Stunde für immer wichtig gemacht.

So könnte man noch manche Gelegenheiten nennen, bei denen dieses Rätselhafte und doch tief Vertraute, Fremde und doch vom Innersten Erwartete an den Menschen herantritt: etwa in einem erschütternden Schicksal, oder vor einem aus alter Zeit stammenden Bauwerk, oder vor dem Antlitz eines in sich versunkenen Menschen.

Für das aber, was da anrührt, hat die Sprache mancherlei Namen: sie nennt es das Geheimnishafte, das Andere, das Unirdische, das Heilige, das Numinose oder Göttliche.

So etwa kann man die religiöse Erfahrung beschreiben. In ihr sind, je nachdem, die verschiedenen Sinne tätig. Die Augen schauen, das Ohr hört, der Körper bewegt sich und empfindet; Gestalten werden aufgefasst, Töne oder Worte werden vernommen, Räume werden durchfühlt, Strömungen empfunden – alles Dinge, die der unmittelbaren Wirklichkeit angehören; Teile dessen, was wir die natürliche Welt genannt haben. Was die religiöse Erfahrung aber eigentlich meint, ist nicht das betreffende Ding selbst. Es leuchtet wohl an ihm auf, weht von ihm her an, enthält sein Wesen mit, ist aber selbst nicht das Ding. Es ist anders als jedes Ding – so sehr anders, dass es den Erfahrenden förmlich in eine neue Welt versetzt. Es hat Macht, aber eine andere, als die der Dinge sonst: die geistige, die überzeugt. So durchaus anders, dass es von ihnen wegruft. Wir empfinden es als wichtig, so sehr, dass uns im Augenblick, da wir es erfahren, alles, was wir sonst tun und treiben, unwesentlich, überflüssig, ja sinnlos vorkommen kann. Es ist in besonderer Weise wichtig; ewig wichtig. Wir fühlen, etwas Letztes hängt von ihm ab. Wenn wir es versäumen, haben wir »alles« versäumt.

Es braucht wohl nicht besonders darauf hingewiesen zu werden, dass diese religiöse Erfahrung mit dem Glauben im christlichen Sinne nicht gleichgesetzt werden darf, sich vielmehr im Bereich des allgemein-menschlichen Seelenlebens hält.[158] Sie ist bei man-

chen sehr stark entwickelt, bei anderen schwächer, in irgendeiner Weise findet sie sich wohl bei jedem – freilich kann sie auch
verdorben und zerstört werden.

In der Geschichte der Menschheit hat sie eine große Bedeutung,
und zwar nimmt sie da bestimmte Formen an, wie sie sich als
Vorstellungen von Göttern, göttlichen Vorgängen und Wirk-
samkeiten in den verschiedenen Religionen finden. Ein Erlebnis,
das mir ein Freund erzählte, mag nahebringen, wie die Überzeugung von Göttern aus der religiösen Erfahrung hervorgehen
kann. Er ging auf einer Wanderung allein durch einen Wald am
rechten Rheinufer[159] und gelangte zu einer Lichtung. Es war
Mittag und alles lag in jener tiefen Stille, wie sie um diese Tages-
stunde herrscht; kein Baum rauschte, kein Vogel sang, kein
Wesen rührte sich. Die Sonnenhitze stand unbeweglich im
Raum. Da sei, erzählte er, auf einmal ein tiefer Schrecken über
ihn gefallen. Kein solcher, wie er von etwas Bestimmtem ausgeht, einem Tier etwa oder einem verdächtigen Menschen,
sondern anders, ohne angebbaren Grund, unaussprechbar, aber
so unwiderstehlich, dass er davongerannt sei, blindlings, um
schließlich, erschöpft und mit zitternden Gliedern, irgendwo
stehen zu bleiben. Der Erzählende hatte erlebt, was die Griechen
den Schrecken des Pan nannten. Stellen wir uns vor, es wäre
nicht unser zwanzigstes Jahrhundert gewesen, sondern das achte
oder siebente vor Christus; und nicht der von tüchtigen Forst-
leuten gepflegte deutsche Wald, sondern die Bergeinsamkeit von
Kleinasien oder Nordgriechenland; und er selbst kein wissenschaftlich gebildeter Mensch unserer Zeit, sondern ein Hirte, der
bei seinen Herden lebte; und er hätte etwas von dem gehabt, was
man religiöse Genialität nennen kann, seherische Kraft, Fähigkeit, das religiöse Geheimnis zu empfinden und in Gestalten
auszudrücken – dann hätte er vielleicht auf einem Felsen ein selt-
sames Wesen sitzen sehen: menschenartig und doch tierähnlich,
mit beunruhigenden Augen und spitzen Ohren; und eine Gewalt der Anziehung und des Schreckens zugleich, der Verzaube-
rung und der Angst wäre von ihm ausgegangen. Dann wäre der
Hirt zu den Seinen gelaufen und hätte gesagt: »ein Gott ist mir
erschienen!« und sie hätten ihn »Pan« genannt, die Gottheit der
vertrauten und zugleich fremden, lockenden und zugleich schre-
ckenden Natur.[160]

So etwa mögen wir uns die Entstehung der Göttervorstellungen denken. Frühe Menschen, den Eindrücken des Daseins nicht kritisch, sondern unmittelbar offen gegenüberstehend, haben das Geheimnis erlebt, das sich in der unmittelbaren Welt kundtut und doch hinter sie zurückführt, ihr Sinn gibt und sie zugleich im Unnennbaren aufgehen lässt. Zugleich haben sie die Gabe gehabt, es nicht abstrakt, sondern in Bildern zu sehen; so hat es sich ihnen in Gestalten und Geschehnissen verdichtet. Etwa das Geheimnis des sich wölbenden leuchtenden Himmels in der Gestalt des höchsten Waltenden, der die Schicksale der Völker fügt und dem Leben seine Ordnungen gibt. Oder das der dunklen, abgründigen Erde, aus welcher das Leben sprosst, um durch den Tod zu ihr zurückzukehren, im Bilde der Magna Mater, der großen Mutter. Oder das des Meeres, welches die Länder verbindet und zugleich voll Gefahren ist, von Leben wimmelt und vielen den Tod bringt, herrlich, schreckend und unberechenbar, im Bilde des Meeresgottes, und so fort. So erlebten sie das geheimnisvoll Webende in den verschiedenen Bereichen der Welt, und es verdichtete sich zu den Gestalten der Götter, die man fürchtete und verehrte, zu besänftigen suchte und um Hilfe anrief.[161]

Die Götter stehen aber nicht in ruhender Majestät da, sondern sie handeln und es geschieht ihnen etwas; sie vollbringen Taten und haben Schicksale. Von diesen Taten und Schicksalen der Götter erzählen die Mythen.[162]
Das Wort gehört zu jenen, die in den letzten Jahren auf allen Gassen herumgezerrt worden sind; so bedarf es einer Klärung.[163]
Echte Mythen sind nur in einer frühen Zeit der Geschichte möglich, denn sie setzen eine Art des Denkens und Fühlens voraus, die im Fortgang der kulturellen Entwicklung zerfallen ist. Der frühe Mensch weiß von den Energien und Gesetzen, welche die Wissenschaft feststellt, noch nichts. Für ihn besteht die Welt aus Wesen und Mächten. Feuer zum Beispiel ist das, was durch das Reibholz hervorgebracht wird, mit dem man die Finsternis erleuchtet und die Speisen kocht; zugleich aber auch ein geheimnisvolles Wesen, das einen eigenen Willen hat und mit Scheu behandelt werden muss. Auch das Wasser ist solch ein Doppelwesen, nutzbares Ding und geheimnisvolle Mächtigkeit in

einem. Wasser aber und Feuer kämpfen miteinander. Ist das Wasser stärker, dann ertrinkt das Feuer; bekommt das Feuer die Oberhand, dann frisst es das Wasser. Entsprechend verhält es sich mit allem übrigen.

Diesem Weltbild gehören die Götter an. In ihnen verdichten sich die halb natürlichen, halb geheimnishaften Mächte. Da die Mächte in einem beständigen Wirken und Kämpfen begriffen sind, werden auch die Götter wirkend und kämpfend gedacht, und es entstehen die Vorstellungen ihrer Taten und Schicksale – welche Taten und Schicksale nichts anderes sind, als die Vorgänge der Welt und des Lebens selbst.

Nehmen wir als Beispiel die Weise, wie der frühe Mensch das Verhältnis von Licht und Dunkel erlebte. Für uns ist Licht eine natürliche Tatsache. Die Wissenschaft hat sie durchforscht und die Technik hat sich ihrer bemächtigt. Wir können die verschiedensten Lichtarten herstellen und nach Belieben gebrauchen; von numinosen Erlebnissen ist keine Rede mehr. Beim frühen Menschen war das ganz anders. Er empfand die Dunkelheit nicht nur als unwegsam und gefährlich, sondern als böse, Grauen erregende Macht. Die Furcht, die heute noch das Kind – und auch mancher Erwachsene – im Dunkel empfindet, richtet sich nicht auf etwas Greifbar-Bestimmtes, sondern auf diese Macht des Dunkels selbst und bildet einen Überrest jenes frühen Erlebens. Wenn sich aber dann morgens die Sonne erhob, überwand ihre gute Mächtigkeit, das Licht, die Finsternis, und der Mensch atmete auf. So war das Dasein von zwei Mächten beherrscht, der Finsternis und des Lichtes. Die des Lichtes kam aus der Sonne, und die Sonne war eine Gottheit. Der Sonnengott aber war in einem Kampf begriffen und von einem Schicksal bedroht, welche die Angst um den Fortbestand des Lichtes ausdrückten. Jeden Tag erhob er sich aus dem Meere, überwand die Finsternis und herrschte den Tag hindurch; am Abend jedoch wurde die Finsternis wieder Herr und hatte nun die Gewalt. Zu diesem kleinen Kampf, der sich von Tag zu Tag abspielte, kam aber noch ein großer, der sich durch das ganze Jahr hin erstreckte. In der Mitte des Winters war die Sonne ganz schwach. Dann erstarkte sie, ihr Licht wurde heller, ihr Strahl wärmer, ihr Bogen hob sich immer höher, und der Tag nahm immer mehr zu. Das wurde als ein Sieg des Sonnengottes über die Macht der Finsternis erlebt, und der Wendetag war eine Feier geheimnisvollen Triumphs. Dann aber, nach der Sommerwende, begann der heilige Bogen sich wieder zu senken. Die Kraft der Wärme und des Lichtes nahmen ab, die Finsternis und Kälte wuchsen immer mehr, und es schien, als ob sie siegen würden. Dabei darf nicht vergessen werden, dass der frühe Mensch kein Naturgesetz kannte. Er erlebte daher diesen Kampf so unmittelbar, dass er vor der Möglichkeit bangte, die Sonne könnte einmal endgültig von der Finsternis überwunden werden. So entstand der Mythos von Licht und Finsternis. Das Licht verkörperte sich im Sonnengott, dem strahlenden, glühenden, aller Macht des Lebens und des Segens vollen; die Finsternis im Drachen, der Schlange, dem Weltenwolf, dem kalten, grauenwirkenden, tötenden Wesen. Zwischen ihnen ist Kampf. Er erneuert sich jeden Tag und jedes Jahr. Immer wieder siegt die Sonne und immer wieder der Drache. Manche Mythen aber offenbaren die Ahnung, einst werde der Drache endgültig siegen, der Fenrirwolf die Sonne wirklich verschlingen und so das Ende aller Dinge kommen.

Ein anderer Mythos ist der von Himmel und Erde. Droben ist die allumspannende Wölbung: die Höhe, aus welcher das Licht kommt; die unerschöpfliche Quelle des Regens; die Macht der Ordnung und des Segens, verdichtet in der Gestalt des Göttervaters, Zeus, Jupiter, Wotan oder wie immer genannt. Unten ist die Erde, dunkel, schweigend, bergend, voll Bereitschaft, Frucht zu tragen, verdichtet in der Gestalt der Erdgöttin, Gaia, Demeter, Nerthus. Zwischen beiden aber besteht eine geheimnisvolle Beziehung, die heilige Ehe. Immer wieder vereinigen sich Himmel und Erde im Frühling; daraus gehen die Pflanzen, die Tiere und alles die Natur erfüllende Leben hervor. Diese Lebensfülle reift im Sommer zur Vollendung, um im Laufe des Herbstes zu sterben. Es folgt der Winter, in welchem Himmel und Erde einander fremd und feindlich gegenüberzustehen scheinen, und alles Leben in der Starre des Todes untergegangen ist. Dann aber, im nächsten Frühling, beginnt das Mysterium neu.

Was bedeuten diese Mythen – und andere, die sich aus ihnen entfalten oder aus eigenen Quellen hervorgehen? Um sie zu verstehen, darf man nicht von unserem durch Wissenschaft aufgeklärten und durch Technik sicher gewordenen Bewusstsein, sondern muss von dem des frühen Menschen ausgehen, für welchen das ganze Dasein aus Mächten bestand. Für ihn bedeuteten die Mythen die Verdichtung der großen Daseinsvorgänge: der Beziehungen zwischen Licht und Finsternis und des Kreislaufs der Sonne in Tag und Jahr; der Beziehungen zwischen Himmel und Erde, Gestirnwelt und Erdenwelt und des Jahresrhythmus mit seinen verschiedenen Zuständen; der Entstehung des Rechts und der bürgerlichen Ordnung; des Wissens und der Kunstfertigkeiten und so fort. Diese Beziehungen wurden aber nicht wissenschaftlich, mit Begriffen und Theorien, sondern anschaulich, in Bildern und Geschehnissen verstanden.

Wenn also der frühe Mensch diese Mythen dachte, erzählte, hörte, erlebte, in den Begehungen des Kultes darstellte und symbolisch vollzog, erfuhr er ebendarin die Ordnung des Daseins. Er verstand das Dasein, und in ihm sich selbst.

II.
Das Heil und der Heilbringer

Jene religiösen Wesenheiten und Mächtigkeiten werden nun in zwei verschiedenen Weisen erlebt: als etwas, das sich dem Menschen freundlich zuwendet und ihm Gutes spendet – oder aber als etwas, das sich feindlich wider ihn richtet und ihm Schaden zufügt. Jenes ist die Erfahrung des Heils, dieses die des Unheils.[164]

Und zwar im religiösen Sinn. Zunächst ist sie in die Erfahrung natürlichen Wohls oder Wehes eingebettet. Das Gewitter mit seinem Sturm und Blitz ist eine Macht, welche die Ernte zerstören, das Haus in Brand setzen, den Menschen erschlagen kann. In diesem irdischen Unheil aber wird anderes fühlbar. Doch so spricht schon der neuzeitliche Mensch; für den ursprünglich empfindenden hat die Zerstörung der Ernte von vornherein mehr Dimensionen als jener Schaden, gegen den sich der späte Mensch durch die Hagelversicherung schützt. Sie trifft seine Saaten und sein physisches Fortkommen – aber auch ihn als religiöse Existenz. In ihr offenbart sich zürnende Mächtigkeit, göttlicher Groll, Gericht über begangene Schuld. Eine heilige Macht wendet sich gegen ihn als religiöse Existenz. Entsprechend verhält es sich mit dem Heil. Für den neuzeitlichen Menschen ist die Natur keine überwältigende Macht mehr. Er hat sich nicht nur vor ihren Gefahren geschützt oder gegen ihre Schwankungen gesichert, sondern sich auch innerlich von ihr unabhängig gemacht. Seine Seele steht nicht mehr in ihrem Bann. Er ist aus der Natur herausgenommen und frei geworden – damit freilich auch ins Künstliche und Ortlose geraten. Der frühe Mensch hingegen lebt noch ganz in den Zusammenhängen der Natur: äußerlich, weil er gegen ihre Gewalten nicht aufkommt; geistig, weil er sie noch nicht rational durchdrungen hat; religiös, weil sie numinose Macht über ihn besitzt. Sie steht als die große Wirklichkeit um ihn und in ihm, in seinem Bewusstsein, seinem Gefühl, seinem Gemüt, seinen Nerven.

Wenn dieser Mensch morgens die Sonne aufgehen sieht, dann bedeutet das für ihn mehr, als dass nur der Tag neu beginnt. Die Nacht ist Finsternis, Kälte, Ausgeliefertsein an die unheilwirkenden Mächte; wenn die Sonne aufgeht, werden sie gebannt – und für das Bewusstsein früher Kulturstufen ist durchaus nicht sicher, ob die Sonne dieses Mal, heute, wieder durchkommt. Sie könnte auch von der Finsternis überwältigt werden, oder nicht mehr wollen. Im Licht und in der Wärme lebt der Organismus wieder auf. Das Gemüt wird zuversichtlich. Die Wege werden deutlich und die Dinge vertraut. Das bedeutet »Heil« für den ganzen Menschen, und darin wird die Huld numinoser Macht erfahren … Noch stärker wird das Erlebnis, sobald die Sonne nicht nur von der gewöhnlichen Nacht, sondern von einer stärkeren Potenz des Dunkels bedroht wird, im Winter, wenn ihre Kraft abnimmt, ihre Bahn zum tiefsten Stand sinkt, die Möglichkeit des Verschlungenwerdens droht: sobald dann die Wende eintritt, die Sonne wieder erstarkt und mit ihr die Möglichkeit des Lebens zurückkehrt, bedeutet es das große Heilserlebnis der Wintersonnenwende.

Eine andere Heilserfahrung ist die des Frühlings. Im Herbst schlafen die Bäume ein. Der Raum leert sich. Die Wasserläufe erstarren. Der Winter ist Todeszeit für das Naturreich und Entbehrungszeit für den Menschen. Dann wird es Frühling. Der Raum öffnet sich. Alles kommt in Bewegung, verändert seinen Zustand. Eine strömende Lebendigkeit erfüllt die Natur. Die nahende Fortpflanzung wird erregend empfunden, und der Mensch fühlt die aufsteigende Lebensflut auch im eigenen Wesen. Das ist wiederum »Heil«, des wiederkehrenden Lebens, des Frühlings. Und wieder bedeutet es nicht nur, dass sich Wärme, Bewegungsmöglichkeit, Nahrung einstellen, sondern mehr und anderes: Fülle des Segens einfachhin, geheimnisvoll berührende Verheißung, Nahen und Sich-Öffnen des Unnennbaren.

Oder der Mensch ist in sein reifes Alter eingetreten und hat seinen Platz im Dasein gewonnen. Er weiß, wo er steht, in seinem Stamm und Land, seinem Eigentum und seiner Macht; er weiß, was er kann und ist, hat von sich selbst Bewusstsein und Besitz. Darin liegt Sicherheit, Beachtlichkeit, aber auch Umgrenzung; indem die Charakterisierung durchdringt, kündet sie zugleich das Ende an. Da wird ihm das Kind geboren, in welchem die Sippe sich fortsetzt; der Sohn, der ja für das frühe Bewusstsein das eigentliche Kind ist und einst den Namen tragen, den Kampf führen, den Besitz wahren, die Macht ausüben wird. Dieses junge, aus dem eigenen entsprungene Leben mit seiner offenen Möglichkeit, das sich neben dem eigenen, umrissenen und allmählich auf das Ende zugehenden erhebt, ist »Heil«. Ebenfalls nicht nur als Stolz auf die Macht der Sippe, als Sicherheit künftigen Bestehenkönnens neben den anderen Sippen und gegenüber dem Feind, als Aussicht auf Hilfe bei der Arbeit und Schutz im Alter, sondern als Hoffnung einfachhin, als göttliche Lebensverheißung.

Wenn der frühe Mensch Feuer anzündet, dann vollzieht er nicht nur eine technische Verrichtung, sondern etwas, worin Wunderbares zum Bewusstsein kommt: dass diese Macht da hervorgerufen werden kann, die Flamme, so eindrucksvoll in ihrer Bewegtheit und Gestalt, die frisst und zugleich spendet, gefährlich und zugleich segensvoll ist, die Dunkelheit erhellt und wilde Tiere abwehrt, den Körper wärmt und Speise bereitet usw. Das alles ist mehr als nur nützlich oder schön, es ist Geheimnis. Einer von den Göttern ist einmal gekommen und hat das Feuer gebracht; oder ein wunderbar Kühner hat es von oben heruntergeholt: diese Tat hat Heil begründet. Die Riten in Tempel und Haus, die das Feuer wachhalten, drücken nicht nur die Sorge für das unentbehrliche Element aus, sondern auch die Furcht, es könne wieder genommen werden, ein Unheil könne es überwältigen, es könne einmal endgültig erlöschen. So bedeutet für die geschichtliche Frühzeit jede wichtige Kunst »Heil«. Dass die Menschen die Kunst des Schiffbaues gewannen; dass ihnen Mittel gegen Wunden, Seuchen und Gefahren der Geburt bekannt wurden, ist mit Heilsbedeutung gesättigt. Das Gleiche gilt von der Schrift, deren Zeichen den Sinn vergegenwärtigen und Macht über den Namen geben; vom Schmuck, dessen Formen ursprünglich magischen Charakter haben; von den Ordnungen des Gemeinschaftslebens, den Gesetzen, Erziehungsregeln, Traditionen gesellschaftlichen Verhaltens. Die ganze Kultur als Wissen und Können ist Heil; Festigung und Steigerung des Daseins, und nur möglich, weil höhere Mächte es gewähren und fördern – andere freilich es gefährden. Denn mit dem Bewusstsein des Heils ist auch das der Gefährdung verbunden. Es ist nicht selbstverständlich, vielmehr von bösen Mächten bedroht, ja selbst von den guten beneidet. So erscheint in den Kulturmythen unter der Gestalt des Heils auch immer die Gefahr des Unheils.

Dieses Heil verdichtet sich in der Gestalt des Heilbringers: Osiris, Apollon, Dionysos, Baldur.[165] Ihnen stehen die Gestalten des Unheils gegenüber: die Schlange, der Drache, der Weltenwolf, die Götter des Todes, des Fluches usw.[166]

Das Bild des Heilbringers[167] hat bestimmte Grundzüge. Sein Erscheinen ist erschütternd. Sobald er da ist, wird er als der Mächtige, Sein-Anrührende, Segen-Spendende, Heil-Strömende empfunden und gewusst. Sein wunderbares Wesen kommt schon im wunderbaren Charakter seiner Geburt zum Ausdruck. Oft ist er der Sohn einer irdischen Mutter und eines göttlichen Vaters. Manchmal geht er unmittelbar aus dem Element, etwa dem Meere oder dem Felsen hervor. Er kommt aus dem Unbekannten und Unzugänglichen. Obwohl er im Innersten berührt, ist er »fremd«. Immer tritt er aus dem Geheimnis ins Gegenwärtige.

Sein Leben gipfelt in der heilbringenden Tat. Oft ist er ein Kämpfer; sein Gegner ist das Unheilbringende, Böse, mit Vorliebe in der Gestalt der Schlange oder des Drachens angeschaut. Dann ist die heilbringende Tat ein Sieg. Dieser Sieg wird aber oft mit dem Tode bezahlt; dann ist die Heilstat zugleich Untergang. Darin offenbart sich das Bewusstsein, dass das kulminierende Leben dem Tode benachbart ist, ja dass Leben und Tod auseinander hervor- und ineinander übergehen. So entspringt das höchste Leben aus einer die Tiefe bewegenden Aufwühlung; das Heil aus dem Untergang des Heilbringers. Aber er kommt wieder, »einst«, in der »eschatologischen« Zukunft. Doch liegt dieses Einstig-Letzte innerhalb des Weltganzen und bedeutet daher so viel wie »immerfort wieder« im Rhythmus des Lebens: im nächsten Frühling, in der nächsten Sonnenwende, im nächsten Sohne, in der nächsten Beschwörung einer Gefahr, Stillung einer Seuche, Erringung eines Sieges.

Der Mythos des Heilbringers, dessen Gestalt und Schicksal bildet die Verdichtung des Heilserlebnisses, seines Charakters und seines beseligenden und zugleich tragischen Verlaufes. Wer den Mythos versteht, versteht das Heil. Wer in ihm lebt, tritt in den Zusammenhang der Heilsverwirklichung ein.[168]

III.
Jesus Christus

Aus diesen Überlegungen entsteht die Frage, wie sich zu den beschriebenen Heilandsgestalten Jener verhalte, den wir den Heiland einfachhin nennen, Christus?

Die relativistische Antwort sagt, er sei von den Heilbringern der Religionsgeschichte nicht wesentlich verschieden, vielmehr einer aus ihrer Reihe. In dieser Aussage laufen zwei Intentionen ineinander. Nach der ersten ist er einfachhin ein solcher Heilbringer. Was für andere Zeiten Osiris, oder Dionysos, oder Baldur, ist für die Nachantike, das Mittelalter und einen Teil der Neuzeit Christus. Unableitbar, wie Erscheinungen solchen Ranges sind; aber durch bestimmte Umlagerungen der Seelenstruktur vorbereitet und von drängender Erwartung gerufen, ist eine Persönlichkeit aufgetreten, die mit ihren Ideen, ihrem Ethos, ihrer religiösen Substanz, ihrem Werk und Schicksal die Menschen solcherart berührte, dass sie die überall webenden Heilsvorstellungen an sich zog und auf sich vereinigte. So wurde der Rabbi Jesus von Nazareth zum Christus. Er war ein religiöses Genie von höchstem Rang. Die numinose Tiefe des Daseins stieg in ihm empor, soterische Wirklichkeit und Macht brach in ihm durch. So wurde er einer aus der Reihe der Heilbringer. Was das christliche Bewusstsein in ihm sieht, den wesenhaften Sohn des lebendigen Gottes, bedeutet nur die dogmatische Ideologie dieser besonderen »Religion«; der wissenschaftlich Betrachtende erkennt in ihm das nämliche Kernphänomen wie bei den anderen Heilbringern. Natürlich bestehen auch Unterschiede. Der Stoff, an dem der Heilscharakter zutage tritt, ist bei Christus ein anderer als bei Osiris oder Dionysos. Hier war es das Naturhaft-Vitale; bei Christus ist es das Psychologische, Ethische, Personale. Worum es aber darin geht, sind die überall wiederkehrenden Phänomene des Neu- und Heilwerdens. Der Kult des Christentums, seine Dogmatik und Mystik, seine Symbolik, Legende und Kunst zeigen, dass die allgemeinen Vorstellungen des Welt-Lösers[169] [*Welterlösers*], des Sohnes, des Lebensbringers, des Siegers durch Tod und Wiedererstehung, des Sonnenherrn, Lichthelden und Drachenbezwingers auch in ihm auftauchen.

Mit dieser Intention kreuzt sich eine andere. Nach ihr ist Christus ein missglückter Heilbringer. In seinem Leben und in seiner Gestalt ist zuviel »Geschichte«, menschliche Realistik, Innerlichkeit, Seele, persönliche Heilsbesorgnis. Das »Große« fehlt, die »Welt«, die mythische Substanz. Er ist ein kleiner Mann, in einem kleinen Lande und in geschichtlicher Enge geboren, an den sich mythische Kategorien zu heften suchten, ohne dass es ihnen gelungen wäre, die konkrete Wirklichkeit zu verwandeln. So hat in seiner Gestalt und seinem Lebensbild der Ur-Rhythmus von Leben und Tod nicht richtig herauskommen können. Das Welthaft-Mythische, Groß-Göttliche fehlt. Alles bleibt im Klein-Menschlichen, im Unmittelbar-Ethischen, in der Besorgnis um ein individuelles, jenseitiges Heil stecken. Darum ist es Zeit, auf die echten Heilbringer, Dionysos oder Baldur zu blicken. Sie sind reine Gestalten. Nach ihnen muss Christus geformt werden. Der reine »Krist« muss herausgeholt werden;[170] oder der Hölderlinsche Bruder des Herakles[171], der letzte der »Söhne des höchsten Vaters«[172]. Gelingt das nicht, dann muss es mit ihm zu Ende sein, und es wird Zeit für einen anderen – umso dringlicher, wenn man bedenkt, in welch engem Zusammenhang der natürliche Heils- und Heilbringergedanke zu jener Form der »Natur« steht, welche gleichsam die Überleitung ins Geschichtliche bildet, nämlich dem Volk.[173] Von dorther legt sich die Folgerung nahe, der wahre Heilbringer müsse ganz mit Volk und Heimaterde verbunden sein, und das Heil sei letztlich die Entfaltung ihrer Fruchtbarkeit und Kraft, die Verwirklichung ihrer geschichtlichen Aufgabe, die Gestaltung der Welt aus ihrem Geist und Wesen. Das zu bewirken; das »Reich« als letzten Ausdruck geschichtsmäßiger und zugleich religiös begründeter Volksexistenz aufzurichten – darin liege die eigentliche Heilsleistung [*Heilstat*].[174]

Wie steht es damit?
Wenn der Heilbringer das ist, was im Voraufgehenden beschrieben wurde, dann ist Christus keiner. Die Art seiner Lebendigkeit, der Charakter seines Wesens, die Intention dessen, was er tut und was ihm widerfährt, sind durchaus anders. Sie stehen zu diesem Heilbringer-Begriff quer – ja, sie wenden sich geradezu gegen ihn.

Zunächst eine entscheidende Feststellung: Jesus Christus ist Geschichte. Wohl steht er durch seinen vor-zeitlichen Ursprung, durch seinen Hingang zum Vater und durch seine einstige Wiederkehr im Zusammenhang der Ewigkeit. Er steht aber zugleich in der Geschichte, und zwar wesentlich. Jede Übersetzung ins Mythische zerstört sein Wesen. Das hat gerade jener gewusst, der den ewigen Hintergrund der Person Jesu so nachdrücklich herausgeholt, Johannes. Er, der den Logos-Zusammenhang entwickelt, betont mit höchstem Nachdruck, »das Wort« sei »Fleisch geworden«. Der Satz wendet sich gegen eben jene, welche die Geschichtlichkeit Jesu ins Mythologische auflösen wollten, die Gnostiker.[175]

Alle Heilbringer stehen in der Urzeit. Von ihnen heißt es wohl, sie seien gekommen, sie hätten gelebt, sie seien gestorben. Das »Damals« aber, in dem das alles geschieht, gehört nicht zur Geschichte,[176] sondern ähnelt dem Schnittpunkt des »Himmels« und der »Erde«, dem Horizont, der sich nie »hier«, sondern immer weit »drüben« befindet. Es ist der Zeit-Ort des Mythischen. Was der Mythos erzählt, ist »einst« geschehen; aber in dem hinter jedem angebbaren Zeitpunkt liegenden Einst – jenem Einst, von welchem das »es war einmal« des Märchens die freundlichere Abstufung bildet. Es ist sozusagen ein Immerfort-Geschehenes – ebenso wie in dem nach vorn geworfenen Mythos, dem Allgemein-Eschatologischen, das Kommen ein Immerfort-Zukünftiges ist.

Demgegenüber ist Christus ganz und rein geschichtlich. Keines der damals lebenden Völker hat ein so weites und helles geschichtliches Bewusstsein wie das jüdische. Nicht einfach nur über lange Zeitspannen hingehende Erinnerung, sondern Bewusstsein eines Zusammenhangs der Führung, einer Aufeinanderfolge von Prüfung, Handlung und Konsequenz. Darin steht Jesus von Nazareth; in dem Zeitpunkt, da diese Volksgeschichte ins Gesamtbewusstsein des Abendlandes[177] einmündet. Wer auch nur im geringsten fühlt, was diese Dinge bedeuten, muss von der Tatsache überwältigt sein, dass dieser Erlöser nicht im mythischen Einst, sondern im offenen und genauen Licht der Geschichte steht.

Und an der Schwelle von wiederum zwei Jahrtausenden. Er ist, als geschichtliche und zugleich göttliche Wirklichkeit, in ein immer heller, immer kritischer werdendes Bewusstsein aufgenommen und stetsfort als Heiland geglaubt worden. Wohl hat er für große Gruppen den Heilandscharakter verloren – von Gott her gesprochen heißt das: sie haben sich von ihm wegverloren, sind von ihm abgefallen. Doch ist die Möglichkeit dazu für ihn wesentlich und wird von der Botschaft ausdrücklich betont, denn Christus ist »Aufrichtung und Fall für Viele« und »Zeichen«, dem gegenüber Bejahung und Widerspruch hervortreten (Lk 2,34).

Und nun müssen wir an den Kern gehen: Was kommt endgültigerweise in den Heilbringermythen zum Ausdruck?

Einmal, dass sich unser Leben in Rhythmen vollzieht. Es entspringt aus der Geburt und mündet in den Tod, auf den Tod aber folgt neue Geburt. Dieser große Rhythmus wiederholt sich innerhalb des Einzellebens in abgeschwächten Formen. Am Morgen wacht der Mensch auf, am Abend schläft er ein, um morgens wieder zu erwachen. Im Frühjahr steigt die Lebendigkeit an, im Herbst sinkt sie ab, im nächsten Frühjahr beginnt sie neu. Ein Gefühl regt sich, wächst, gipfelt, sinkt zurück, und ein neues fängt an. Ein Schaffen beginnt, entfaltet sich, vollendet sich, erschlafft, und nach einer Pause beginnt ein neues. Überall also Vorgänge des Anstieges und Absinkens, die sich wiederholen; überall ein Wechsel von Gebunden-Sein und Sich-Öffnen, Eingezogen-Werden und neuem Beginn.

Diese Phasen sind nicht in sich abgeschlossen, sondern verlaufen innerhalb eines Ganzen, »des Lebens«. Dessen Fortgang ist es, was sich in den Rhythmen des Aufsteigens und Absinkens, in der Tiefe des Erstorbenseins und in der Höhe der Gipfelung vollzieht. Dieses Leben geht auch durch das Einzelwesen hindurch. Geburt und Tod scheinen jeweils absolut; in Wahrheit sind sie durchaus relativ. Was eigentlich geboren wird und stirbt, individuelle Gestalt gewinnt und sie verlässt, ist nicht das Einzelwesen, sondern das Leben überhaupt. Geburt wie Tod, Lebendigsein und Totsein sind Phasen jenes Eigentlichen; die Sondergestalt ist nur Durchgang. Was in Wahrheit besteht, ist das Leben der Gattung; das Individuum ist nur Welle. Diese Tatsache wird zusammengedrängt im dionysischen Erlebnis erfahren, wenn im Augenblick der höchsten Lebensgipfelung die Todes-möglichkeit durchdringt. Dann, wenn das Leben sich aus aller Hut und Sicherheit der individuellen Kontur, Organisation und Vernunft hinaus in das Grenzenlose wirft, erfährt es sich am mächtigsten.

Wir haben gesagt »das Leben« – der endgültige Begriff heißt »die Natur«.[178] Sie ist jenes Ganze, das sich in jenen großen Rhythmen vollzieht. Sie ist es, die geboren wird, stirbt, verwest, neugeboren wird, wieder lebt; das Einzelwesen ist in sie einge-schlossen. Nicht dieses ist es, was da lebt, sondern die Natur in ihm. Ihr Abstieg, ihre Angst, ihr Hineingeschlungenwerden in die Tiefe lebt es mit; den in ihr sich vollziehenden Rückstrom des Lebens, das Neuwerden, den Aufstieg ins Helle, das Blühen und Fruchttragen. Das gilt auch für den Menschen. Wer in der Erfahrung des Daseinsrhythmus steht, ist nicht der Mensch als Person, sondern als Naturwesen, welches Naturwesen sich aber nicht auf das Physische beschränkt, sondern durch alle Stufen und Bereiche des Kulturellen hin aufbaut und auswirkt.

Auf diesem Rhythmus ruht das Drama des Heils, meint aber mehr als nur ihn. Wovon das Heil befreit, sind nicht nur die Be-drängnisse und Zerstörungen des natürlichen Daseins, sondern etwas Geheimnishaft-Göttliches; ein Gefährdetwerden vom nu-minosen Abgrund, den der naturnahe Mensch in der Nacht, im Winter, in der Nähe des Todes fühlt. Eine göttliche Furchtbar-keit droht ihn in einen numinosen Tod, ins Un-Heil zu ziehen. In der Wiederkehr der Sonne und des Frühjahrs aber, im Neuge-schenktwerden der Gesundheit und in der Geburt des Kindes, in den Künsten und den Hilfsmitteln des kulturellen Lebens kommt göttliche Rettung, religiöses Heil. Erst beides zusammen bildet das welteinige Dasein, welches unmittelbare Wirklichkeit und numinose Hintergründigkeit zugleich ist.

Die Heilbringer und ihre Mythen nun sind Ausdrucksformen dieses im Weltdasein selbst laufenden Rhythmus; dieses immer neu sich vollziehenden Durchganges des einen Lebens, der einen Natur durch Geburt und Tod, Blühen, Fruchttragen und Wel-ken, Gefahr und Rettung, Entbehrung und Reichtum, aber sofern es zugleich numinose Heilsfülle beziehungsweise Un-heilsgefahr bedeutet. Sie sind Erlöser, aber innerhalb jenes unmittelbaren Welt-Rhythmus – und ebendamit besiegeln sie ihn. So sind sie im Letzten bannende Gestalten. Das kommt in jener Stimmung zum Ausdruck, die sie alle umwittert: der Schwermut. Bei ihnen finden sich die Gipfelungen des Lebens, zugleich aber auch die Angst des Abstiegs, das Grauen der Vernichtung, das Verschlungenwerden in den Tod. In ihnen triumphiert die Natur und mit ihr jene letzte Sinnlosigkeit, die jeder Mensch fühlt, in welchem die Person das Auge aufschlägt. Die Frömmigkeit dieser Heilbringergestalten ist ein Sich-Hineingeben in den Rhythmus der Natur; ebendagegen aber protestiert die Person. So protestiert sie auch im Namen ihrer unaufgebbaren Würde gegen alle jene Heilbringer, so tief die Fülle ihres Lebens und die Schönheit ihrer Gestalten ans Herz greifen mag. Keine Romantik des Alls, keine Mystik der Erde und des Blutes vermag diese Stimme zu widerlegen.[179]

Wer ist also Christus? Jener, der gerade von dem erlöst, was sich in den Heilbringern ausdrückt.

Er befreit den Menschen aus der Unentrinnbarkeit des Wechsels von Leben und Tod, von Licht und Finsternis, von Aufstieg und Niedersinken. Er durchbricht die verzaubernde, scheinbar von allem Daseinssinn gesättigte, in Wahrheit alle personale Würde auflösende Eintönigkeit der Natur. Auf dem tiefsten Grund dessen, was die Heilbringer ausdrücken, liegt die Schwermut, der Überdruss, die Verzweiflung. Die Bücher über Dionysos lesen sich wundervoll. Aller Glanz des Lebens scheint aus ihm zu kommen. Wer gegen ihn spricht, gerät in den widerwärtigen Schein der Muckerei – besonders wenn es die Jugend ist, die bei Dionysos steht und ihren inneren Lebensanstieg als Beweis für seine Wahrheit empfindet. Man muss ein bestimmtes Alter überschritten und eine Reihe jener Rhythmen durchlebt haben, dann entzaubern sie sich und man fühlt ihre verzweiflungsvolle Monotonie. Nicht nur das Schaurige, Furchtbare, Entsetzliche – das alles wären noch hochwertige Akzente; nein, die Öde, die Ernüchterung, den Überdruss. Die liegen auf dem Grund. Davon macht Christus frei – davon und von dem »Religiösen«, welches sich in ihnen ausdrückt.[180]

Die Erlöserwirkung Christi liegt grundsätzlich anderswo als jene des Dionysos und Baldur. Er bringt nicht jene Befreiung, welche der Frühling gegenüber dem Winter und das Licht gegenüber der Finsternis bringen, sondern sprengt den Bann jenes Ganzen, in welchem Winter wie Frühling, Finsternis wie Licht, Alter wie Jugend, Krankheit wie Gesundheit, Entbehrung wie Reichtum verwoben und gebannt liegen, der Natur. Die Heilbringer bilden den Ausdruck der Lösungskomponente jener gleichen Natur, die auch die Bindungskomponente enthält; das Aufstiegsmoment neben dem ebenso wesentlichen Abstieg. Christus hingegen erlöst vom Bann der Natur überhaupt, ihrer Bindungen sowohl wie ihrer Lösungen, ihrer Abstiege wie ihrer Aufstiege, zu einer Freiheit, die nicht aus der Natur, sondern aus der Souveränität Gottes[181] kommt.

Im Bereiche der Heilbringermythen hat die Person keinen Raum, bedeutet ja doch ihre Frömmigkeit gerade, den Anspruch der Person auf ihre Einzigkeit aufzugeben und nicht mehr sein zu wollen als der Baum im Walde und das Wild auf den Bergen: Welle im Strom des Lebens, vorübergehende Gestalt im großen Wandel. Und zwar gilt das durch alle Stufen dieser Erlösungsfrömmigkeit hindurch, auch wo sie sich aus dem Triebhaften zu höchster Kulturgestalt erhebt. In diesem Zusammenhang gibt es weder die Person mit ihrer unaufhebbaren Einmaligkeit und Würde, noch das Geistig-Absolute, auf das sie bezogen ist, sondern alles ist relativ und geht im Rhythmus des All-Lebens, des Naturganzen auf. Es gibt kein im eigentlichen Sinne Gutes und Böses, das durch das Entweder-Oder der sittlichen Entscheidung getrennt ist und den Sinn der Person bestimmt, sondern beides gehört zusammen wie Tag und Nacht, und das Leben besteht aus dem einen wie aus dem anderen. Es gibt keine unwiederbringliche Stunde mit ihrer ewigen Tragweite, sondern alles fließt in alles. Ja, alles wiederholt sich. Sobald der Frühling kommt, steht hinter ihm die unendliche Kette der vergangenen Frühlinge und vor ihm die der künftigen. Falls man nicht vom Ernst der personalen Existenz her sagen muss, das Vergangene werde vergessen und vom Kommenden werde abgesehen. Denn der wesenhafte Zustand dieser Sphäre ist ja das unmittelbare Aufgehen im Jetzt, nicht als Ernst der Konzentration auf die nun dringliche Entscheidung, sondern als Gegenwartsgebundenheit des Naturdaseins. Die Welt des Mythos hat nur das Gedächtnis der Natur, in deren Einheit nichts verlorengeht, vielmehr alles bleibt und weiterwirkt; das eigentliche Gedächtnis hingegen setzt die Einzigkeit der Stunde und das Sinngewicht der freien Tat voraus. Ebenso hat die Welt des Mythos nur das Vorgefühl der immer wiederkehrenden und im Zustand des Augenblicks sich ankündigenden Lebensrhythmen; die eigentliche Voraussicht hingegen setzt die Verantwortung für das eigene Tun und das Bewusstsein von dessen Sinngewicht voraus. Beides aber ruht auf der Person und ihrer Beziehung – nicht zum Immer-Weiter des Naturlaufes, sondern zur Absolutheit des Ewigen. Von dieser Welt, welche alles in den Bann des Vergehens und Sich-Wiederholens, des Vergessens und Nicht-Voraussehens einschließt, weil nichts wirklich es selbst, sondern alles nur Welle im Strom ist, befreit Christus, indem er die Person anruft und sie in ihre ewige Verantwortung stellt. Er richtet die absoluten Unterschiede auf. Er macht die – nicht endlos fortwirkende, sondern ewig gültige Bedeutung der personalen Entscheidung deutlich. Wenn der Mensch ihn hört, wird er frei vom Bann der Natur mit ihren Unheilsgestalten, aber auch, ja ganz besonders, ihren Heilbringern.

Damit ist nicht gemeint, Christus erlöse vom Trieb zum Geist[182]; das würde nur heißen, dass der Mensch von Dionysos zu Apollon käme. Aber die Griechen haben selbst gewusst, dass Dionysos und Apollon Brüder sind, ja in einer letzten Tiefe nicht mehr unterschieden werden können. Und der Geist, den Apollon oder Athene verkörpern, liegt, christlich gesehen, unter dem gleichen Bann wie die physische Natur, in der Dionysos und Demeter herrschen. Dieser »Geist« und diese »Natur« sind zwei Aspekte der gleichen Gesamtwirklichkeit: der Welt und des welthaften Menschendaseins. Christus löst von ihrer Verfangenheit zu einer Freiheit, die aus dem Heiligen Geiste stammt und berufen ist, jeden welthaften Geist unter Kritik zu nehmen.[183]

Und wie erlöst Christus?
Vor allem dadurch, dass er »von oben« kommt (Joh 8,23). Die Heilbringer kommen aus dem Schoß der Welt und der Natur; Christus aus dem Dreieinigen Gott, der in keiner Weise in das Gesetz vom Wandel des Lebens und des Todes, des Lichtes und der Finsternis eingefangen ist – ebenso wenig wie in das geistige Gesetz der Entfaltung des Selbstbewusstseins, der Läuterung des Ethischen, der Heraufführung der höheren Persönlichkeit

usf. Er kommt aus der unabhängigen, ihrer selbst mächtigen Freiheit Gottes. Schon dadurch macht er vom Gesetz der Welt frei. Er offenbart, dass es das Andere gibt – das wahrhaft und absolut Andere, das keine Dimension der Welt mehr ist. Er ist selbst dieses Andere, und zwar so, dass man zu ihm kommen kann. Er ist der Heilige Gott, in Liebe uns zugewendet und aus Liebe Mensch geworden.

Christus ist vom Bann der Welt frei; ganz im heiligen Willen des Vaters verwurzelt. In dieser Freiheit lebt er den Zustand der Welt, die Sünde, durch. Darin sühnt er ihre Schuld und wendet die Abgefallene wieder zu Gott zurück. So erlöst er sie. Und da er so geartet ist, dass sein Gottesverhältnis vom Glaubenden mitvollzogen werden kann, wird ebendarin der Einzelne der Erlösung teilhaftig.[184]

Christus offenbart, wer Gott wirklich ist: nicht der Weltgrund, nicht die unendliche numinose Strömung, nicht die höchste Idee, sondern der in sich selbst stehende Schöpfer und der Herr der Welt, Der, von dem wir aus der Welt, obwohl er sich darin ausdrückt, nur verworren wissen, weil unsere Augen blind und unser Herz widerspenstig ist. Gott offenbart sich, indem er sich in unser Menschsein übersetzt.[185] Auf die Frage, wer der Vater sei, lautet die Antwort: Jener, den Jesus meint, wenn er sagt: »mein Vater«. Auf die Frage, wie der Lebendige Gott gesinnt sei, lautet die Antwort: So, wie er sich in den Worten, dem Verhalten, dem Leben und Sterben Jesu gezeigt hat.

Christus hat auch den Menschen enthüllt.[186] Auf die Frage, was der Mensch sei, gibt es zwei Antworten. Die eine heißt: Er ist jenes Wesen, in dessen Dasein Gott sich übersetzen, die Sprache, in der Gott sich selbst sagen konnte. Der Mensch ist so, dass in Jesus, dem Kinde, dem Helfer der Kranken, dem Lehrer der Ratlosen, dem vor Pilatus Schweigenden, dem am Kreuze Sterbenden sich der Lebendige Gott aussprechen kann … Er ist aber auch jenes Wesen, das dem ewigen Sohn, da er als ausgesprochenes Wort Gottes in der Welt war und als ewiges Licht in einem Menschenangesicht leuchtete, den Tod gebracht hat.

Wenn der Mensch annimmt, was in Christus zu ihm kommt, gehen ihm die Augen darüber auf, wer Gott ist, und wer er selbst; was er selbst ist, und was die Welt. Das ist die Wahrheit, und dadurch wird er frei.

Wie stehen nun die Heilbringer, von denen die Rede war, zu Christus? Sind sie nur Weisen, wie die Welt den Menschen in sich hineinbindet? Sie sind das; zugleich aber Weisen der Sehnsucht nach dem echten Heiland. Daher ihre Ähnlichkeit mit diesem, zuweilen so groß, dass sie zur Gleichsetzung verleitet. Sie sind nicht nur Verlockungen, im Weltzusammenhang unterzugehen; solange der an sie Glaubende im Advent steht, ahnt er in ihnen die echte Erlösung. Die innerweltlichen Lösungen des Lebens aus der Fessel des Todes deuten auf die Lösung des Daseins aus der Verfallenheit überhaupt hin. Wenn dann, in der echten Epiphanie, Christus kommt, wird der Hinweis zur Klarheit. Da wird zum Menschen gesagt: Was du ersehnt hast, ist nun da, über alle Möglichkeiten des Sehnens hinaus. So sehr, dass noch dein Sehnen selbst zur Deutlichkeit dessen erlöst wird, wonach es sich eigentlich sehnte. Denn es sehnte sich, und wusste doch nicht, wonach.

Wenn aber der Adventswille erlischt; wenn der Mensch gar, nachdem der Erlöser gekommen, wieder von ihm abfällt und sich in jene innerweltlichen Lösungen einschließt, dann werden die Heilbringer zu Verneinungen Christi. Dann treten sie in einen neuen, furchtbaren Advent: sie werden zu Vorentwürfen des Antichrists.[187]

Solange das nicht geschieht; solange zuerst die Adventshoffnung auf den kommenden und dann der Glaube an den erschienenen Christus festgehalten werden, sind die Heilbringer innerweltliche Bilder seiner überweltlichen Bedeutungsfülle[188] – so sehr, dass es der Kirche möglich wird, ihre Symbole in das Christliche einzubauen. So hat die Gestalt des Mithras auf die Auffassung Christi als der geistlichen Sonne Einfluss gehabt, und die Symbolik der Winter-Sonnenwende ist für das Weihnachtsfest bedeutungsvoll geworden; die Gestalt des Herakles klingt in der des heiligen Georg nach, der selber ein Widerhall des eigentlichen Drachenbezwingers, Christi, ist, und noch manches derart wäre anzuführen.[189] Was Christus erlöst hat, ist ja nicht nur der Geist oder die Seele, sondern der Mensch und die Welt. Und er hat sie erlöst nicht von ihrem Wesen, sondern von ihrer Verfallenheit und Gottesferne. Er hat sie in das beginnende Reich des Vaters heimgeholt. Durch die Wiedergeburt, die sich beständig in Glaube und Taufe, in Herzensumkehr und Sakrament vollzieht, werden Mensch und Welt zur Neuen Schöpfung. Indem Christus »das wahre Leben« brachte, hat er das verfallene Leben mit allem, was an Lösungserfahrungen darin war, hereingezogen. Indem er »die Sonne unseres Heils« wurde, ist die natürliche Sonne mit ihren Rhythmen und Erscheinungen zu seinem Gleichnis geworden. So ordnet die Liturgie die natürlichen Erlösungserfahrungen und Symbole in die kultische Vergegenwärtigung der eigentlichen Erlösung, des Lebens und der Tat Christi, ein. Man kann in gewissem Sinne sagen, dass die Wirklichkeit, die Erfahrungsform, die Rhythmik und Symbolik der natürlichen Lösungen [*sic!*][190] zur Aneignungsgrundlage und Vollzugsform der eigentlichen Erlösung geworden sind.[191]

IV.
Der Heilbringermythos und die Geschichte

Wir müssen aber noch einmal zum Mythos zurückkehren. Für den neuzeitlich Gebildeten hat er einen unernsten, zufälligen Charakter erhalten. Man hat ihn mit Sagen und Märchen zusammengenommen und ein mehr oder weniger tiefsinniges Produkt der Phantasie in ihm gesehen. Tatsächlich enthalten die uns überlieferten Mythen der verschiedenen Völker ja auch vieles, was aus dem bloßen Fabulieren des Volkes und der Dichter hervorgeht. Freilich darf man auch dieses Fabulieren nicht geringschätzen; es hat seinen Sinn, wie das üppige Spiel der Formen und Bewegungen in der Natur ihn hat. Im übrigen ruht die ganze Mannigfaltigkeit auf einigen Grundmotiven, wie zum Beispiel den bereits erörterten vom Licht und der Dunkelheit, vom Himmel und der Erde, vom Leben und Tod, vom Werden der Kulturelemente usf. Dass in deren Ausgestaltung die Phantasie mitwirkt, versteht sich von selbst; es handelt sich ja nicht um Begriffe, sondern um Bilder. Aber nicht um beliebige, sondern um wesenhafte. Vielleicht darf man sagen, dass die Mythen in einer Parallele zu den Ideen stehen. Diese sind, platonisch verstanden, die Urgestalten des Seienden und die Vorbedingungen für dessen Erkenntnis – die Mythen scheinen Urgestalten für den Vollzug des Lebens zu sein; Weisen, wie der Mensch sich unter den Dingen bewegen und wie er die Geschehnisse des Daseins richtig bewältigen kann.

C. G. Jung vertritt die Anschauung, sie seien im Grundgefüge der Psyche angelegt.[192] In diesen fänden sich nämlich Formungs- und Richtungselemente, die den Gang des unwillkürlichen Lebens bestimmen und auch in dessen bewusster Führung zur Geltung kommen müssten, wenn kein Unheil eintreten solle. Man könne sie nicht direkt als solche erfassen, sondern nur sagen, dass sie da sind und Wirkung haben. Jung nennt sie »Bedeutungskerne« und glaubt nachweisen zu können, dass sie es sind, welche den Anstoß zur Bildung der Mythen geben. Trifft das zu, dann entsteht die Frage, was im Lauf der Geschichte aus ihnen wird. Die Mythenwelt, die ihren unmittelbaren Ausdruck bildet, kann sich nur in der Frühzeit ungehindert entfalten, weil deren Daseinsgefühl und Weltbild ihr durchaus entsprechen. Im Maße kritischer Verstand und rational begründete Technik die Führung nehmen, verlieren die Mythen ihren Raum, werden von theoretischen Gedankengängen durchsetzt, um schließlich ganz von solchen abgelöst zu werden – ein Vorgang, der sich für das Abendland entscheidenderweise in der Zeit der griechischen Sophistik vollzieht. Von da ab wird das Geistesleben maßgeblich vom Verstande bestimmt, der – wenigstens seiner Absicht nach – nur auf den Tatsachen der Erfahrung und auf der Logik der geistigen Verarbeitung ruht. Die Mythen sinken zum Märchen und zur Fabel herab und nehmen auf diesem Wege immer mehr den Charakter des Unernsten und Spielerischen an. Ihren Ernst behalten sie nur noch in jenem Bereich der Psyche, der nicht vom bewussten Denken und Wollen beherrscht wird, vielmehr unzugänglich unter ihnen liegt, dem Unbewussten. Von dort aus wirken sie aber in das Gefüge des Gesamtlebens ein. Am deutlichsten ist dieser Einfluss in Träumen und in psychischen Erkrankungen festzustellen; doch muss angenommen werden, dass er im ganzen Aufbau der Persönlichkeit und in der Gestaltung des individuellen Schicksals am Werke ist.

Das alles würde auch von jenem Mythos gelten, der hier besonders zur Rede steht: des Heils und des Heilbringers. Auch er würde in einem solchen Bedeutungskern des Gemütes wurzeln – ebenso wie er anderseits in der Natur der Dinge, nämlich in den objektiven Rhythmen von Licht und Finsternis, Leben und Tod und anderen usw. begründet ist. Wird das Leben des Menschen vom Glauben an Christus im oben dargelegten Sinne bestimmt, dann erfüllt jener Bedeutungskern sich ebendarin, und die von ihm ausgehenden Impulse wirken sich im Verhältnis zu Christus aus. Ist das nicht der Fall, dann ist im Gemüt beständig ein Anlass wirksam, einen Heilbringermythos zu schaffen, oder doch geeigneten Erscheinungen des individuellen und kollektiven Lebens einen mythischen Hintergrund zu geben.
Die kulturgeschichtliche Betrachtung zeigt nun, dass das besonders für die Auffassung vom Herrscher gilt.[193] Der König ist seinem ursprünglichen Sinne nach nicht nur Spitze der staatlichen Organisation und Träger politischer Autorität, sondern die Verkörperung jener numinosen Macht, die im schaffenden und

ordnenden Leben des Gemeinwesens, in der Hoheit und bindenden Energie der Gesetze usf. waltet.[194] Seine eigentliche Aufgabe besteht nicht nur, ja nicht einmal zuerst darin, in den Geschäften des Staats tüchtig und im Kriege tapfer zu sein; das zeigt sich an jenen Grenzfällen der Königserscheinung, in denen die politische und kriegerische Initiative überhaupt verschwindet, da der König in strenger Abgeschiedenheit unter einem Ritual lebt, das ihm jede wirkliche Tätigkeit unmöglich macht. Wichtig ist dann nicht, was er aus individueller Tüchtigkeit tut, sondern was er durch sein Amt und dessen numinose Macht bewirkt. Sein Dasein selbst, sein nach heiligen Regeln sich vollziehendes Leben und rituelles Tun bilden die eigentliche Königsfunktion. Indem der König lebt und die ihn erfüllende heilige Mächtigkeit ausstrahlt, garantiert er die Fruchtbarkeit der Frauen und Felder, hält er die Seuchen ab, macht er, dass die Kranken gesund werden, gewährleistet er ertragreiche Jagd und erfolgreichen Krieg. Auch wo dieses Wesentliche nicht so klar zur Geltung kommt, kann es doch in der Vorstellung vom Herrscher nachgewiesen werden. So etwa, wenn in nordischen Quellen vom »Glück des Königs« die Rede ist; dabei aber nicht gemeint ist, in seinen Unternehmungen zeige sich jenes unerzwingbare Zusammentreffen günstiger Umstände, das wir mit dem Wort bezeichnen, vielmehr gesagt sein will, er habe eine numinose Macht, welche die Geschehnisse magisch lenkt und an der er seinen Getreuen Anteil gibt. Wie wenig die ursprüngliche Einschätzung des Königs seiner kriegerischen oder politischen Tüchtigkeit gilt, wird dort deutlich, wo sie geradezu sein individuelles Sein in Frage stellt. Das Heil hat seinen Rhythmus: das Kommen, Gipfeln und Vergehen. So gehört zum Wesen des Königs, dass er seine Macht empfängt, ausübt und zur gesetzten Zeit wieder verliert. Das drückt sich einmal biologisch in der Sorge aus, sein Altern möchte die herrscherliche Potenz schwächen und damit Unheil über das Land bringen. Dazu kommt das tiefere Bewusstsein, dass das Leben mit dem Tode verschwistert ist, und also sein Garant, eben weil er Leben spendet, dem Tode verfallen muss. Das alles führt zur Konsequenz, dass der König sterben muss, und nicht eines natürlichen Todes durch Krankheit und Alter, sondern eines sakralen, aus dem Wesen seines Amtes kommenden. So wurde denn auch tatsächlich vielerorts der alte König getötet, oder er gab sich selbst den Tod. Später starb der König nicht wirklich, sondern symbolisch, in rituellen, zu bestimmten Zeiten vollzogenen Handlungen. Oder ein Anderer trat an seine Stelle, etwa ein Gefangener, der für einen Tag zum König eingesetzt wurde, alles bekam, wonach er verlangte, und am Abend sterben musste. In noch weiter gemilderter Form wurde der Scheinkönig nur misshandelt; schließlich seine Rolle in einem Spiel mimisch dargestellt.

Eine Fülle von Zeugnissen lässt erkennen, dass im König, verbunden mit seiner individuellen Persönlichkeit und seiner politisch-kriegerischen Funktion eine Heilbringergestalt auftaucht. Im außerbiblischen Bereich liegt das offen zutage, weil hier jene Geschlossenheit beziehungsweise Ausschließlichkeit des Weltganzen, von der die Rede war, Vorstellung und Gefühl beherrscht und daher das mythische Bedeutungsmotiv des Heilbringers ungehindert durchdringen kann.[195] So sind denn auch ohne weiteres Heilsbegriffe auf den König angewandt worden. Seine Geburt setzte jeweils den Anfang der Zeitbestimmung. Die Formel: »im so und so vielten Jahre der Regierung des Kaisers N. N.« bedeutete nicht nur eine Form der Datierung, sondern ordnete das betreffende Ereignis in eine Heilsperiode ein. Wenn der König in eine Stadt einzog, so war das eine »Epiphanie«: der Heilbringer »erschien« der Stadt und spendete ihr göttliche Segensfülle. Und dass der römische Kaiser kultische Verehrung forderte, war nicht einfach die Hybris des absoluten Herrschers, sondern bildete die letzte Konsequenz des Bewusstseins, Heilbringer zu sein.

Sobald die Offenbarung das religiöse Bewusstsein bestimmt, erlöst die Gestalt Christi die des mythischen Heilbringers und nimmt sie in sich auf. Es ist sehr bezeichnend, wie früh im christlichen Bewusstsein die Formel »Christus König« auftaucht. Sie liegt, vom Alten Testament her begründet, schon in der neutestamentlichen Bezeichnung Christi als Kyrios, Dominus. In der Kunst der Katakomben erscheint zuerst die Gestalt des Hirten oder des Fischers; bald setzen sich aber die des »Pantokrator«, des Allherrschers, und der »Maiestas Domini«, des thronenden Weltenherrn durch, um bis in die romanische Epoche, in welcher der Dornenkranz des Gekreuzigten noch eine wirkliche Krone ist, die Darstellungen Christi zu bestimmen. Hier voll-

zieht sich eine klare Entgegenstellung wider die heidnische Anschauung: nicht der irdische Herrscher, sondern Christus ist der
Heilbringer. Das mythische Urmotiv aber, das jenem den numinosen Charakter gibt, wird in der Gestalt Christi erfüllt.[196]
Ebendeshalb wirkt es auch in der Vorstellung vom irdischen
Herrscher weiter und erhält dort seine Legitimation durch die
liturgisch-sakrale Weihe, welche über der Krone und ihrer Verleihung, über der »geheiligten Majestät« und der gottbegrün-
deten Autorität des Staates liegt. Hier wurzelt letztlich alles
das, was – bis in die spätesten Formen des Royalismus – »Kö-
nigstreue« heißt. Sie ist nicht nur politisches Ordnungsbewusst-
sein oder menschliche Ehrfurcht, sondern das, meistens unbe-
wusste, Gefühl, die Menschendinge könnten nur recht gehen,
wenn die lebendige Heilsgewähr des geweihten Königs über
ihnen stehe.[197]
Im Maße die Vorstellungen, mit denen das Dasein überhaupt
gedacht wird, sich von der Offenbarung lösen und einen rein
innerweltlichen Charakter annehmen, verliert die Gestalt des
Herrschers den Zusammenhang mit Christus. Er hört auf, der
weltliche Repräsentant Christi zu sein – wie der Papst der geistliche ist – und wird immer mehr zum Träger der rein irdischen
Hoheit des im Staat verfassten autonomen Volkes. Damit löst
sich aber auch das mythische Urmotiv des Heilsbringers aus
dem Sinnzusammenhang, in dem es erlöst und zugleich erfüllt
war. Es wird nicht vernichtet; das ist nach dem oben Gesagten
unmöglich. Es bleibt im Dasein, aber ohne rechtmäßigen Ausdruck. Es behält seine Macht, doch diese Macht ist ortlos. Eine
durch keinen entsprechenden Gegenstand gebundene, in keine
Ordnung eingefügte, durch kein positives Recht legitimierte
Energie bedeutet aber Gefahr.[198]

V.
Europa und Jesus Christus

Bevor wir dem Problem weiter nachgehen, müssen wir uns aber noch etwas anderes vor Augen bringen.

Was wir Europa nennen, jener Zusammenhang von Ländern und Völkern, der zwischen Afrika und der Arktis, Kleinasien und dem Atlantischen Ozean liegt und dessen Geschichte im dritten Jahrtausend vor Christus mit der Frühzeit Griechenlands beginnt und bis zu uns reicht, ist, als Ganzes gesehen, entscheidend von der Gestalt Christi bestimmt. In der Zeit vor seinem Kommen wächst die antike Kultur herauf und bringt eine Welt von Gedanken, Ordnungen, Werkwerten hervor, die sich dann mit den Kräften und Lebensimpulsen der einströmenden nordischen Völker verbindet. Die antike Welt geht nicht einfach unter, sondern wird von der des Mittelalters aufgenommen. So bildet sie im Ganzen des geschichtlichen Gesamtzusammenhangs deren Vorbereitung – eine Behauptung, die vom neuen Heidentum leidenschaftlich bestritten wird. Ihm ist die Aufnahme der Antike durch die mittelalterlich-christliche Kultur Raub und Missbrauch. Seiner Meinung nach müsste man irgendwo zwischen Augustus und Konstantin eine Grenze ziehen, vor der die Antike endet, während auf ihrer anderen Seite eine neue Zeit beginnt, in welcher der Mensch die Welt und sich selbst verliert. Doch das ist ein Dogma [*eine These*], und zwar ein falsches [*eine falsche*]; in Wahrheit bildet die abendländische Geschichte einen großen Zusammenhang, in dem das Christentum kraft seines inneren Rechtes das Erbe der antiken Welt angetreten hat. Letztere war für Christus und sein Reich das, als was Dante[199] es geschaut hat, die Schwester der Natur; sie wurde mit dieser zusammen in die Ordnung der Gnade aufgenommen, und es entstand das Abendland, Europa.[200]

Nun ist es wichtig, zu sehen, wie tief nicht nur, sondern wie entscheidend dieses Europa von der Person Christi bestimmt wurde. Nicht nur so, dass da eine Gruppe von Ländern wäre, die sich aus autonomen politisch-kulturellen Voraussetzungen entwickelt und das Christentum als religiösen Ausdruck ihres Wesens aus sich hervorgebracht, oder es später auf Grund natürlicher Verwandtschaft angenommen hätte; die abendländische Kultur ist vielmehr wesentlich aus der Wirkung hervorgegangen, welche das Christentum in den europäischen Völkern hervorgebracht hat.

Das europäische Bild vom Menschen ist zutiefst christlich bestimmt. Es ruht auf dem Einfluss der Erlösungstat Christi. Diese hat den Menschen aus dem Bann der Natur gelöst und ihm eine Unabhängigkeit von der Natur und von sich selbst gegeben, die er auf dem Wege einer nur natürlichen Entwicklung nie hätte erreichen können, weil sie auf jener Souveränität ruht, in der Gott selbst zur Welt steht. Die gleiche Unabhängigkeit ermöglicht aber auch einen Blick auf diese Welt, eine Nähe zu ihr und eine Herrschaft über sie, die ebenfalls anders nicht hätte erreicht werden können. Nichts ist falscher als die Meinung, die neuzeitliche Herrschaft über die Welt in Erkenntnis und Technik habe im Widerspruch zum Christentum errungen werden müssen, das den Menschen in untätiger Unterwürfigkeit halten wollte. Das Gegenteil ist wahr: das ungeheure Wagnis der modernen Wissenschaft und Technik, dessen Tragweite wir nach den letzten Erfindungen mit tiefer Beunruhigung empfinden, ist nur auf Grund jener personalen Unabhängigkeit möglich geworden, die Christus dem Menschen gegeben hat.

Aus der gleichen Wurzel kommt die Intensität des abendländischen Geschichtsbewusstseins. Wohl setzt es ebenso die antike Kraft des Handelns und Gründens wie den Wagemut und die schöpferische Kraft der germanischen Stämme voraus. Das Letztbestimmende aber kommt aus der christlichen Verantwortung. Das Schema des geschichtlichen Daseins ist nicht die Wiederkehr der Dinge, der Kreislauf des Werdens, Vergehens und Wieder-Werdens, sondern jene Einmaligkeit von Person, Entscheidung und Tat, die das Christentum lehrt und die nicht nur die Zeit, sondern, durch sie, auch die Ewigkeit bestimmt.

Christlich begründet ist die Tiefe und Differenziertheit der abendländischen Seele. Niemand wird anders als mit Bewunderung vom antiken Leben sprechen; trotzdem verraten noch seine mächtigsten Schöpfungen und tiefsten Seelenbewegungen eine gewisse Kühle und Unentfaltetheit. Der Mensch der christlichen Zeit hat dem antiken gegenüber eine Dimension des Geistes und der Seele mehr; eine Fähigkeit des Empfindens, eine Schöpferschaft des Herzens und eine Kraft des Leidens, die nicht aus natürlicher Begabung, sondern aus dem Umgang mit Christus hervorgehen.

Daraus folgt ein Weiteres: die größere Freiheit zum Guten wie zum Bösen. Das Christentum hat den Menschen auf eine Ebene der Handlungsfähigkeit gehoben, auf der er, wenn er gut wird, besser ist als der Heide, wenn aber böse, dann schlimmer als dieser. Kierkegaards Gedanke, die Antike sei in all ihrer Genialität doch in etwa naiv gewesen und erst das Christentum habe die volle personale Mündigkeit gebracht, ist sicherlich richtig. Das Gute des Christen ist das Mündig-Gute und hat einen ganz anderen Ernst als das des Menschen sonst. Das Gleiche gilt aber auch vom Bösen. Man möchte sagen, erst in ihm sei es zu seiner ganzen Furchtbarkeit frei geworden und hätte damit einen Charakter der neueren Geschichte erklärt, der sonst nicht zu verstehen ist.

Auch die abendländische Form des Staates ist zutiefst christlich bestimmt. In ihr hat der Träger der Hoheit seine Gewalt von Gott. Aber nicht in einem naturhaften Sinne, wie der heidnische Herrscher, der in einem natürlichen Verwandtschaftsverhältnis zur Gottheit gesehen wird – welche Gottheit letztlich das Numen des Stammes oder Volkes oder der Stadt beziehungsweise des Staates ist, so dass der Herrscher als deren aktive Verkörperung erscheint –, sondern in einem personalen: Gott, der personal-souveräner Herr des Himmels und der Erde ist, hat ihn zu seinem Stellvertreter bestellt und macht ihn für sein Tun verantwortlich. Entsprechend ist auch der Untertan kein Glied eines naturhaften Zusammenhangs, dessen Exponent der Herrscher wäre, sondern Geschöpf des gleichen Gottes, der jenen zur Herrschaft bestellt hat; im Wesentlichen ihm ebenbürtig, weil Träger ewigen Schicksals wie er, und daher befugt, jederzeit vom irdischen Herrn an den himmlischen zu appellieren. Daraus entsteht eine Wesenhaftigkeit der Ordnung, ein Raum der Freiheit und eine Tiefe der Verpflichtung zugleich, die sich sonst nicht finden. So wäre noch vieles zu sagen. Aus allem würde sich ergeben, dass das Abendland, Europa, das, was es ist, durch Christus ist – eine Wahrheit, die Novalis 1799 in dem von seherischer Kraft getragenen Fragment »Die Christenheit oder Europa« verkündet hat.[201]

Daran ändert auch die Tatsache nichts, dass die maßgebenden wissenschaftlichen und kulturellen, politischen und wirtschaftlichen Entwicklungen Europas sich seit langem außerhalb seines Geistes oder gar im Widerspruch zu ihm vollzogen haben. Noch in den leugnenden oder widersprechenden Äußerungen kommt die Gestalt Christi zur Wirkung.

Wenn sich aber Europa ganz von Christus löste – dann, und soweit das geschähe, würde es aufhören zu sein ...[202] Von hierher gewinnt das Geschehen der vergangenen Jahre eine besondere Bedeutung.

VI.
Der Heilbringer der zwölf Jahre

Im Jahre 1933 wurde die Führung Deutschlands durch eine Gruppe von Leuten in Besitz genommen, die überzeugt waren, für alle Fragen, seien sie nun politischer oder ökonomischer, sozialer oder pädagogischer, geistiger oder religiöser Art, die wirkliche und endgültige Lösung zu haben. Wir wollen hier nicht prüfen, ob diese Fragen von ihnen so gesehen wurden, wie sie sind, noch ob die von ihnen behauptete Lösung wirklich eine solche war. Uns kommt es auf einige Momente an, die ihren Anschauungen und Handlungen den besonderen Charakter gaben.

Vor allem war man überzeugt, die in Rede stehenden Fragen könnten nur gelöst werden, wenn die gesamte Initiative dem Staate übertragen würde. Der Grundsatz lautete: »Nichts gegen den Staat, nichts außerhalb des Staates, alles für den Staat, alles durch den Staat.«

Die Folgerung war, dass dieser Staat das ganze Leben des Volkes umfassen und absolute Macht über dieses Leben haben müsse. Nirgendwo durfte es eine selbständige Überzeugung, nirgendwo eine persönliche Initiative des Denkens, des Handelns, der Lebensgestaltung geben. Alles musste der Verfügungsgewalt des Staates anheimgegeben sein. Das wurde durch eine neue Gliederung des Ganzen gewährleistet. Die eigentliche Macht sollte in den Händen einer relativ dünnen Führerschicht liegen, welche irgendwie in der SS verfasst war. Von ihr sollten alle entscheidenden Impulse ausgehen und alle maßgebenden Funktionen ausgeübt werden. Sie selbst sollte nicht dem allgemeinen Staatsgesetz, sondern nur einem inneren Standesrecht unterworfen sein. Von diesem aufs schärfste gebunden, sollte sie unbeschränkte Verfügungsgewalt über den Staat haben ... Um ihr die zu sichern, sollte das Volk durch eine große Organisation umfasst werden, welche jeden Bereich, jede Äußerung seines Lebens bestimmte, selbst aber vollkommen [*völlig*] der Herrscherschicht in die Hand gegeben war. Das war die Partei. Wer irgendeine Stellung haben, irgendwelchen Einfluss ausüben wollte, musste zu ihr gehören ... Als letzte Schicht endlich waren jene vorgesehen, die weder Recht noch Einfluss haben sollten, Bevölkerungsmassen dritten Ranges, nur dafür da, um zu arbeiten und die unangenehmen Dinge zu tun.

Dieser Aufbau sollte den Staat beziehungsweise seine Machthaber in die Lage versetzen, alle wirtschaftlichen, erzieherischen und kulturellen Dinge durchzuplanen, ohne durch irgendeinen Widerstand gehindert zu sein.

Was das Volk angeht, so war man der Meinung, die Menschen, aus denen es bestand, seien zu einem großen Teil ungenügend. Sie sollten erst den Übergang zum kommenden Volk bilden. Die Planung bezog sich daher nicht nur auf Dinge und Einrichtungen, sondern auch und vor allem auf das lebendige Menschenwesen selbst. Maßnahmen umfassendster Art sollten eine Menschenart hervorbringen, die jene Eigenschaften haben würde, die von der offiziellen Theorie als wertvoll angesehen wurden.

Nun ist aber der Mensch, sowenig man es wahr haben wollte, ein geistig bestimmtes Wesen; also war eine solche Bemächtigung nur möglich, wenn eine entsprechende Ideologie ihr die Wege ebnete. Die fand man im Gedanken des Blutes und der Rasse. Danach kommt alles Wesentliche und Wichtige aus der biologischen Verfassung des Menschen. Körperliche Kraft und Wohlgestalt, Tüchtigkeit zur Arbeit, Fähigkeit zu kämpfen, schöpferisches Denken, technische und künstlerische Produktivität, alles hat darin seine Wurzeln. Auch Persönlichkeit, Charakter, sittliche Qualitäten sind im Körper begründet. So wurde die Biologie zur Grundlage nicht nur der Lehre vom Menschen, sondern auch von der Kultur, vom Staat, von der Religion.

Der Gedanke war nicht neu. Er war schon vorausgedacht worden, vor allem durch jenen Philosophen, der ja auf die Weltanschauung der vergangenen Jahre so großen Einfluss haben sollte, Friedrich Nietzsche. In dem Buch, das er selbst als Angelpunkt seines ganzen Schaffens angesehen hat, »Also sprach Zarathustra«, stehen im vierten Kapitel des ersten Teils folgende Sätze:

»»Leib bin ich und Seele‹ – so redet das Kind …
Aber der Erwachte, der Wissende sagt: ›Leib bin ich ganz und gar und nichts außerdem; und Seele ist nur ein Wort für ein Etwas am Leibe.‹

Der Leib ist eine große Vernunft, eine Vielheit mit einem Sinn, ein Krieg und ein Frieden, eine Herde und ein Hirt.

Werkzeug deines Leibes ist auch deine kleine Vernunft, mein Bruder, die du ›Geist‹ nennst, ein kleines Werk- und Spielzeug deiner großen Vernunft …

Hinter deinen Gedanken und Gefühlen, mein Bruder, steht ein mächtiger Gebieter, ein unbekannter Weiser – der heißt Selbst. In deinem Leibe wohnt er, dein Leib ist er.«[203]

Die Leiblichkeit des Einzelnen nun ist Ausdruck einer größeren Leiblichkeit, die sich durch alle Einzelnen hin auswirkt und Rasse heißt. Solcher Rassen gibt es viele; die höchste und schöpferischste ist die arische, innerhalb der arischen die germanische oder nordische. In ihr liegen die größten Möglichkeiten; diese müssen entwickelt und ihnen der nötige Raum geschaffen werden.

Was die Lehre von der Rasse angeht, so wollen wir von dem Eindruck absehen, den man hatte, wenn man sich die Leute, die sie verkündeten, näher betrachtete. Jedenfalls ist sie weniger als irgendetwas sonst geeignet, um die Weltanschauung eines Volkes darauf zu begründen. Fragt man Forscher, die etwas wissen, dann erfährt man, dass der größte Teil des Rassengeredes einfach Unfug ist. Noch sinnloser ist der Gedanke, aus dem Blute geistige Dinge ableiten zu wollen. Doch mag auch das auf sich beruhen bleiben. Hier soll nur gefragt werden, was jene Lehren bewirkten. Sie wurden überall verkündet, in Rede und Zeitung dem Volke eingehämmert, in Schulen und Lagern dem weltanschaulichen Unterricht zugrunde gelegt und erzeugten eine bestimmte Art zu denken und zu urteilen, eine bestimmte Gesinnung und Haltung. Darin wurde alles herabgesetzt und zurückgedrängt, was Urteilsfähigkeit, Überzeugung, Gewissen, Freiheit des Einzelnen, Wahrheit, Recht heißt; mit einem Wort, alles, was in der Würde und Verantwortung der Person wurzelt. Das ganze Denken wurde biologisiert. Der Mensch wurde daran gewöhnt, sich selbst als ein Lebewesen anzusehen, das zwar entwickelter, begabter, wertvoller als das Tier ist, wesentlich aber in dessen Reihe steht. So wurde er in die Anonymität der Natur hinuntergedrückt und für den Zugriff der Macht verfügbar gemacht.

An einem Gedanken tritt das besonders klar hervor, dem der Züchtung. Trotz aller Fragwürdigkeiten im Einzelnen war man vorher doch gewöhnt, das Wesentliche des Menschen in der Persönlichkeit, ihrer Eigenart, ihrer Würde und Verantwortung, ihrem zeitlichen und ewigen Wert zu sehen. So hatte man mit Bezug auf ihn von Pflege, Erziehung, Unterweisung, Bildung, das heißt also von Tätigkeiten gesprochen, die der Person zur Entfaltung ihrer Möglichkeiten, zu richtigem und verantwortlichem Handeln helfen. Jetzt wurde der Schwerpunkt ganz in die Gattung gelegt. Der Einzelne war nichts als ein Glied in ihr. Sein Wert bestand darin, die Werte der Gattung zu verwirklichen. Sache der maßgebenden Instanzen, das heißt aber des Staates, war es, dafür zu sorgen, dass die jetzt lebendigen Individuen immer bessere, dem aufgestellten Idealbild immer mehr entsprechende hervorbringen – das aber heißt »züchten«. Bis dahin hatte man darunter jene Tätigkeit verstanden, die der Liebhaber an seinen Hunden, der Bauer an seinen Rindern, Schafen und Pferden ausübt; all die Einsichten und Geschicklichkeiten also, die dazu gehören, um durch die Verbindung geeigneter Exemplare unerwünschte Eigenschaften zum Verschwinden, erwünschte zur Steigerung zu bringen. Dieser Begriff wurde nun – maßgebenderweise durch Nietzsche,[204] praktisch durch die Weltanschauung und Pädagogik des NS-Regimes – der Behandlung des Menschen zugrunde gelegt. All die widerlichen, jedes Gefühl von Sauberkeit und Würde beleidigenden Einzelheiten, die sich daraus in Theorie und Praxis ergaben, sollen hier auf sich beruhen bleiben; jedenfalls glitt dort, wo diese Bemühungen Erfolg hatten, das Denken und Empfinden bezüglich geschlechtlicher Dinge wie auch das praktische Verhältnis der Geschlechter zueinander immer mehr in die Atmosphäre des Zuchtstalls ab. Und immer mehr verschwand, was dem Menschen Halt in sich selber gibt: das Gefühl geistiger Würde, die Fähigkeit zu persönlichem Urteil, das Bewusstsein vom ewigen Wert des Einzelnen. Damit wurde der Mensch immer mehr der Macht ausgeliefert, die ihn regierte und zu ihren Zwecken gebrauchte.

Aber die Ideologie der Rasse genügte noch nicht. Im Menschen liegt noch einmal Tieferes, das ebenfalls in die Reichweite der Macht gebracht werden musste, nämlich sein religiöser Kern. So ist zu fragen, was geschah, um auch auf diesen Hand zu legen.

Wenn man hört, in welcher Weise vom Blut, von der Rasse – und, im Zusammenhang damit, von der Erde – gesprochen wurde, so fällt sofort der religiöse Ton [Akzent] auf. Da ist die Rede vom Geheimnis des Blutes, vom ewigen Blut, vom heiligen Blut, vom Glauben an das Blut, vom Frevel am Blut, und so fort. Nun ist einer der wichtigsten Mythen der vom Leben und vom Tode; von der Fruchtbarkeit, der allgemeinen, aber auch, und besonders, jener der Sippe, des Stammes, des Volkes. Darin werden diese Ganzheiten als geheimnisvolle Wesen angesehen, welche durch die Einzelnen hindurchgehen. In der Geburt jedes Einzelnen erheben sie sich; leben sich in seinem Leben aus; sterben mit ihm, haben aber in seinem Kinde schon wieder neu begonnen. In diesem Fortgang sucht sich die Wesensgestalt des betreffenden Stammes oder Volkes zu verwirklichen und zu ihrer höchsten Vollkommenheit zu gelangen.

Im Zusammenhang mit der Biologisierung des ganzen Daseins hat man diese Vorstellung wieder erneuert und zum »Mythus [sic!] des zwanzigsten Jahrhunderts« erklärt.[205] Auf sie hat man alle religiösen Kräfte des Volkes zu sammeln gesucht. Dem geheimnisvollen Etwas, »Blut« genannt, sollten sich alle Gefühle der Verehrung, der Scheu, der Liebe, der Hingabe, des Opfers zuwenden. Zugleich mussten alle jene Werte, Tugenden und Haltungen ausgerottet werden, die im Wege standen: geistiges Urteil, persönliche Überzeugung, Verantwortung des eigenen Gewissens, Bewusstsein vom ewigen Wert der Person usf. Alles das wurde als artfremd, als jüdisch-christliche Verderbnis, als Beirrung der heiligen Kräfte der Natur, als Feindschaft gegen das Leben usw. hingestellt.[206] Und man braucht sich – als ein Beispiel unter vielen – nur zu vergegenwärtigen, dass im Weiheraum eines offiziellen Gebäudes die Gestalten eines Menschenpaares standen, vor welchem religiöse Feiern abgehalten wurden, um zu sehen, wie mit dem Mythos Ernst gemacht und den Mächten des Blutes göttliche Ehre erwiesen wurde.

Soweit der Versuch gelang, wurde die christliche Überzeugung vom unverlierbaren Wert der Person und die Frömmigkeit individueller Gottesbeziehung aufgelöst und durch eine Religiosität verdrängt, deren Sinn ausschließlich in den Zusammenhängen von Sippe und Volk lag – welch letztere, da es keinen im Gewissen verwurzelten Widerstand mehr gab, wehrlos den Herren der Staatsmaschine ausgeliefert waren.

Dieser Mythos, das Heil, das er versprach, die Lebensordnung, die auf ihm ruhen, die Zukunft, die aus ihm hervorgehen sollte – alles das musste auch einen Verkünder und Verkörperer haben: er wurde in Adolf Hitler gesehen – damit führen wir den oben verlassenen Gedankengang weiter.[207]
Auf seine Gestalt wurden alle Werte und Herrlichkeiten gehäuft. Er war fähig, alle Dinge, politische und militärische, wissenschaftliche und künstlerische, zu beurteilen. Er wusste und vermochte alles. Unverstehbar, wie Gespenster, gehen uns im Gedächtnis Sätze um,[208] die ihn als den Schöpfer des vollkommenen Staates, den größten Feldherrn aller Zeiten, den Bezwinger aller sozialen und wirtschaftlichen Probleme, den unfehlbaren Beurteiler der Kunst usf. verkündet haben. Man nannte ihn den ›Führer‹ einfachhin, das heißt denjenigen, dessen Weisungen man sich mit völligem Vertrauen hingeben konnte und musste, und der alles zum Besten führen würde.
Lassen wir wieder auf sich beruhen, wie es mit den wirklichen Fähigkeiten des Mannes stand, dem einfachhin alles, das Leben und das Eigentum des deutschen Volkes, seine Heimat und das Erbe seiner wahrlich großen Geschichte, anvertraut war; die[209] zerstörten Städte, das verwüstete Land, das weithin verzweifelte Volk geben die Antwort. Uns kommt es hier auf etwas anderes an. Was von ihm gesagt wurde, war zutiefst nicht, dass er infolge persönlicher Begabung alles vermöge: so tüchtig in Dingen des Krieges sei wie der bedeutendste Militär; so wissend in politischen, wie der gewiegteste Staatsmann; so urteilsfähig in wirtschaftlichen und sozialen wie der erfahrenste Praktiker;[210] allein schon unbegreiflich genug, da er ja keinen irgendwie ernsthaften Bildungsgang durchlaufen hatte – nein, hier wurde etwas anderes behauptet, dass er nämlich ein übermenschliches Wesen sei, ein Heilbringer, ein Heiland. Zum Beweis, besser gesagt, um die Augen für einen Gedanken, eine Absicht zu öffnen, die überall zutage traten, erinnern wir an eine Reihe von Einzelheiten.
Gleich zu Beginn wurde er »der Meldegänger Gottes« genannt.

Damit sollte einerseits die Schlichtheit des einfachen Soldaten ausgedrückt sein, der nichts vom Glanz der hohen Chargen habe, anderseits die Tatsache, dass er gesendet sei und göttliche Verheißung bringe. Das Motiv der Herkunft aus dem Unbekannten und der Mittlerschaft zwischen dem Geheimnis der Gottheit und der Erde klang darin an. Dabei blieb es aber nicht. Schon früh erschienen an den Baustellen die Inschriften: »Das alles verdanken wir unserem Führer!« Der Meinung nach stand eine solche Inschrift überall, unter allem, was getan, hervorgebracht, geschaffen wurde. Er war es, der zu allem die Kraft[211] gab; der in alles die Heilsmacht numinosen Segens leitete. Seine Person war, wie die der mythischen Helden, mit den Mächten des »Glücks« erfüllt. Er war der Herr des Gelingens. Besonders schönes, strahlendes Wetter, das irgendeiner Veranstaltung Glanz und Schwung gab, war »Hitlerwetter«. Die zahlreichen, raschen, manchmal förmlich zugeworfenen Erfolge der ersten Friedens- und noch mehr der ersten Kriegsjahre, errungen durch politische Schlauheit, noch mehr aber durch skrupellose Ausnutzung einer besonderen geschichtlichen Situation, erschienen als Zeichen göttlicher Auserwählung; umso mehr, als Zensur und Propaganda dafür sorgten, dass keine Kritik aufkam und also die Allgemeinheit nicht merkte, in welch furchtbarer Weise Möglichkeiten echten staatsmännischen Handelns verfehlt und mit welch verbrecherischer Verblendung Kraft und Erbe des Volkes verwirtschaftet wurden.

Auch dabei blieb es nicht.[212] Von Hitler wurden Aussagen gemacht und auf ihn Haltungen gerichtet, die der Glaubende Christus zuwendet. Überall konnte man Photographien sehen, auf denen er sich in freundlicher Weise zu Kindern herabneigte, diese aber sich ihm mit jener Gläubigkeit und jenem Vertrauen zuwendeten, welche von den Darstellungen des göttlichen Kinderfreundes her bekannt waren ... Wo sonst im Hause der Herrgottswinkel mit dem Bild des Gekreuzigten gewesen war, dem man sich beim Gebet zuzuwenden pflegte, wurde nun der »Gotteswinkel« eingerichtet, und in ihm erschien, zusammen mit dem Hakenkreuz, das Bild Hitlers ... In den christlichen Schulen wurde dort, wo vorher das Kreuz, das Zeichen des christlichen Glaubens gehangen, sein Bild angebracht ... Die mit religiösen Grundempfindungen verbundene Anordnung des tischartigen, durch Blumen und Kerzen geschmückten Aufbaus, über dem oder in dessen Mitte sich das heilige Bild befindet, das heißt also des Altars, wurde für seine Apotheose verwendet ... In einer großen Stadt stand in einer den »deutschen Christen«[213] überlassenen Kapelle das Bild »des Führers« auf dem Altar selbst[214] ... So wäre noch vieles zu nennen, was zeigte, wie man zielbewußt jene Empfindungen, die sich sonst auf den Heiland Jesus Christus gerichtet hatten, auf ihn lenkte.

Von besonderer Bedeutung war etwas, das an jeder Stelle ins tägliche Leben griff, nämlich der sogenannte »deutsche Gruß«. Jedem katholischen Christen musste bald klarwerden, dass das »Heil Hitler« als Gegenbild zu dem althergebrachten Gruße »Gelobt sei Jesus Christus« gemeint war. (Hitler selbst sowohl wie der Chef der Propaganda, Goebbels, waren ja abgefallene Katholiken.) Und was bedeutete er? Was bedeutet überhaupt ein Gruß? In ihm wirken uralte Empfindungen nach: Wenn ich einem begegne, der mir vertraut ist, wünsche ich ihm durch den Gruß Gutes zu; wenn er fremd, das heißt aber für das frühe Gefühl, feind [*feindlich*] ist, muss ich seiner Kraft eine andere entgegensetzen. So ist, religionsgeschichtlich gesehen, der Gruß eine der einfachsten Formen der Frömmigkeit: Gemeinschaft und Begegnung, Beschwörung und Abwehr. Folgerichtig erscheint bei der christlichen Umdenkung des Daseins in ihm der Name des Erlösers, Jesu Christi. An[215] dessen Stelle ist der Name Hitlers gesetzt worden. Gewiss, der Gruß wurde in der Regel gedankenlos vollzogen; seinem Sinn nach bedeutet er aber ein Doppeltes. Einmal, dass man dem Manne, dessen Name darin genannt wurde, bei jeder Begegnung, das heißt also unzählige Male im Lauf des Tages, Heil zuwünschte. Alle Kraft und alles Glück, das alle Herzen wünschend zu erwirken vermochten, sollte sich auf ihn sammeln. Der Gruß bedeutete aber auch noch etwas anders. Nicht nur wurde Hitler Heil zugewünscht, sondern dem Begegnenden wurde gewünscht, Hitlers Heil solle über ihn kommen; Gegenbild und Verdrängung dessen, was der Gläubige meint, wenn er dem anderen die Gnade Jesu Christi wünscht.

Es ist noch mehr geschehen. Man hat Kinder, urteilslose, vertrauende Wesen, gelehrt, zu Hitler zu beten. Das Gebet ist wohl bekannt, es soll aber doch in seiner ganzen Schamlosigkeit hergesetzt werden: »Händchen falten, Köpfchen senken / innig an den

Führer denken / der uns Arbeit gibt und Brot / der uns hilft aus aller Not.« Durch die Worte wurde dieser Mann in das Bild Gottes selbst gestellt.

So wäre noch vieles anzuführen; viele Einzelheiten. Vor allem aber wäre auf die ganze Art hinzuweisen, in der »vom Führer« gesprochen; von der Haltung bedingungsloser Hingabe, die eingeprägt; von der Stimmung, welche durch Erziehung und Schulung, Zeitung und Film, Kunst und Feier hervorgebracht wurde, und die so war, dass jederzeit Wunder, Zeichen göttlicher Macht für möglich gehalten, ja bis in die letzten Tage des hoffnungslosen Zusammenbruchs erwartet wurden. [Nun bliebe nur noch festzustellen, ob und in welchen Formen ein Glaube besteht, dass der Heilbringer der zwölf Jahre zuletzt »für Deutschland gestorben« sei, und aus seinem Tode künftiges Heil hervorgehen werde. Es ist auch nicht ausgeschlossen, dass es Menschen gibt, die in irgendeiner Verhüllung oder Umformung des Gedankens erwarten, er werde »wiederkommen«. Dass »Adolf Hitler sich für sein Volk würde kreuzigen lassen«, ist ja, wenn mein Gedächtnis mich nicht täuscht, offen verkündet worden.][216]

So klang es wie die Zusammenfassung von allem, was überall an der Arbeit war, wenn man – nicht etwa einen exaltierten Enthusiasten, sondern irgendwen und irgendwo – sagen hörte: »In zwanzig Jahren redet kein Mensch mehr von eurem Christus. Da gibt es nur noch Adolf Hitler.«

Was ist da geschehen?

Das nicht mehr durch Christus überwundene und zugleich erfüllte mythische Grundmotiv des Heilbringers ist ins Heidnisch-Unerlöste zurückgefallen und hat sich als solches zur Geltung gebracht. Seine ortlos gewordene Energie, die nicht mehr durch die Gestalt des christlichen Herrschers gebunden und legitimiert war, hat sich wieder in ihrer heidnischen, richtiger gesagt, in ihrer abgefallenen Form den Weg in die Geschichte gebahnt.

Drücken wir den Vorgang konkreter aus: Die Gewalthaber der jüngst vergangenen Zeit haben, um ihre Macht endgültig religiös zu begründen, jenen im Grundgefüge der Seele angelegten, aber ortlos und gegenstandslos gewordenen »Bedeutungskern« geweckt und ihm eine Form gegeben, die nur den Sinn haben konnte, Christus, seine Überwindung und zugleich Erfüllung der Heilandsahnung auszulöschen und an seine Stelle wieder einen innerweltlichen Heilbringer zu setzen.

Wir lassen die Frage auf sich beruhen, wieweit die Urheber dieses Versuches selbst an ihn glaubten, oder ob es sich dabei nur um eine zynische politische Regie handelte. Jedenfalls ging die Absicht darauf, die heilige Gestalt, welche das innerste Maßbild der christlichen Welt gewesen, herauszubrechen und an ihre Stelle eine andere zu setzen, welche das Dasein rein irdisch bestimmen sollte.[217] Der neue Mythos vom irdischen Heilbringer sollte Christus und seine Erlösung aufheben und den Menschen in diese Welt hineinbannen. Wer ihm glaubte, hatte keine Möglichkeit mehr, auch nur innerlich dem Griff, der nach ihm fasste, zu entgehen. Er war mit Leib und Seele, mit Geist und Willen, mit allem, was er war und tat, der Macht, die über Deutschland herrschte, preisgegeben.

VII.
Europa und das Christentum

Aber noch ein Weiteres wäre geschehen. Es wäre, soweit Deutschland und der Bereich seines Einflusses in Betracht kam, das Ende Europas gewesen. Zwar nicht des politisch-wirtschaftlichen Gebildes, wohl aber jener geistig-menschlichen Gestalt, die eigentlich den Namen trägt.

Wenn man – mit entsprechenden Verdeutlichungen des Gemeinten – einen Menschen des Mittelalters gefragt hätte, was Europa sei, dann hätte er geantwortet: der Raum des menschlichen Daseins einfachhin; der alte »orbis terrarum«, wiedergeboren aus dem Geiste Christi und Gestalt in den großen Einheiten des Reiches und der Kirche, an dessen Rand bedrohliche Fremdgebiete, wie die der Hunnen und des Islam, lagen … Dann wurde der Weg zu unbekannten oder kaum erreichbaren Erdteilen gefunden: Fernasien, Amerika. Das Weltbild weitete, das naive Mittelpunktbewusstsein lockerte sich. Auf die Frage nach Europa würde jetzt die Antwort gelautet haben, es sei der Träger der in Betracht kommenden Geschichte, das Subjekt der Weltverantwortung. Sie lag, mehr oder weniger sicher, bis ins neunzehnte Jahrhundert hinein dem europäischen Bewusstsein zugrunde – man braucht sich nur die Vorstellungen und Wertungen zu vergegenwärtigen, die sich im Begriff der »Kolonie« ausdrückten. Was diese Antwort freilich in Frage stellte, war Russland mit seiner eigentümlichen Stellung zwischen Europa und Asien und, noch mehr, die immer rascher heraufwachsende Größe, Amerika … Endgültig durchbrochen wurde die Antwort durch den ersten Weltkrieg. Er brachte zu Bewusstsein, dass die Erde sich zu einem einzigen Felde politisch-geschichtlichen Lebens zusammengeschlossen hatte, auf dem Europa nur eine Größe unter anderen bildete. Der Zweite Weltkrieg aber setzte die Unterweisung fort, indem er zeigte, dass es unter diesen Größen nicht einmal mehr die ausschlaggebende war. Heute erlebt es die tiefste Krise seiner Geschichte – so tief, dass viele sich die Frage stellen, ob es »Europa« im alten Sinn des Wortes überhaupt noch gebe.

Wir können diese Frage hier nicht erörtern, sondern nur die Überzeugung aussprechen, dass Europa noch lebt. Dabei wohl, im Bewusstsein des Ernstes, der daraus spricht, das Wort »noch« betonen; aber auch, und stärker, das andere, dass es wirklich lebt. Ja vielleicht weist der Zusammenbruch der vom Nationalsozialismus so wahnwitzig angespannten und missbrauchten Macht sogar auf neue europäische Möglichkeiten hin.[218]

Noch einmal: Was ist Europa? Kein bloßer geographischer Komplex, keine bloße Gruppe von Völkern, sondern eine lebendige Entelechie, eine wirkende geistige Gestalt. Sie hat sich in einer Geschichte entfaltet, die durch über vier Jahrtausende geht, und der an Fülle der Persönlichkeiten wie der Kräfte, an Kühnheit der Taten wie an Tiefgang der erfahrenen Schicksale, an Reichtum der hervorgebrachten Werke wie an Sinnfülle der geschaffenen Lebensordnungen bis jetzt keine andere gleichgestellt werden kann. Sie erhebt sich immer neu aus dem Bau der Städte und den Formen der Länder. Sie wirkt in den Sprachen – und welchen Sprachen! – von der leuchtenden Rede der Griechen und der herrscherlich formenden der Römer bis zu den von Geschichte beladenen Idiomen der modernen europäischen Völker. Sie bestimmt die Art des Denkens, den Charakter des Stellungnehmens, die Weise des Fühlens und Erlebens. Sie ist eine Wirklichkeit, wie die Wesensgestalt des Bergkristalls, der Eiche, des Adlers, des Bauern oder des Künstlers eine ist, nur viel reicher an Formen und Schichtungen, Kräften und Spannungen – ebendeshalb aber auch viel verletzlicher und gefährdeter.
Gewiss, keine Lebensgestalt ist ewig. Große Kulturen sind versunken und nur an spärlichen Resten gerade nur noch als gewesen zu erkennen. Wir wissen, und werden es immer härter zu wissen bekommen, wie furchtbar Europa wider sich selbst gewütet und wie tief es seinen eigenen Geist verraten hat. Überall sind Städte zerstört und Sprachen verwildert, und was mit der lebendigen Seele geschehen, ist noch gar nicht zu ermessen. Dennoch ist die europäische Wesensgestalt da; wir sehen sie ja in jeder Gebärde, vernehmen sie in jedem Wort, fühlen sie mit neuer, schmerzlicher Intensität in uns selbst. So vertrauen wir, sie werde weiterleben und Geschichte tragen.

Darüber entscheidet aber nicht nur das eigene Wollen, sondern auch die Stellungnahme der Anderen. Werden, nachdem Kräfte und Gewichte sich so verlagert haben, die außereuropäischen Mächte noch Wert auf ein Europa legen? Ich glaube, ja. Der Erste Weltkrieg hat – wir sagten es bereits – gelehrt, dass die Erde ein geschlossenes Feld und das Leben aller Völker ein einziger Zusammenhang ist. Dadurch ist politisches Denken und Handeln in eine neue Phase getreten: die der Übersicht über das Ganze und des Handelns aus dem Ganzen. Drücken wir ihr Wesen mit einem gängig gewordenen Worte aus: in die Phase der Planung. Wir glauben aber, im Maße die Weltverhältnisse sich nicht nur äußerlich festigen, sondern geistig klären, wird auch erkannt werden, was Europa immer noch, ja vielleicht jetzt ganz neu bedeutet – gerade weil es im physisch-politischen Sinne so entsetzlich geschwächt ist. Dass dazu Europa mit dem entschlossensten Ernst sich selbst prüfen und auf sein eigentliches Wesen besinnen muss, braucht nicht besonders betont zu werden. Ebenso wenig, dass Deutschland sich der furchtbaren Verantwortung bewusst werden muss, die es gerade in dieser Beziehung auf sich geladen hat. Diese Verantwortung ist so schwer, dass man einwenden könnte, fürs erste komme es ihm überhaupt nicht zu, über europäische Dinge zu reden; allein jene Besinnung besteht ja nicht nur in der Feststellung eigener Schuld, sondern auch in der Einsicht, wo die Aufgaben liegen, und ob Hoffnung sei, sie erfüllen zu können.

Eines aber ist sicher – und damit kehren wir zum besonderen Gegenstande dieser Überlegungen zurück: Europa wird christlich, oder es wird überhaupt nicht mehr sein.
Es kann reich sein oder arm werden; es kann eine hochentwickelte Industrie haben oder zur Landwirtschaft [*zum Bauerntum*] zurückkehren müssen; es kann diese oder jene politische Form annehmen – in alledem bleibt es es selbst, so lange seine Grundgestalt lebt. Um diese genauer zu bestimmen, müsste man Bücher schreiben; wir können nur noch einmal auf den Gang seiner Geschichte hinweisen. Im dritten vorchristlichen Jahrtausend beginnt die reicher bezeugte griechische Kultur. Sie nimmt im zweiten eine Fülle asiatischer Elemente in sich auf, um dann im ersten jene von Geist leuchtende Leiblichkeit zu erringen, mit der sie im abendländischen Gedächtnis weiterlebt. Durch Jahrhunderte neben Hellas heraufwachsend, baut Rom eine

Staatsordnung auf, welche durch Macht und Disziplin, entscheidenderweise aber durch das Recht bestimmt ist und für immer zu einer Norm im europäischen Staatsgefühl wird. Ein halbes Jahrtausend lang beherrscht es den »orbis terrarum«; dann strömen die germanischen Stämme ein, und aus den Erschütterungen der Völkerwanderung erhebt sich der europäische Mensch. Er trägt das Vergangene in sich, entfaltet aber zugleich, durch eine unsägliche Gunst der geschichtlichen Fügung begünstigt, etwas ganz Neues. Seine Seele ist stark und zart, leidenschaftlich und innig. Seine Phantasie ist unerschöpflich, doch von einem strengen Willen zur Genauigkeit überwacht. Sein Geist ist kühn und schöpferisch. Damit wiederholen wir, was schon oft gesagt worden ist – wenngleich noch lange nicht genau und eindringlich genug, zu einer Zeit, da alles in den Strudeln einer neuen Völkerwanderung unterzugehen droht. Doch das allein ist noch nicht Europa. Es fehlt das zuinnerst Entscheidende: die Gestalt Christi. Und da ist es nicht so, dass eine bestimmte Völkergruppe ihn als religiösen Lehrer angenommen hätte, ihr Eigencharakter aber auch ohne das bestimmt gewesen wäre; sondern sie wurde zu dem, was sie ist, indem sein Geist durch fast zwei Jahrtausende hin bis in ihre innerste Tiefe und ihre zarteste Feinheit hinein wirksam war. Christi Wesen hat dem europäischen Menschen das Herz gelöst. Seine Persönlichkeit hat ihm die außerordentliche Fähigkeit gegeben, Geschichte zu leben und Schicksal zu erfahren. Sein Ernst hat, ob dieser es wollte oder nicht, das Werk des europäischen Geistes getragen. Christus hat ihn aus dem alten Eingefangensein in Natur und Welt herausgehoben und ins Gegenüber zum persönlich-heiligen Gott, in die Freiheit des Erlösten gestellt. Das ist die innere »arché«[219], der existentielle Anfang. Von daher beginnt, im Damals der Geschichte wie im immer neuen Anheben des Einzellebens, das ungeheure Wagnis des abendländischen Lebens und Schaffens. Hier liegt auch die einzige Gewähr dafür, dass das Wagnis nicht in die absolute Katastrophe führt.

Das hat den europäischen Menschen zu ihm selbst gemacht – eben das hat der neue »Mythus« aus ihm herausbrechen wollen. Der ganze Instinkt des Nationalsozialismus ging darauf, das Europäische zu vernichten. Was zwischen dem germanischen Altertum und dem Jahre 1933 lag, wollte er auslöschen, damit er

eine gestaltlose Masse in die Hand bekäme, mit der er nach Gut-
dünken schalten könnte: daher der tödliche Hass gegen Christus
und alles, was von Ihm kommt.

Wenn also Europa noch fernerhin sein, wenn die Welt noch fernerhin Europa brauchen soll, dann muss es jene von der Gestalt
Christi her bestimmte geschichtliche Größe bleiben, nein, mit
einem neuen Ernste werden, die es seinem Wesen nach ist. Gibt
es diesen Kern auf – was dann noch von ihm übrigbleibt, hat
nicht mehr viel zu bedeuten.

IV.
Die Vorsehung[220]

Sonntag, 28.10.1945, Memmingen:
»Die Vorsehungsbotschaft Jesu«.
Winter 1945/46, Heilbronn: »Die Vorsehung«.[221]

Plakat zu einem Vortrag Guardinis am 20. Dezember 1945 in Ulm (Titel unbekannt)

[Dem nachfolgenden Aufsatz liegt ein Versuch zugrunde, der im Jahre 1939 als erstes Heft der Schriftenreihe »Christliche Besinnung« unter dem Titel: »Was Jesus unter der Vorsehung versteht«[222] erschienen und nachher mehrmals durchgearbeitet worden ist.

Er fasst das Problem der Vorsehung nicht in seiner ganzen Breite, sondern nur unter einem bestimmten Gesichtspunkt ins Auge, nämlich als Frage, was Jesus in der Bergpredigt unter der Vorsehung verstanden hat. Damit fallen andere, ebenfalls wichtige Probleme aus der Erörterung heraus: Einmal, wie weit die Vorsehung sich schon aus dem Herrentum Gottes ergebe, sobald dessen Reich sich nicht auf die Natur, sondern auf den Menschen richtet. Ferner die Frage nach der Vorsehung, soweit sie reine Gnade ist und vor allem Tun des Menschen aus der freien Liebe Gottes hervorgeht. Was uns hier beschäftigen soll, ist jene eigentümliche Beziehung, in welche das Wort Matthäus 6,33 die Vorsehung zur gläubigen Gesinnung des Menschen bringt.

Abgesehen von dem Wunsch, zu sehen, was Jesus hier meint, verfolgt unsere Überlegung eine weitere Absicht: zu zeigen, wie Offenbarung und irdische Wirklichkeit, sobald beide in ihrem vollen und reinen Sinn gesehen werden, einander in genauer Weise begegnen.][223]

I

In Jesu Verkündigung ist eine Botschaft besonders bedeutungsvoll: die von der Vorsehung, mit welcher der Vater im Himmel das Leben der Menschen umfasst. Der Herr spricht so eindringlich von ihr, man fühlt, wie sehr sie Ihm am Herzen liegt.

Das geschieht vor allem in der Bergpredigt, wo er die Hörer mahnt, sich nicht um Speise und Kleid zu sorgen, sondern auf den Vater im Himmel zu vertrauen; wenn der die Vögel nähre und die Blumen kleide, werde es Ihm noch viel wichtiger sein, den Menschen, die nicht nur seine Geschöpfe, sondern seine Kinder sind, zu geben, wessen sie bedürfen. (Matthäus 6,25-33.)

Die gleiche Botschaft verkündet Jesus, wie die Jünger sagen, Er solle sie beten lehren, und Er ihnen das Gebet schlechthin, das Vaterunser, übergibt. (Lukas 11,1–4.) Dessen Worte bringen die Lehre von der Vorsehung in lauterer Größe zum Ausdruck: und nicht nur durch ihre Gedanken, sondern auch durch die Innigkeit und Herzenszuversicht, welche das göttliche, so kurze und zugleich so unerschöpfbar tiefe Gebet erfüllt.[224]

Die Lehre von der Vorsehung antwortet auf die Frage, wie der Mensch im Dasein stehe, woher ihm sein Schicksal komme und wie er damit ins Einvernehmen gelangen könne. Um besser zu begreifen, was die Offenbarung sagt, wollen wir uns einige Antworten vor Augen bringen, denen man im geistigen Leben der Zeit begegnen kann.

Die eine stammt aus der Welt des Kindes.

Dieses lebt in der Familie; in dem kleinen, lebensvollen Bezirk; worin es geboren und von der Sorge der Eltern umhütet ist. Wenn es mit dieser Familie richtig steht, dann gibt es in ihr eine trotz allen Schwierigkeiten im Einzelnen unbezweifelte Autorität: die des Vaters und der Mutter. Diese bestimmen, was zu geschehen hat. Sie sorgen für die Bedürfnisse des Kindes. An sie wendet es sich mit seinen Anliegen und Nöten. Von ihnen wird es belehrt, was es tun soll, und zurechtgewiesen, wenn es fehlt. Nach dem Bilde dieses kleinen Daseins stellt es sich das Große der Welt und der Menschen überhaupt vor. Auch da gibt es eine oberste Autorität, einen Vater von der Art wie der zu Hause, nur sehr viel mächtiger, und das ist Gott. Er kennt alle Wesen, weiß um ihre Bedürfnisse und sorgt, dass sie haben, was sie brauchen. Er waltet auch über dem Kinde selbst. Er sieht, was es tut, hört seine Bitten und hilft ihm in allen Nöten. Diese Vorstellung kann sich dann, im Maße, als der Mensch reifer wird, entwickeln. Sie wird geistiger, größer, reicher, behält aber immer den Charakter eines unmittelbaren optimistischen Vertrauens in die überall wirkende Weisheit und Güte des höchsten Wesens.

Eine solche Anschauung ist schön, je nachdem innig, mutig, ja großartig, hält aber dem wirklichen Leben nicht stand. Die Erfahrung zeigt denn auch, dass hier gern religiöse Erschütterungen einsetzen: etwa wenn sich der Mensch in irgendeiner Schwierigkeit an Gott wendet, überzeugt, er werde so erhört werden, wie er es für richtig empfindet, aber auf alle noch so dringlichen Bitten nichts erfolgt. Die Enttäuschung ruft dann leicht das Gefühl hervor, dort, wohin das Gebet sich gewendet hat, sei niemand, und die Lehre von Gott sei ein Kindermärchen. Oder wenn die Erfahrung der Härte, der Grausamkeit, ja der Zerstörungsmacht des Daseins eintritt und der Eindruck entsteht, das Geschehen habe keinen gültigen Sinn, ja vielleicht überhaupt keinen.

Dieser Anschauung vom wohltätig geordneten Gang der Dinge steht eine andere gegenüber, die aus der Wissenschaft kommt. Sie bemüht sich, aus der Vorstellung des Daseins alles Menschenmäßige abzustreifen. Für sie gibt es nur die Weltwirklichkeit mit ihren Gesetzen. Die Bewegung der Gestirne, das Wachstum der Pflanzen, das Leben der Tiere, – alles geschieht, wie es geschehen muss. Jeder Vorgang hat seine Ursachen, und jede Ursache bringt unweigerlich die ihr gemäße Wirkung hervor. Ebenso steht es mit dem Menschen. Er wird, wie er nach den körperlich-seelischen Eigenschaften seiner Eltern und Vorfahren werden muss und entwickelt sich, wie die Umgebung es bedingt. Seine Triebe, Gefühle, Gedanken gehen den Gang, den ihnen die biologischen und psychologischen Gesetze vorschreiben. Wie er ist, so handelt er, und wie er handelt, so gestaltet sich sein Leben. Jede Tat, die er vollbringt, übt Wirkungen in der Geschichte aus, und diese werden ihrerseits wieder zu Ursachen. Dass alles so geschieht, wie es dem Wesen der Dinge nach geschehen muss, bildet die Gesetzlichkeit der Welt. Sie durch Erfahrung und Theorie zu erforschen, ist Wissenschaft; sie für das eigene Leben anzunehmen, ist Anstand und Tapferkeit des Lebens. Der Mensch kann den Gedanken bis zu seiner letzten Härte durchdenken. Dann verzichtet er auf jeden dem Herzen fühlbaren Sinn, auf jedes Recht der Person und sucht sich zu behaupten, wie er kann, so wie das die Skepsis in ihren verschiedenen Formen tut. Oder aber er ahnt in jener wissenschaftlich fassbaren Ordnung etwas Tieferes, verehrt es mit frommer Ehrfurcht und vertraut ihm, auch wo der Verstand sich unzuständig fühlt. Doch hat das mit Wissenschaft nichts mehr zu tun, sondern ist Sache des persönlichen Erlebens, »Glaube« in jenem subjektiven Sinne, wie die Neuzeit ihn dem Worte gibt.

Diese Vorstellung ist anders als die vorhin erörterte. Was aber Jesus unter der Vorsehung versteht, hat mit ihr ebenso wenig zu tun wie jene. Seine Botschaft antwortet nicht auf die Frage des Verstandes, ob die Dinge eine natürliche Ordnung haben, sondern auf die des lebendigen Menschen, wer sich um ihn kümmert?[225] Wo sein Persönliches gewährleistet werde und geborgen sei?

Eine dritte Weise, den Gang der Dinge zu denken, geht von dem Gefühl aus, das sich oft in wagemutigen, Geschichte bestimmenden Menschen findet: sie würden von den Mächten des Daseins getragen.

Ein solcher Mensch ist überzeugt, er sei von einem geheimnisvollen Auftrag gesendet, von einer nie fehlenden Weisheit geführt und von einem besonderen Schutz behütet. Er spricht von seinem »Schicksal«, seinem »Stern«. seinem »Glück«. Auf ihre Gunst hin wagt er die schwersten Unternehmungen, und das Unwahrscheinlichste kann tatsächlich geraten. Freilich kann aber auch ein Umschlag im Benehmen der Dinge oder ein Bruch in seinem eigenen Innern erfolgen, welche zur Katastrophe führen. Ein Beispiel großen Stils bildet die Persönlichkeit Napoleons; ein anderes, in welchem sich Massensinn mit quälender Minderwertigkeit mischen, die Erscheinung Hitlers.[226]

Diese Deutung geht an dem, was Jesus unter der Vorsehung versteht, ebenso vorbei wie die beiden anderen.[227] Seine Botschaft redet nicht vom großen Menschen, sondern vom glaubenden, ob er nun bedeutende Taten vollbringt oder ein unscheinbares Leben führt, ein schöpferisch begabter Mensch ist oder einer, der einfach seine tägliche Pflicht tut.

II

Die Vorsehung, von welcher Jesus redet, kommt nicht aus der Welt, weder der Dinge noch des Geistes, sondern aus Gott. Sie ist ein Werk seiner Gnade, und nur Er selbst kann mit Fug über sie sprechen. Wenn wir also erfahren wollen, was sie bedeutet, dürfen wir nicht von unserer persönlichen Meinung ausgehen, sondern müssen Gottes Wort befragen. Die entscheidenden Sätze stehen in der Bergpredigt und lauten[228]: »Darum sage ich euch: Sorget euch nicht um euer Leben, was ihr essen, noch um euren Leib, womit ihr euch kleiden sollt. Ist nicht das Leben mehr als die Nahrung, und der Leib mehr als das Kleid? [Gott, der euch das Größere, nämlich Leben und Leib, gegeben hat, wird euch auch das Kleinere nicht versagen.] Sehet die Vögel des Himmels an: sie säen nicht, sie ernten nicht, sie sammeln nicht in die Scheunen, sondern euer himmlischer Vater ernährt sie. Seid ihr nicht viel besser als sie? [Plagt euch also nicht mit Sorgen. Wenn ihr aber so töricht wäret und tätet es doch –] wer von euch könnte mit all seinem Sorgen der eigenen Leibeslänge auch nur eine Elle zusetzen? Und was sorgt ihr euch um die Kleidung? Seht auf die Anemonen des Feldes, sie spinnen nicht, doch ich sage euch, selbst Salomo in all seiner Herrlichkeit war nicht angetan wie eine von ihnen. Wenn aber Gott das Kraut des Feldes, das heute steht und morgen in den Ofen geworfen wird, also kleidet, wie viel mehr euch, ihr Kleingläubigen? So sollt ihr denn nicht [ängstlich] sorgen und sagen: Was werden wir essen, was werden wir trinken, womit werden wir uns kleiden? Um alles das quälen sich die Heiden. Euer himmlischer Vater weiß ja doch, dass ihr dies alles nötig habt. Trachtet zuerst nach seinem Reich und nach dessen Gerechtigkeit, so wird euch dieses alles hinzugegeben werden.« (Matthäus 6,25–33.)

Die Stelle ist uns wohl vertraut. Sie ist schön und innig und atmet eine tiefe Geborgenheit. Wenn wir aber so lesen, der Mensch solle sich nicht plagen, sondern die Blumen zum Vorbild nehmen, die draußen blühen, und die Vögel, die im Gezweig ihr Wesen treiben, denn der Vater im Himmel, der für diese sorge, werde es noch mehr für ihn tun – meldet sich da nicht das Gefühl, das Ganze sei doch ein Märchen, das Märchen vom Schlaraffenland, wenn auch in einer frommen und edlen Form? Das ist es aber nur, wenn wir ungenau lesen, und mehr mit der Phantasie und dem Gefühl, als mit dem Ernst des Geistes. Dann übersehen wir nämlich den Satz, der den Schlüssel zum Ganzen bildet und im dreiunddreißigsten Vers steht: »Trachtet zuerst nach seinem Reich und dessen Gerechtigkeit, so wird euch dieses alles hinzugegeben werden.« Sobald wir ihn näher ins Auge fassen, sehen wir, dass er eine Bedingung enthält, die erfüllt werden muss, damit überhaupt Vorsehung zustande komme.

Er sagt: was in den voraufgehenden Sätzen steht, gilt nicht einfachhin, als fertige Ordnung, für jeden Menschen und jede Situation, so etwa, wie das Gesetz der Schwerkraft für jeden Körper gilt, gleichgültig, ob es ein Stein ist oder ein Kunstwerk. Die Vorsehung ist vielmehr an die Bedingung gebunden, dass der Mensch »vor allem trachte nach dem Reiche Gottes und dessen Gerechtigkeit«. Erfüllt er sie, dann ist in ihm etwas vor sich gegangen. Dann hat er eingesehen, was das eigentlich und für die Ewigkeit Wichtige ist, und es zu seinem Hauptanliegen gemacht. Dadurch ist er mit Gott in ein Einvernehmen getreten, denn die Verwirklichung des Reiches ist ja der große Gegenstand Seiner Weltenführung. Er sorgt sich für die Sache Gottes und ist damit in Gottes Sorge aufgenommen.

Sobald wir also die Vorsehung in ihrem eigentlichen Sinne nehmen, ist sie gar nicht durch sich selbst schon da, sondern ersteht immer erst, von Gott her, jeweils auf den Menschen hin, der in das heilige Einvernehmen der Sorge um das Reich eintritt. Geschieht das, dann ändert sich das Dasein dieses Menschen. Dann braucht er sich um Nahrung und Kleidung nicht mehr zu quälen »wie die Heiden« – das heißt, wie jene, die bloß die Welt kennen und sonst nichts –, sondern ein heiliges Walten umgibt ihn, und die Dinge tragen sich ihm gleichsam zu.

III

Wir müssen aber sorgfältig sein, denn es handelt sich ja um etwas sehr Wichtiges. Ist das Gesagte trotz aller Schönheit des Gedankens nicht dennoch ein Märchen? Kann ein solches »Einvernehmen«, das ja doch eine Sache des Denkens und Wollens, des Meinens und Erlebens ist, den Gang der Geschehnisse so ändern, wie es durch die Worte der Bergpredigt ausgedrückt wird?

Oder findet sich irgendwo im Bereich unserer Erfahrung ein Hinweis, der uns weiterhilft? Ich glaube, ja. Wenn wir die Art, wie unser Menschenleben sich zuträgt, genauer ins Auge fassen, bemerken wir darin eine Erscheinung, welche die Möglichkeit der Vorsehung zwar nicht beweist – sie ist ja ein Werk der Gnade, und dass es sie gibt, erfahren wir nur aus der Offenbarung –, uns aber doch ahnen lässt, wie sie sich vollzieht.

Jeder Mensch lebt in dem großen Zusammenhang, den wir »die Welt« nennen. Diese umfasst Alle und ist für Alle gleich. Die einzelnen Menschen sind aber nicht in die Welt hineingeschüttet, wie Figuren in eine Schachtel, sondern sind lebendig und schaffen sich in der Welt ihren besonderen Lebensbereich. Aus den Dingen, Kräften und Vorgängen des Weltalls sondert der Einzelne sich Bestimmtes heraus.

Dafür hat er einen »Apparat«, der die Fülle des Wirklichen sichtet und ordnet. Er besteht vor allem aus der Organisation der Sinne. Die fasst nur bestimmte Erscheinungen auf; was sie nicht auffasst, gibt es für den Menschen nicht: Töne, deren Schwingungszahlen über oder unter bestimmten Grenzen liegen, werden nicht vernommen; Wärme und Kälte sind nur innerhalb bestimmter Grenzen ertragbar, und so weiter. Der Apparat besteht weiter aus der besonderen Veranlagung des Volkes: der Norweger fasst andere Gegebenheiten der Natur auf als der Spanier; aus der Beschaffenheit des Landes: das Leben auf der See bedingt eine andere Art von Empfänglichkeit als das im Hochgebirge; aus dem Charakter der Zeit: ein Mensch der Völkerwanderung war auf anderes ausgerichtet als einer der Aufklärung. Hinzu kommen die verschiedenen Richtungen, welche Aufmerksamkeit und Eindrucksbereitschaft beim männlichen oder weiblichen Menschen nehmen, innerhalb der Geschlechter wieder bei den einzelnen Altersstufen: der Kindheit, der Reife, der vollen Mündigkeit, dem Alter. Ferner die Unterschiede der Auffassung, welche durch die verschiedenen Anlagen und Temperamente, durch soziale und berufliche Situation bedingt sind, und so fort. Durch alles das nimmt der schauende und erlebende Einzelne aus der Unzahl des Seienden eine charakteristische Auswahl vor. Er hebt Dinge, Geschehnisse, Menschen, Eigenschaften, Beziehungen heraus, die seiner Persönlichkeit zugeordnet sind und es entsteht seine »Umwelt«.[229]

Jeder Mensch hat seine besondere Umwelt – geht es in diesen Umwelten in gleicher Weise zu?

Nehmen wir an, hier sei ein Mensch, der kräftig und furchtlos, großmütig und voll ruhigen Zutrauens seinen Weg geht; dort einer, der selbstsüchtig und ängstlich zugleich ist und sich mit allerlei Schlauheiten durchlaviert – gleichen die Welten dieser beiden Menschen einander? Gehen die Dinge in jener so wie in dieser? Offenbar nicht. Sie haben verschiedenen sittlichen Charakter und verschiedene seelische Art; ja in jener sind Vorgänge möglich, die in dieser nie eintreten können. Es ist, als ob die Dinge sich verschieden benähmen. Dort ist alles frei, die Dinge fügen sich leicht, und noch das Missgeschick hat etwas von Klarheit und Größe; hier ist alles undurchsichtig und widerspenstig. Oder: Um den Menschen, der Liebe hat und es mit allem gutmeint, gedeiht das Lebendige. Die Blumen wachsen, die Tiere sind zutraulich, die Kinder fühlen sich wohl. Um den selbstsüchtigen und harten hingegen verschließt sich alles, panzert sich, flieht; kann es aber nicht fliehen, dann verkümmert und verdirbt es. Oder: Bei dem Menschen, der »eine glückliche Hand hat«, geht alles leicht, freundlich, fruchtbar. So ist er Optimist und versteht nicht, wie ein anderer der Welt so viel Schlimmes zutrauen kann. Er weiß nicht, dass dieser mit seiner Veranlagung gleichsam die Widerstände gegen sich aufruft und die Schwierigkeiten weckt.

Das alles bedeutet, dass die Schicksale eines Menschen nur zu einem Teil von außen her bestimmt werden, zum andern aber – und vielleicht wichtigeren – von innen, aus der Wesensart und Gesinnung eben des Menschen, um den es sich handelt. Immer hat die Weisheit gewusst, dass jeder »seines Glückes Schmied ist«, dass ihm nicht Beliebiges, sondern Bestimmtes geschieht und die Bestimmung von seinem Innersten her erfolgt. So verändert sich auch das Schicksal eines Menschen, wenn er selbst ein anderer wird. Man braucht nur einmal mitzuerleben, was vor sich geht, wenn etwa ein selbstsüchtiger Mensch zu lieben anfängt.

Und nun sagt Jesus: Die eigentliche Veränderung, auf die alles ankommt, besteht darin, dass der Mensch die frohe Botschaft annimmt, Gottes Willen bejaht und für wichtig ansieht, was Ihm wichtig ist, das heißt aber, dass er »zuerst trachtet nach dem Reiche Gottes und dessen Gerechtigkeit«. Tut er so, dann entsteht zwischen Gott und dem Menschen ein lebendiger Zusammenhang, und die Dinge benehmen sich anders, als sie es bis dahin getan haben.

Das geschieht schon als Folge der inneren Umgestaltung im Denken und Fühlen. Der Mensch entschließt sich zum Guten. Er wird liebend und selbstlos. Die Furcht fällt von ihm ab, und er schlägt Wurzel im Vertrauen zu Gott. Er fühlt sich nicht mehr in einer fremden Welt, sondern im Eigentum seines Vaters. Um einen solchen verändert sich das Dasein. Es wird klarer und offener. Die Kräfte bekommen freieres Spiel. Der Gang der Geschehnisse wird natürlicher, und so fort.

Doch haben wir damit erst die psychologische Seite des Ganzen erfasst. In alledem wirkt aber etwas anderes, ein Geheimnis von Gott her. Er, der Schöpfer und Herr, will ja doch die Welt aus der Erlösungstat seines Sohnes heraus neuschaffen: einen »neuen Menschen« auf einer »neuen Erde« und unter einem »neuen Himmel«. Das kann Er aber nicht so tun, wie Er es einst bei der ersten Schöpfung getan hat, nämlich bloß durch die Macht seines Befehls. Dieses Schaffen muss durch die Freiheit des Menschen gehen. Der Mensch muss bereit sein, sich öffnen und mitwirken. Darauf wartet Gott. Tut der Angerufene nach Gottes Willen, dann wird Gottes Gnadenmacht frei und schafft in ihm und um ihn her »das Neue«, das »Reich«.

Das braucht gar nichts Auffälliges zu sein. Nichts Ungewöhnliches braucht zu geschehen. Das Leben geht weiter wie jedes Menschenleben sonst, besteht aus den gleichen Dingen und Vorgängen, aus Leid und Freude, Plage und Glück – und dennoch ist alles anders. Ein anderer Sinn ist darin, ein anderer Zusammenhang, eine neue Sicherheit und eine neue Verheißung. Das Leben dieses Menschen wird zur Einlassstelle für Gottes Schaffen. Gott – nicht sofern Er alles im Sein hält und zum Ausdruck seines Schöpferwillens macht, sondern sofern Er das Neue, das Reich heraufführen will – steht gleichsam vor der Tür der Welt und verlangt Einlass. Jedes Menschenherz – jedes einzig, unentbehrlich und unersetzlich – ist Tür der Welt. Tritt es in das Einvernehmen des Glaubens und Vertrauens, beginnt es zu »trachten nach dem Reich und seiner Gerechtigkeit«, dann geht die Tür auf, und Gott beginnt die neue Schöpfung.

Die Bedeutung der Heiligen aber – eine prophetische Bedeutung, sobald wir das Wort in seinem ursprünglichen Sinne nehmen – liegt darin, dass in ihrem Dasein der Vorgang der Neuwerdung, bei uns überall verhüllt und gestört, mit einer besonderen Deutlichkeit, Energie und Verheißungskraft durchdringt.

IV

Was Jesus meint, wenn er von der Vorsehung spricht, ist also etwas wesenhaft anderes als die Märchenwelt des Kindes oder die Weltordnung der Wissenschaft oder das Sendungsgefühl der großen Persönlichkeit – vom Zynismus dessen, der Gott für seine Pläne einzuspannen sucht, ganz zu schweigen. Was Jesus verkündet, ist heilig und groß. Der ganze Ernst und die ganze Überwindung des Glaubens steht hinter ihm.

Dabei bleiben natürlich noch Fragen genug, auf die wir hier nicht eingehen können. Nur eine, die sich vielleicht besonders stark meldet, soll erörtert werden: Bekommt denn nun auch jeder, der auf Gottes Vorsehung vertraut, »Nahrung und Kleidung«? Offenbar nicht! Wie steht es aber dann mit der Wahrheit der Botschaft?

Die erste Antwort besteht im Hinweis auf die Bedingung, welche die Botschaft stellt: dass der Mensch »nach dem Reiche Gottes und dessen Gerechtigkeit trachte«, und zwar »vor allem«. Hier kann man nicht mehr diskutieren, sondern wer den Einwand erhebt, prüfe, vor Gott, ob er die Bedingung erfülle oder sie auch nur zu erfüllen begonnen habe.

Dann ist aber noch etwas anderes. Die in Rede stehende Bedingung ist nicht von der Art wie die Bedingungen der Natur, also etwa wenn gesagt wird: sobald man eine Kugel in bestimmter Weise anstößt, rollt sie einen bestimmten Weg; oder wie die Bedingungen des Rechtslebens, wenn es etwa heißt: sobald eine gewisse Abmachung getroffen ist, treten die und die juristischen Wirkungen ein. Beide Male sind Bedingungen und Wirkungen genau bestimmt: sobald das geschieht, geschieht nachher das. Mit den Dingen der Vorsehung steht es anders, denn da handelt es sich um den Lebendigen Gott. So ist die Bedingung in sein Wissen um den Menschen aufgenommen, und das geht über unser Urteil.

Gott ist Jener, der wahrhaft um den Menschen weiß. Nicht nur im Allgemeinen, sondern um jeden Einzelnen nach der Besonderheit seines Charakters und der Einmaligkeit seines Tuns. Und nicht nur in kühlem Kennen, sondern in persönlicher Liebe. Aus diesem Wissen und Lieben geht die Führung des Menschen hervor, einem Ziel zu, das, wie Paulus sagt, »über allem liegt, was wir von uns aus zu erbitten oder zu erdenken vermögen«. (Epheserbrief 3,20.) So darf die »Nahrung und »Kleidung«, von welcher die Bergpredigt spricht, nicht nur vom Natürlichen her verstanden werden, sondern meint alles das, wessen der Mensch bedarf, um zu werden, was er nach dem Willen seines Vaters sein soll. Was das aber ist, weiß nur der Vater selbst.

Aus der Tatsache der Vorsehung folgt also nichts darüber, was im Einzelnen eintreten muss. Es wäre falsch und würde den Sinn der Botschaft Jesu missverstehen, wenn man sagen wollte: Gott muss mir das oder das geben …, Gott muss mich vor diesem oder jenem bewahren …, wenn das oder das geschieht, dann gibt es keinen Gott – und so fort. Die Vorsehung muss nicht Wohlergehen und Erfolg, sie kann auch Misserfolg und Entbehrung bringen. Sie muss nicht bedeuten, dass die menschlichen Beziehungen sich erfüllen, sondern die schönsten Dinge können zerbrechen, ja es kann den Anschein haben, als sollten die Fragen »Warum« und »Wozu« überhaupt keine Antwort bekommen. Worum es eigentlich geht, ist ja nicht irdische Wohlfahrt und innerweltliches Glück, sondern das Werden des Reiches Gottes, und des neuen Menschen in ihm. Gesundheit, Besitz, Erfolg können dafür Hilfen, aber auch Hindernisse sein; und das, was der Mensch Unglück nennt, kann ebensogut schaden wie nützen. Wer auf die Vorsehung hin lebt, lebt also in Gottes Geheimnis hinein.

Eines Dinges aber dürfen wir uns aus der Offenbarung für gewiss halten: dass, wenn wir »zuerst trachten nach dem Reiche Gottes und seiner Gerechtigkeit«, wenn wir uns um den Glauben und die Liebe bemühen, die Führung unserer Geschicke zum Guten geht. Paulus sagt es: »Denen, die Gott lieben, gereichen alle Dinge zum Besten.« (Römerbrief 8,28.) Und das ist eine echte und große Offenbarung, denn die Welt sieht nicht so aus, als ob in ihr die Dinge dem, der Gott hebt, zum besten gereichten.

So muss sich der Mensch in das Geheimnis der Führung Gottes hineingeben; ja, um das Wort Sören Kierkegaards zu brauchen: »er muss sich in sie hineinüben«.[230] Es kann sein, die Gesetzesmäßigkeit der Welt tritt ihm so kalt entgegen, dass es ihm sinnlos vorkommt, noch an eine Führung zum Besten zu glauben. Dann muss er den Glauben in seiner Strenge, als Gehorsam und Treue, vollziehen und sich durch die Worte von Bedürfnis und Erlebnis nicht irremachen lassen.

Es gibt aber auch anderes. Wenn das Herz sich in die Hand Gottes fügt, wird allmählich der Blick frei. Er sieht, wie die Dinge des Lebens gehen: etwa ein scheinbarer Zufall eine wichtige Lösung bringt, oder ein Verlust zur Voraussetzung für etwas sehr Gutes wird. So ahnt er in der anscheinenden Wirrnis des täglichen Geschehens einen verborgenen Zusammenhang und vertraut auf ihn. Man denkt an jene alten gestickten Teppiche: wenn man einen solchen auf seiner Rückseite betrachtet, zeigt sich ein Durcheinander von Linien. Immer nur ein Stück weit vermag der Blick ein Muster zu verfolgen, dann geht es wieder im Gewirre unter. Dann aber wird der Teppich umgeschlagen und die Führung der Figuren liegt schön vor Augen. So sieht der durch das göttliche Einvernehmen belehrte Blick auf Strecken hin die Sinnlinien des Lebens laufen. Wohl immer nur auf Strecken hin und ohne dass der Zusammenhang im Ganzen deutlich würde; aber die Strecken werden doch immer länger, und die Beziehungen treten immer breiter hervor – auf jenen Augenblick hin, da im Gericht die Führung des Daseins offenbar wird und die heiligen Vorsehungsfiguren sich in ihrer schöpferischen Macht enthüllen.

Ja, in dieser Schule wächst der Sinn für das Geheimnis selbst. Das Herz empfindet das Walten jenes Mächtigen, von dem Paulus redet: des Heiligen Geistes, der nach dem Heimgang Christi die Geschichte des Gottesreiches führt. Und das Einvernehmen des eigenen Wollens mit dem Willen Gottes, das zuerst nur Anstrengung und Opfer bedeutete, wird als tiefe Einheit fühlbar, in welcher Gnade und Menschenwille sich verbinden.

Es gibt eine wunderbare Stelle im neunten Buch der »Bekenntnisse« des heiligen Augustinus. Da erzählt er ein Begebnis aus der Zeit nach seiner Bekehrung. Ein heftiger Zahnschmerz hat ihn befallen; in antiker Unmittelbarkeit bittet er die anwesenden Freunde, zusammen mit ihm zu beten, dass Linderung eintrete, und es geschieht. Dann fährt er fort: »… so floh jener Schmerz. Aber was war das für ein Schmerz? Und wie floh er? Ich erschrak, Herr, mein Gott, ich gestehe es; denn nichts dergleichen hatte ich von frühester Jugend her erfahren. Und eindringlich wurden mir in der [inneren] Tiefe Deine Winke, und frohlockend im Glauben pries ich Deinen Namen.« (4,12)[231] Man fühlt in den Worten noch das Beben der einstigen Erfahrung. Und was ist darin erfahren worden. Der Schmerz selbst wie auch seine Linderung sind nicht so wichtig; wir wissen genug von der Psychogenetik körperlicher Zustände, um die Möglichkeit zuzugeben, alles sei ganz »natürlich« zugegangen. Das Erschütternde des Geschehnisses liegt aber gar nicht in dessen Gewicht als solchem, sondern darin, dass der Zusammenhang: »Beieinandersein der Freunde, Schmerz, Bitte an die Anwesenden, Gebet, Linderung« in seiner göttlichen Gefügtheit hervortritt. Die providentielle Sinnfigur wird durchsichtig. Das Alltägliche ist auf einmal »anders«, fremd, schauervoll, und Dinge wie Geschehnisse werden zu »Winken« der göttlichen Hand.
Freilich, solche Augenblicke sind keine Regel, und ihre Klarheit dauert nicht lange. Besonders bei Menschen, die ein schweres Gemüt in sich tragen, ist es zuweilen, als öffne sich plötzlich alles und werde für den inneren Sinn durchsichtig; dann aber zieht sich die Dunkelheit wieder darüber, das Herz wird wie in einem Kerker eingeschlossen, die Worte von Sinn und Führung klingen leer, und die Mühsal des Glaubens beginnt aufs neue.[232]

Das alles beweist, dass die Vorsehung auf eine Zukunft ausgerichtet ist. Im Raum der Erde, in den Ereignissen unseres persönlichen Lebens und im Gang der Geschichte ist sie verhüllt. Erst im Gericht wird sie offenbar. Das heißt: die Vorsehung hat letztlich eschatologischen Charakter. Sie ist auf das Werden der neuen Welt bezogen, welches sich durch den Lauf der alten, vom Menschen verdorbenen hin vollzieht. So ist ihr nicht das Wissen, sondern das Glauben, nicht die nachprüfbare Sicherheit, sondern die Hoffnung zugeordnet.

Beides aber, Glaube wie Hoffnung, bedeuten nicht weniger als Wissen und Sicherheit, sondern mehr. Freilich ein Mehr, das seinen Raum noch nicht litt und sich für die Regel nur in der Weise der Fragwürdigkeit zur Geltung bringen kann.[233]

V.
Die Waage des Daseins[234]

Sonntag, 04.11.1945, München,
Schauspielhaus (Kammerspiele):
»Die Waage des Daseins«.[235]

I

Das Vertrauen der Angehörigen und Freunde Jener, deren Namen über dieser Versammlung stehen, hat mich beauftragt, die Worte des Gedenkens für sie zu sprechen.[236]

Eines Menschen gedenken kann man nur so, dass man sagt, wie er in Wahrheit gewesen ist; es gibt aber verschiedene Wege, um zu dieser lebendigen Wahrheit zu gelangen.

Der erste ist das durch die Liebe geleitete und durch Besonnenheit überwachte Bemühen, seine Persönlichkeit und seinen Lebensgang zu verstehen, immer tiefer ins Eigentliche vorzudringen, bis schließlich sein Wesen zu klarer Anschauung gelangt. Diesen Weg kann ich nicht gehen, denn ich habe die Menschen, deren Gedächtnis wir ehren, nicht persönlich gekannt;[237] weder Aufzeichnungen noch Berichte können ersetzen, was nur die lebendige Begegnung zu offenbaren vermag.

Doch gibt es noch einen anderen Weg, nämlich nach den Ideen zu fragen, denen sie gedient haben, und nach den Werten, durch die sie sich verpflichtet wussten. Auch er führt in ihre Wahrheit; denn der Mensch ist so geartet, dass er ebenso viel aus dem Grundsätzlichen und Ewigen wie aus dem Individuellen und Zeitlichen heraus lebt, oder aber es verrät und vernachlässigt, und dann ist er dadurch bestimmt. Diesen Weg werde ich einschlagen. Von den Menschen selbst wird dabei nicht viel die Rede sein,[238] doch wird der Blick immer auf sie gerichtet bleiben. Und ich hoffe, von dem her, was ich zu sagen habe, wird ein klares Licht auf ihr Wesen und Tun fallen und es so erhellen, wie unser verworrenes Dasein nur vom Ewigen her erhellt werden kann.

Auf welcher Waage wird das Leben eines Menschen gewogen? Nach welcher Ordnung wird die Rechnung gestellt, in der Gewinn und Verlust dieses Lebens hervortreten, und sein letzter Sinn deutlich wird? Der Natur gegenüber kann von keinem Wägen die Rede sein, denn da geht alles, wie es seinem Gesetz nach gehen muss. Beim Menschen aber liegen Tun und Sein in der Hand der Freiheit, und Freiheit bedeutet, dass etwas richtig getan werden kann, aber auch falsch, dass es bewahrt werden kann, aber auch verdorben.

Welches ist also die Waage und welches die Ordnung?

II

Solcher Waagen und Ordnungen gibt es verschiedene, je nach den Bereichen des Daseins.

Eine erste bezieht sich auf die materiellen Dinge. Das Wort ist nicht geringschätzend gesagt, sind doch die Dinge dem Menschen in die Hand gegeben, dass er sie recht brauche, zu seinem Wohlergehen, wie auch zur Erfüllung ihres eigenen Sinnes. Da ist der kleine Bereich, in welchem der Mensch »zur Welt gelangt« und Stand in ihr fasst, das Haus: seine Führung besteht vor allem in der Pflege und dem Gebrauch von Dingen. Aus dem Hause tritt der Mensch in den Beruf: auch dessen Arbeit richtet sich zumeist auf Dinge, ihren Erwerb und ihre Verarbeitung. Noch einmal das gleiche gilt für Gemeinde und Staat: die Dinge bilden Grundlage und Gerüst ihres Bestehens.

Zu seinem größten Teil ist das Leben des Menschen ein Umgang mit den Dingen, und die Ordnung dafür ist die der rechten Verwaltung. Sie wird durch die Verantwortung bestimmt, welche der Mensch für das vielbedürfende Dasein hat, das eigene wie das der anderen. Und durch seine Verantwortung für die Dinge selbst; denn die hat er, auch wenn er oft meint, er könne mit ihnen machen, wozu Habgier und Machtwille ihn treiben. Es gibt eine Anklage, die aus den missbrauchten Dingen aufsteigt. Vergils Wort von den »lacrimae rerum«, den Tränen der Kreatur, welche Gewalt leidet,[239] sind wahrer, als die Unbedenklichkeit des Alltags ahnt. Und es gibt eine Rache der missbrauchten Dinge, im Einzelnen nicht leicht zu verfolgen, weil sie sich auf verborgenen Bahnen und in unmerklichen Bewegungen vollzieht. Aber wir empfinden sie in dem beunruhigenden Gefühl, dass die wirtschaftlichen und gesellschaftlichen Verhältnisse nicht in Ordnung sind, bis sie sich in Katastrophen offenbart, die niemand mehr übersehen kann.

Auf Grund dieser Ordnung wird das Tun gewogen. Das Maß sind Redlichkeit, Treue und Umsicht, unscheinbare, mühevolle, aber lebenbegründende Tugenden. Der heilige Benedikt von Nursia, den man Vater des Abendlandes genannt hat, weil er zu jenen gehört, die das Erbe der alten Welt herüberretteten und das Chaos der Völkerwanderung zur neuen Gestalt bewältigten,[240] sagt im einunddreißigsten Kapitel seiner Regel, der

Cellerar, der über Hab und Gut des Klosters gesetzt ist, müsse die Dinge ansehen »quasi vasa altaris«, wie die Gefäße des göttlichen Dienstes.[241] Die Worte enthalten gewiss keine Überschätzung des Besitzes, stehen sie doch in der nämlichen Regel, welche die ihr Gehorchenden zur letzten Loslösung führt. Ihr Idealismus ruht aber auf dem Wirklichkeitssinn des Römers, der wusste, von welchem Fundament täglicher Gewissenhaftigkeit der Aufstieg ausgehen muss, wenn er wirklich zur Höhe des Ungewöhnlichen gelangen soll. Das kommt uns Heutigen sehr nahe, denn wieder ist die Gestalt der Zeit erschüttert, und der Mensch preisgegeben, und die Not so groß, dass keiner weiß, wie die wenigen Dinge, welche zur Verfügung stehen, nach den Worten des Evangeliums ausreichen sollen »für so viele«.

Diese Ordnung ist ohne weiteres zu durchschauen – obgleich sie in tieferen Schichten wurzelt, als man wohl meint. Denn der Mensch wird den materiellen Dingen mit bloß materieller Gesinnung nicht gerecht. Sie aber haben Macht der Empörung in sich und erheben sich wider den, der sich seiner Verantwortung gegen den Geist entzieht. Trotzdem ist die Ordnung, von der wir reden, ohne weiteres zu durchschauen. Sie ruht auf der Natur des Geschaffenen, auf Treue und Besonnenheit, und bewährt sich im Gedeihen der menschlichen Verhältnisse. Es ist etwas Großes, Haushalter des Daseins zu sein.

Unter diesem Gesichtspunkt wäre aber von den Menschen, derer wir hier gedenken, kaum viel zu sagen. Ich weiß nicht, wie sie mit ihrem Hab und Gut umgegangen sind; doch waren sie fast alle jung; so hätten sie wahrscheinlich für ein schönes Buch oder einen frohen Tag hingegeben, was etwa für Speise und Kleidung nötig gewesen wäre. Und sie wären nicht zu tadeln gewesen, ist es doch das Vorrecht des jungen Menschen, glauben zu dürfen, vor dem Geist und dem Leben habe die Vernunft der Dinge kein Gewicht.

III

Eine zweite Ordnung ist die der Tat und des Werkes: der Tat, welche entdeckt und erobert, unternimmt und gestaltet, Not bewältigt und Rettung vollzieht; des Werkes, das die Beziehungen der Menschen ordnet, Hoheit und Recht begründet, Wissenschaft und Kunst hervorbringt. Das nicht zu vergessen, was immer wieder in den Strom des Lebens eingeht und nicht mehr unterschieden werden kann und deutlich erst wird in der Offenbarung alles Menschlichen am Ende der Zeit: die Liebe in all ihren Weisen, das Hüten und Entfalten, Lösen und Befreien, Helfen und Heilen. Alles das geht aus der Kraft der Freiheit, aus der Tiefe des Geistes, aus den Quellen des Herzens hervor – und andererseits aus den Möglichkeiten der Geschichte und der Forderung der Stunde. Es steht in einer Ordnung, vom schlichten Alltag hinaufreichend bis zur Höhe des Helden und des Genies; in der Ordnung der rechten Tat und des reinen Werkes, getan und geschaffen so, wie nicht Ehrgeiz noch Vorteil es nahelegen, sondern wie die Sache selbst fordert.

Hier werden andere Tugenden verlangt: Mut, der den geschützten Bereich verlässt und ins Offene geht, weil er einen Ruf vernimmt; Anfangskraft, welche das Bekannte aufgibt und das Neue wagt, weil es sie von innen her drängt; Bereitschaft, die sich dem zur Verfügung stellt, was noch nicht ist, aber werden soll. So gibt es auch ein Gewicht, nach welchem der Mensch und sein Tun gewogen wird: ob er wach ist und vernimmt, was aus dem Raum des Möglichen her ruft; ob er rein ist im Geiste, und den Ruf nicht mit den Wünschen der Selbstsucht vermischt; ob er bereit ist, die Ängste und Schmerzen des Werdens auf sich zu nehmen.

Die Vorgänge dieses Bereiches sind nicht so leicht zu verstehen wie jene des ersten, weil es um das geht, was erst werden soll; weil es um das Große geht, nicht in Zahlen, sondern in einem inneren Adel bestehend, der einer einfachen Gebärde eigen sein kann, und fehlen, wo sich Massen und Millionen breit machen. Aber auch sie haben ihre Vernunft, weil sie ihre Ordnung haben. Die Vernunft ist ja nicht das kümmerliche Wesen, als das sie oft hingestellt wird. Sie ist so weit wie die Welt. Sie ist die Fähigkeit, die Ordnungen des Daseins nachzudenken. So kann sie auch die der Tat und des Schaffens erkennen, nur dass sie dazu einer ernsteren und tieferen Bemühung bedarf und immer wieder der Gefahr unterliegt, das Ungewöhnliche als abwegig anzusehen. Wie fremd ist der durchschnittlichen Denkweise das Leben eines

Forschers, der Genuss und Gesundheit vergisst, um eine noch unbekannte Wahrheit zu finden! Wie unsinnig die Leidenschaft eines Künstlers, der sich für sein Werk verzehrt! Wie unverständlich die Gesinnung eines von geschichtlicher Stunde Gerufenen, der tut, was sie fordert, auch wenn er dabei untergeht! Und wie töricht ist für den unberührten Beobachter das Verhalten des Liebenden, dem ein anderer Mensch sein Leben anvertraut hat oder der sich durch die Not der Verlassenen verpflichtet fühlt! Auch hier ist Ordnung, strenger als die der materiellen Dinge; unerbittlicher in ihren Folgen, wenn sie verletzt, reicher an Fruchtbarkeit, wenn sie erfüllt wird – durchsichtig freilich nur für den, der ihr selbst zugehört.

Die Menschen, derer wir gedenken, haben in dieser Ordnung gestanden. Sie gehörten zur Welt der Universität, trotz allem einer der vornehmsten, die es gibt, weil sie nur der Wahrheit verpflichtet ist. In den vergangenen Jahren hat man sie entwürdigt. Man hat ihr Verhältnis zur Wahrheit verdorben und damit ihr Wesen zerstört. Man hat sie zum Mittel für politische Zwecke gemacht. Die Geschwister Scholl und ihre Freunde wollten, dass die Universität wieder werde, was sie sein soll: eine lebendige Gemeinschaft in der Hingabe an die Wahrheit, und dafür haben sie alles gewagt.

Darüber hinaus aber ging es ihnen um die Ehre des deutschen Volkes, um sein geistiges Leben, um seine wahre Berufung. Darum haben sie sich gegen die Erniedrigung und Zerstörung aufgelehnt, die ihm von jenen widerfuhr, welche sich seine Führer nannten, und ihre Tat, vom realistischen Standpunkt aus gesehen ohnmächtig, vielleicht sogar töricht, trägt diesen Sinn in sich und ist zu einem Symbol menschlichen Adels geworden.

IV

Wir haben von zwei Bereichen des Lebens gesprochen: von den Dingen und ihrer Ordnung, verwirklicht in der Treue der verwaltenden Arbeit; vom schöpferischen Tun und seiner Ordnung, verwirklicht im Gehorsam gegen den inneren Ruf. Beide

Bereiche haben ihre Probleme und ihre Nöte. Sie sind umso schwerer zu verstehen, je größer ihre Aufgaben werden; trotzdem sind sie aus sich heraus verständlich, weil sie im Wesen der Dinge und des Lebens begründet sind. Darin sind sie auch gewährleistet, und wer ihre Ordnung vollzieht, stützt sich auf diese Gewähr. Es gibt aber noch eine andere Ordnung, die nicht in Welt und Leben begründet ist; nicht von deren Wesen her gewährleistet und daher auch nicht von ihm her zu verstehen noch zu rechtfertigen. Ihr Ursprung liegt im Herzen Gottes. Sie wurde in die Welt hineingetragen durch Jesus Christus. In Ihm ist ihr Sinn begründet, und nur von Ihm her kann sie erkannt werden.

Man könnte einwenden, diese Dinge gehörten nicht hierher; wir haben aber von der Wahrheit zu reden, aus welcher die Menschen, derer wir gedenken, gelebt haben, und der Herzbereich dieser Wahrheit liegt hier. So würden wir ihrem eigenen Willen widersprechen, wenn wir von ihm schwiegen.[242]

Also müssen wir von Christus sprechen und fragen, als wen wir Ihn anzusehen haben, damit die Ordnung deutlich wird, die Er begründet hat. Er ist nicht ein Großer in der Reihe großer Menschen, nicht einmal der Größte unter allen, sondern Jener, in welchem Gott zu den Menschen gekommen ist. Und gekommen nicht so, wie Er es in jedem edlen Herzen, in jedem hohen Geiste tut, sondern in einer Weise, welche selbst schon die ganze Andersartigkeit offenbart, um die es hier geht, sie – um das Wort zu brauchen, das Er selbst ausgesprochen hat – offenbart bis zum Ärgernis. In Christus ist der Sohn Gottes, der keines Dinges bedarf und von keiner Notwendigkeit bestimmt wird, in die Zeitlichkeit eingetreten und Mensch geworden. Das aber hat Er getan, um die Welt, die sich wegverloren hatte, in der Liebe seines Herzens zum Vater zurückzuwenden und sie zu einem neuen Leben zu führen.

Hier ist nicht Größe im natürlichen Sinne; weder Kühnheit menschlichen Heldentums noch Geheimnis irdischer Schöpferschaft. Alles wird verfehlt, wenn man mit den Maßstäben arbeitet, die aus unserem unmittelbaren Dasein stammen. Hier ist etwas, dessen Wesen nur aus ihm selbst her verstanden werden kann: das Handeln der Liebe. Nicht jener, von welcher Philosophen und Dichter sprechen, und hießen sie Platon oder Dante, sondern einer Liebe, die in Gott beginnt und macht, dass der Ewig-Erfüllte, welcher wäre, was Er ist, auch wenn nicht Welt noch Menschen wären, sich hingibt, um den Menschen in sein eigenes Leben emporzuheben. Wenn einer behauptet, er verstehe das, so mag er sich wohl prüfen; vielleicht weiß er gar nicht, wovon er spricht. Das wirkliche Verständnis beginnt mit der Beunruhigung durch das Unerhörte. Es setzt sich fort in der Einsicht, dass dieses scheinbar Unsinnige den letzten Sinn von allem bildet. Es vollendet sich in der Hingabe des Glaubens an das, was über allem Irdischen ist.

Das ist durch Jesus Christus geschehen, und so geschehen, dass damit ein neues Dasein begann. Glauben aber heißt, sich in diesen Beginn zu stellen: die Gesinnung Christi als die wahre anzusehen; die Wirklichkeit, die Er verkündet, als die endgültige zu nehmen; mit der Kraft, die Er selbst gibt, im eigenen Leben das Seine nachzuvollziehen.

Im innersten Kern dieses Lebens steht das Opfer. Aber wir müssen wieder unterscheiden, und Sie dürfen sich dieses beständige »nicht so, sondern so« nicht verdrießen lassen. Denn für die Menschen, derer wir gedenken, war die Unterscheidung der wesentlichen Dinge ein wichtiges Anliegen. Sie waren bemüht, die grenzenlose Verworrenheit der Begriffe, die furchtbare Entstellung und Verschmutzung der geistigen Werte, wie sie überall eingerissen war,[243] zu überwinden, die Wesenheiten in ihrer blanken Wahrheit herauszuheben und die Ordnungen des Daseins so aufzurichten, wie sie wirklich sind. Daher muss auch klar sein, was hier, da wir uns dem Innersten nähern, »Opfer« bedeutet. Gewiss ist keine große Tat, kein echtes Werk, keine lautere menschliche Beziehung möglich, ohne dass der Mensch das Seinige hineinwagt. Der Sinn solcher Hingabe liegt aber im Wesen des Lebens selbst, im Gesetz des »stirb und werde« begründet, und noch die letzte Entäußerung wird von dorther gerechtfertigt und gesichert. Jene Hingabe aber, welche das Leben Christi durchzieht und sich in seinem Tode vollendet, ist etwas anderes. Er stand im irdischen Dasein und zugleich außerhalb seiner, zwischen Zeit und Ewigkeit gleichsam, und dort, in der letzten Einsamkeit, dem Vater allein verantwortlich und von

Ihm allein erkannt, trug Er die Sache der Welt aus. Sein Opfer ist es, welches der Glaubende, jeder nach seiner Weise und seinem Maß, im eigenen Leben nachzuvollziehen hat.

Daraus gewinnt er eine letzte, nicht mehr anzutastende Freiheit. Niemand würde eine Tat wagen, von der völlig klar wäre, dass sie misslingen müsse, denn die Rechtfertigung jeder Tat liegt schließlich doch in der Wirkung, welche sie im Gefüge des Lebens und im Gang der Geschichte vollbringt. Niemand würde ein Werk beginnen, wenn feststünde, dass es nicht geraten wird, denn was soll eine Schöpfung, die sich nicht vollenden darf? So ist alles Tun und Schaffen von den Möglichkeiten abhängig, welche Welt und Leben ihm geben, und darin bleibt es gebunden. Jenes Opfer hingegen, das der Glaubende im Mitvollzug der Gesinnung Christi bringt, hofft zwar auch, es werde im unmittelbaren Leben seine Wirkung tun dürfen – wie sollte es diese Hoffnung aufgeben? –, es ist aber nicht von ihrer Erfüllung abhängig, denn sein eigentlicher Sinn liegt anderswo. Es kann misslingen, es kann ohne jede erkennbare Wirkung im Gefüge des Daseins bleiben, es kann im Dunkel der Unbekanntheit untergehen – das alles hebt seinen eigentlichen Sinn nicht auf. Im letzten wird es vollzogen vor Gott allein, Seinem Wissen anvertraut und Seiner Hand anheimgegeben, dass Er es in die große Rechnung der Welt einfüge, wo Er will.

Dieses Handeln ist aus irdischen Voraussetzungen allein nicht zu verstehen, weder aus einer Ethik der Selbstlosigkeit noch aus einer Philosophie des Schaffens und der Geschichte. Es lebt aus dem Glauben an den neuen Anfang, der sich in Christus aufgetan hat, und ist ebenso »Ärgernis und Torheit«, wie Sein Handeln selbst es gewesen ist.

In Wahrheit wird aber das menschliche Dasein von ihm getragen. Dem Individualismus früherer Zeit gegenüber haben wir gelernt, was Gemeinschaft heißt, doch wissen wir von ihr vielleicht noch nicht genug. Sie reicht tiefer, als wir meistens annehmen. Es gibt jenen Zusammenhang, der aus unser aller Abhängigkeit von den materiellen Dingen stammt. Sollten wir ihn vergessen haben, dann bringt die Not unserer Tage, die ans Leben geht, ihn uns in einer Weise nahe, die nicht übersehen werden kann.

Es gibt die Verbundenheit im Gewebe der Taten und Werke. Wiederum ist es gerade unsere Zeit, die jeden, der lernen will, gelehrt hat, wie die Tat des Einen zum Schicksal für Alle wird, im Bösen, aber auch, Gott Dank, im Guten. Und was die Werke des Geistes anlangt, der Erkenntnis, der Ordnung und der Schönheit, so sind sie von Strömen gespeist, die aus dem Leben Aller kommen und werden ihrerseits zu Quellen, bereit, jeden Becher zu füllen, der sich ihnen entgegenhält.

Dann aber gibt es noch eine andere, letzte Gemeinschaft, die aus der Tat Christi entspringt, von welcher die Rede war. Glauben heißt, sich auf diese Gemeinschaft verlassen; Liebe, sie lebendig mittragen. Sie geht, der alltäglichen Erfahrung entzogen, unter unserem Dasein hin. Keiner weiß, aus welchen Überwindungen ihm Kraft zuströmt. Niemand kann sagen, wo die Lösung durchlitten worden ist, die sein Leben ins Freie führt. Und keine Wissenschaft vermag festzustellen, auf welche Sühnungen hin einer Zeit die Gnade des neuen Beginns gewährt wird, die sie dann so selbstverständlich in Anspruch nimmt.

In der Tiefe dieser Gemeinschaft sind die letzten Motive entsprungen, welche das Leben Jener, deren Andenken wir ehren, bestimmt hat.

Damit soll nichts Verstiegenes behauptet sein. Sie waren natürliche Menschen, die ihr Leben kräftig lebten; sich des Schönen freuten, das es ihnen schenkte, und das Schwere trugen, das es ihnen auferlegte. Sie schauten gerade in die Zukunft, zu tüchtigem Werk bereit und auf die Verheißungen hoffend, die in der Jugend liegen. Aber sie waren Christen aus Überzeugung. So standen sie im Raum des Glaubens, und die Wurzeln ihrer Seele reichten in jene Tiefen hinab, von denen gesprochen worden ist. In welcher Weise ihnen die letzten Sinngebungen zu Bewusstsein gekommen sind, haben wir hier nicht zu untersuchen. Dass es geschehen ist, und sei es auch durch Verhüllungen und Vermittlungen hindurch, ist gewiss.

So haben sie für die Freiheit des Geistes und die Ehre des Menschen gekämpft, und ihr Name wird mit diesem Kampf verbunden bleiben. Zuinnerst aber haben sie in der Strahlung des Opfers Christi gelebt, das keiner Begründung vom unmittelbaren Dasein her bedarf, sondern frei aus dem schöpferischen Ursprung der ewigen Liebe hervorgeht.

Anhang

Zum Geleit[244]

Im Wintersemester 1954/55 beschloss der Hohe Akademische Senat der Ludwig-Maximilians-Universität zu München[245] einstimmig, nachdem zuvor sämtliche Fakultäten und der gesamte Asta in der gleichen Einmütigkeit ihre Zustimmung gegeben hatten, den Freiheitshelden unserer alma mater monacensis,[246] den Studenten *Willi Graf, Hans Leipelt, Christoph Probst, Alexander Schmorell, Hans* und *Sophie Scholl*, die beraten und geführt waren von dem tapferen Professor *Kurt Huber*, ein Denkmal zu setzen. Noch im Laufe des Sommersemesters 1955 wird ein Preisrichterkollegium zu entscheiden haben, welcher der eingegangenen bildhauerischen Entwürfe für die endgültige Gestaltung dieses Denkmals verwendet werden soll. So wird das Gedenken an die beispielhafte Tat dieser jungen Menschen auch im Stein verewigt werden. Darüber hinaus schien es uns aber wesentlich, den studentischen Generationen, die in den nächsten Jahren und Jahrzehnten zu uns kommen, die Geschichte jener Zeit und den dramatischen Ablauf dieses Geschehens an unserer Universität im lebendigen Wort festzuhalten, um ihnen einen Begriff von der Bedeutung des Opfertodes deutscher Studenten in ihrem einsamen Kampfe um die Freiheit zu geben. Gern nahm ich deshalb die Anregung des Vorsitzenden des ASTA, cand. jur. *Joseph Höss*, auf, jedem neu immatrikulierten Studenten unserer alma mater eine Schrift zu überreichen, in der zunächst *Inge Scholl-Aicher* – die Schwester der Geschwister *Scholl* – den Gang der damaligen Ereignisse erzählt. Daran anschließend bringen wir jene Gedenkschrift, die vor einigen Jahren in seiner einmaligen Sprache *Romano Guardini* verfasst hat. Möge dieses Heft in die Hände aller Studenten gelangen, die je an der alma mater monacensis studieren, möge vor allem der mahnende Inhalt den Weg in ihre Herzen finden, damit in Zukunft jeder junge akademische Bürger trachte, ein verantwortungsbewusster Hüter und, wenn es sein muss, ein opfermutiger Kämpfer für die Freiheit zu sein! Wenn die Schrift so verstanden würde, wäre das Opfer unserer Helden nicht umsonst gewesen.

Prof. Dr. Alfred Marchionini[247]

In den Tagen des Nazitums wurde die Universität München Ausgangspunkt und vornehmlicher Sitz einer studentischen Widerstandsbewegung gegen Unfreiheit und Staatsallmacht.

Den Gedanken an die mutige und verantwortungsbewusste Opfertat einiger Weniger wachzuhalten ist der Zweck dieser Schrift, die in Zukunft jedem neu an die Universität München kommenden Kommilitonen überreicht werden soll.

Heute ist jene schreckliche Zeit der schrankenlosen Willkür des Staates und des grausamen Ausgeliefertseins des einzelnen in weiten Kreisen wieder in Vergessenheit geraten. In behäbiger Zufriedenheit satten Wohlergehens ist es unbequem, an diese unfreundliche Vergangenheit zu denken – oder daran, dass heute noch im abgetrennten Teil unseres deutschen Vaterlandes Persönlichkeitswert und persönliche Freiheit mit Füßen getreten und der Staat zum Selbstzweck gemacht wird.

Der Mensch kann nur in Freiheit wirklich leben. Dass er dies kann, dafür tragen gerade wir Studenten eine große Verantwortung. Die Geschwister Scholl und ihre Freunde sind uns mahnende Verpflichtung.

cand. jur. Joseph Höss[248]

Es lebe die Freiheit
von Inge Scholl[249]

Es war in jenen milden Vorfrühlingstagen des Jahres 1943, der Schnee war geschmolzen und man spürte die Kraft des Frühlings, aber man konnte ihr nicht voll vertrauen. In Russland war noch Winter, und fast jeder wusste von jemandem, der in die grauenvolle Verbindung von russischem Winter und Krieg, ja von Rückzug verwoben war. Stalingrad lag in den Gliedern, denen, die es nicht fassen konnten, und denen, die wussten, dass es so kommen musste, vor allem jenen, die sehr lange keine Post von diesem Abschnitt erhalten hatten.

Damals fielen die letzten Flugblätter meiner Geschwister. Ihr Aufruf war, mit dem äußeren Schicksal auch eine innere Umkehr zu verbinden: »Der deutsche Name bleibt für immer geschändet, wenn nicht die deutsche Jugend endlich aufsteht, rächt und sühnt zugleich, ihre Peiniger zerschmettert und ein neues geistiges Europa aufrichtet. Studentinnen, Studenten! Auf uns sieht das deutsche Volk! Von uns erwartet es die Brechung des nationalsozialistischen Terrors aus der Macht des Geistes! Beresina und Stalingrad flammen im Osten auf, die Toten von Stalingrad beschwören uns!«

So steht in diesem letzten Flugblatt, das die beiden am 18. Februar 1943 durch den Lichthof der Universität München abwarfen, kurz bevor sich die Hörsäle öffneten. Es sollte ihre letzte Aktion sein. Der Pedell hatte sie entdeckt, und die rasch alarmierte Gestapo nahm sie in Haft. Damit war ihr Schicksal mit dem ihres Freundes Christoph Probst besiegelt.

Vier Tage später, am 22. Februar schon, fand unter dem Vorsitz von Freisler der Prozess des Volksgerichtshofes statt. Alle drei wurden zum Tode verurteilt. Wenige Stunden später wurde das Urteil vollstreckt. Das Herz einer Widerstandsgruppe, die seit Monaten Flugblätter unter dem Namen »Die Blätter der weißen Rose« hergestellt und in den größeren deutschen Städten des Südens und Westens verbreitet hatte, war tödlich getroffen.

Mit den drei Todesurteilen schien der Fall zunächst beigelegt. Hans und Sophie hatten während der Gestapoverhöre mit all ihren Kräften versucht, alles Belastende auf sich zu nehmen und so die Freunde zu decken. Kurz darauf aber begann eine neue Verhaftungswelle, die etwa 80 Personen erfasste. In einem zweiten Prozess in der Karwoche 1943 wurde über Kurt Huber, Professor der Philosophie, und die Medizinstudenten Willi Graf und Alexander Schmorell das Todesurteil gesprochen. Zahlreiche andere Personen wurden zu hohen Gefängnisstrafen verurteilt. Die Fäden, die bereits zu anderen Universitäten, wie Freiburg, Hamburg und Berlin, gesponnen waren, um auch dort Widerstandszentralen zu gründen, waren zerrissen. Ein Jahr später noch wurden zwei weitere dem Kreise Nahestehende umgebracht: der Chemiestudent Hans Carl Leipelt und Harald Dohrn, der Schwiegervater von Christoph Probst. Dieser wurde noch kurz vor Kriegsende von SS-Leuten in einem Wald bei München erschossen.

Es ist nicht die Absicht dieser Zeilen, die Details der Geschichte zu schildern, es erscheint wesentlicher, etwas über die Haltung jener Menschen zu sagen, an der vielleicht Anzeichen einer neuen Mentalität sichtbar werden.

Was waren das für Menschen, die sich zusammenfanden, sich zum aktiven Widerstand entschlossen hatten und dafür mit dem Leben bezahlten? Das Motiv dieses Handelns war keine Weltanschauung, keine Partei, keine Ideologie, keine Utopie, die ihnen vor Augen schwebte, und kein Befehl. Ihr Verhalten kam aus dem einfachen Bezug zu dem, was täglich passierte und was passiert war. Sie waren Studenten, wie nur Studenten sein können: intellektuell und ausgelassen, wach, aufgeschlossen und schönheitsliebend, aber die Kultur hatten sie nicht verstanden als eine Form, das Leben nur zu goutieren, und die Wissenschaft nicht als eine Methode, alles zu registrieren – und dabei sich selbst aus dem Spiel zu lassen. Ihr Beruf, dem sie zustrebten, konnte sie nicht so restlos in Anspruch nehmen, dass sie ihm das Interesse und die Teilnahme an all dem geopfert hätten, was außerhalb seines Bereiches lag.

Sie misstrauten jener Unverbindlichkeit und falschen gesellschaftlichen Bescheidenheit, die immer andere als die Berufeneren und Maßgeblicheren betrachtet. Sie waren Intellektuelle, wussten aber, dass erst das Tun den Sinn aufschließt und Wege öffnet, zu denen man durch Diskussion oder Reflektion allein keinen Zugang findet.

Die Versuchungen sind groß, sich in die Unverbindlichkeit zurückzuziehen, man studiert um des Berufes willen, mit Kultur richtet man sich gewissermaßen sein Zimmer ein. Man ist an allem interessiert und überlässt alles, was nicht einen selbst angeht, den anderen. Das war vielleicht die entscheidende Leistung dieser Menschen, dass sie die Unverbindlichkeit abgelegt hatten. Sie lebten auf das Ganze hin – nicht, weil es ihnen gesagt oder befohlen worden war, sondern, weil sie offen waren.

Obwohl Hans und Sophie Scholl eine Zeitlang in der Hitlerjugend aufgewachsen waren, brachten sie nicht das intellektuelle Kunststück fertig, ideologische oder »völkische« Rechtfertigungen zu suchen, wenn jemand ins KZ abgeholt wurde, weil er seine Meinung gesagt hatte oder weil er einer anderen Rasse angehörte. Obwohl sie eine Zeitlang an den »Führer« geglaubt hatten, blieben seine Untaten Untaten, statt Ausdruck von Macht und Klugheit zu werden, und selbst, wo sie Gegner des Dritten Reiches trafen, wussten sie abzuwägen, was da leere Worte waren. Wo von großen geistigen Linien gesprochen wurde, schauten sie auf das Schicksal des geringsten Menschen, wo klingende Worte ertönten, blickten sie nach den Taten, wo man von Größe sprach, sahen sie aufs konkrete Kleine, wo vom Volk die Rede war, betrachteten sie den Einzelnen. Sie witterten die Hohlheit eines Idealismus, der um eines angeblich großen Fernzieles willen das Naheliegende missachtete und das Leben ringsum zertrampelte. So wurde das Menschliche offenbar. Sie ließen sich nicht den Maßstab verfälschen. Wenn man so lebt, sind Volk, Freiheit und Demokratie keine hohlen Worte; die Nation wird an dem sichtbar, wie sie sich benimmt, die Freiheit an den realen Freiheiten, die noch möglich sind, und die Demokratie an der tatsächlichen Möglichkeit, seine Meinung zu sagen und an der Gestaltung des öffentlichen Lebens mitzuwirken.

Diese einfachen, lebendigen Prinzipien waren die Quelle ihres Widerstandes, daraus erwuchs ihnen Stärke und Sicherheit für ihr Handeln und in ihrer Todesstunde, so dass alle, die ihnen noch begegneten, von ihrem strahlenden Mut betroffen wurden. So konnte die kleine Sophie ruhig und mit einem triumphieren- den Glanz in den Augen zum Schafott gehen und Hans mit dem Ruf »Es lebe die Freiheit« sein Haupt auf den Block legen. So durfte Professor Huber abschiednehmend in sokratischer Hal- tung den Tod die Reinschrift seines Lebens nennen, stellvertre- tend für seine jungen Schicksalsgenossen.

Stellvertretend und als Sprecher für unzählige unterdrückte Auf- rechte in Deutschland, denen der Terror den Mund verschloss, so empfanden die Sechs ihr Tun, und als Gegengewicht gegen das Grauenvolle, das im Namen ihres Volkes in jenen Jahren seiner tiefen politischen Umnachtung getan wurde – von dem namenlosen Leid der Juden bis zu jener Unmenschlichkeit, die in Namen wie »Oradour«[250] nachklingt – so verstanden sie das Opfer ihres jungen und hoffnungsvollen Lebens.

VI.
Zum Beginn der Vorlesungen in Tübingen[251]

Donnerstag, 15. November 1945, Tübingen, Universität.[252]

ROMANO GUARDINI

DER TOD

DES

SOKRATES

Romano Guardini, Der Tod des Sokrates, Ausgabe von 1947

Es ist wohl erlaubt, zu Beginn dieser Vorlesung, mit welcher ich meine Lehrtätigkeit an der hiesigen Universität anfange,[253] etwas Grundsätzliches zu sagen.

Im Frühjahr 1939 wurde der Lehrstuhl, den ich durch sechzehn Jahre an der Berliner Universität innegehabt hatte, vom Preußischen Kultusministerium aufgehoben. Die Begründung, welche mir der Referent für die Maßnahme gab, lautete: »In einem Staat, der selbst eine Weltanschauung vertritt, hat eine Professur für christliche Weltanschauung keinen Raum.«[254]

Es hätte keinen Sinn gehabt, zu erwidern, auf der Universität gehe es nicht um irgend eine Weltanschauung, welche die gerade machthabende Staatsführung zu vertreten für gut halte, sondern um ein Wahrheit; denn da stand das Dogma vom Primat der Politik und sagte, es gebe keine in sich gültige Wahrheit, sondern nur Wirksamkeit, was aber bewirkt werden sollte, bestimmte der Staat. Noch weniger Sinn hätte es gehabt, zu erwidern, es gebe nicht nur den Staat, genauer gesagt, seine jeweiligen Vertreter, sondern auch die Überzeugung lebendiger Menschen, und zwar vieler und wahrscheinlich nicht der schlechtesten in Deutschland, und die habe ein Recht, an der vom ganzen Volke getragenen Universität zu Worte zu kommen. Dem stand wieder ein Dogma entgegen, <das Gegenstück des ersten, und sagte, von »Überzeugung« zu reden, sei Liberalismus; bei harmloser Beurteilung romantische Aufrechterhaltung von etwas Überholtem; bei ernsthafterer hingegen Sabotage der Einheitlichkeit des Staatswillens.>[255]

So standen damals die Dinge.

Nun darf ich, durch das Vertrauen der Tübinger Universität und des württembergischen Kultusministeriums gerufen,[256] wieder mit meiner Lehrtätigkeit beginnen. Fast hätte ich gesagt, genau dort beginnen, wo ich in Berlin aufgehört habe; doch ist die zwischen damals und heute liegende Zeit allzu mächtig durch Leben und Denken gegangen, als dass man so sprechen dürfte. Sie hat, besonders für meine Generation, die ja schon eine lange Arbeit hinter sich hatte, eine bis auf den Grund gehende Erprobung bedeutet. Die Grundlage, auf welcher diese Arbeit aufgebaut, die Maßstäbe, nach denen sie getan und der Geist, durch den sie getragen worden war, wurde durch sie unter eine scharfe

Prüfung gestellt. Ich glaube, sagen zu dürfen, dass ich mich ihr nicht entzogen habe – aber auch, dass ich nichts Wesentliches zu ändern hatte. So fährt die neue Arbeit mit dem fort, was im Frühjahr 1939 abgebrochen wurde – freilich so, dass die dazwischen liegende Zeit überall ihr Wort mitspricht.

Es ist mir eine tiefe Freude, an der Universität, der ich schon zweimal vor zweiundvierzig und vor neununddreißig Jahren, als Student angehört habe,[257] lehren und ihr so meinen Dank für nie zu vergessende Förderung abstatten zu dürfen.

Ich tue es nicht als Fachgelehrter. Diese Feststellung hat nichts mit jener törichten Überheblichkeit <gemein>[258], welche Halbgebildete aller Art, besonders in den letzten Jahren, der Fachwissenschaft gegenüber zur Schau trugen. In Wahrheit ist die Fachwissenschaft mit ihrer Redlichkeit, Ordnung und Strenge die Grundlage der Universität. So stehe ich ihr mit der ganzen Hochschätzung gegenüber, die ihr zukommt, sie ist aber nicht meine Aufgabe. Diese besteht in der Frage, was von einem bestimmten Standorte aus, nämlich dem Glauben an die christliche Offenbarung, als »Welt« sichtbar wird; und im Bemühen, das Gesehene in methodisch geordneter Weise zu sagen.[259] Die besonderen Gegenstände dieses Sehens und Sagens wechseln. Es kann sich einmal um ein philosophisches Phänomen, ein andermal um eine Dichtung, ein drittes Mal um eine Gestalt der Geschichte handeln. Dafür bestehen keine fachlichen Bindungen, weil es ja wesentlicherweise nicht um den besonderen Gegenstand als solchen, sondern um den an ihm sich öffnenden Weltaspekt geht.

Das hat nichts mit Popularwissenschaft zu tun. Ihr geht es durchaus um die einzelnen Sachbereiche; nur dass sie diese, ohne eigene forschende oder schaffende Beteiligung, pädagogisch dem Verständnis ungeübter Hörer anpasst. Mein Lehrauftrag hingegen enthält die Aufgabe echten Forschens, bemüht, am jeweiligen Gegenstande festzustellen, was <vom Glauben her>[260] als »Welt« sichtbar wird, und den Inhalt dieses Sehens in entsprechender Weise auszusprechen. Damit steht er unter der gleichen Verantwortung, welche die ganze Universität bestimmt: mit der vom Gegenstand geforderten Methode nach der Wahrheit zu suchen.

Diese Arbeit ist nötig, um der Einheit des Geistes willen. Wenn die Halbbildung der vergangenen Jahre den Sinn für Echtheit und Rang derart zerstören, und die Propaganda das Urteil in den Fragen des Daseins derart verwirren konnte, wie es geschehen ist, dann nicht zuletzt deshalb, weil die Vielheit der fachwissenschaftlichen Erkenntnisse nicht mehr von beherrschenden Ideen durchdrungen verbunden, Mitte und Maß, Bild und Richtung verloren waren. Die Verantwortung dafür trifft auch, ja in besonderer Weise die Universität. »Universitas literarum« bedeutet ja doch nicht, dass sie alle Fachwissenschaften pflegt, sondern dass sie die Ganzheit des Geistes vertritt. Schon seit langem ist sie – wenn sie es je war – nicht mehr universal im Sinn der Vollständigkeit, weil für große Gebiete, vor allem die technischen, eigene Forschungs- und Lehranstalten entstanden sind. Dadurch wird aber ihre Aufgabe, die lebendige Einheit des Geistes zu wahren, sie in der Auseinandersetzung mit den Problemen der Teilforschung sowohl wie mit den Bewegungen der Zeit <immer wieder>[261] zu prüfen und zu vertiefen, nur noch wichtiger.

Diese Aufgabe wird denn auch[262] neu erkannt. An unserer Universität dienen ihr verschiedene Bemühungen und Einrichtungen;[263] ihr soll auch die Lehrtätigkeit dienen, zu der ich gerufen worden bin.

VII.
Unsere Verantwortung für die Sprache[264]

Freitag, 14. 12. 1945, Tübingen:
»Unsere Verantwortung für die Sprache«.[265]

Romano Guardini auf einem Kongress des Centre de Pastorale liturgique in Lyon (»Le jour du seigneur«, 17.–22. September 1947). Er hielt in diesem Rahmen einen Vortrag über die Bedeutung des Sonntags (»Le jour sacré dans l'histoire du salut«, dt. 1948 »Der Tag des Herrn in der Heilsgeschichte«)

Die Sprache ist etwas, das uns geschenkt wird. Wir werden in sie hineingeboren, wachsen in ihr auf, werden durch sie geformt. Sie verbindet sich mit unserm Erleben, unserm Wissen, unserer ganzen Persönlichkeit. So bewegen wir uns in ihr mit der gleichen Selbstverständlichkeit wie in der Luft, die wir atmen, oder in dem Land, das unsere Heimat ist. Zugleich ist sie uns aber anvertraut. Sie ist verletzlich, kann gedeihen oder Schaden leiden. So sind wir für sie verantwortlich, sollen sie in Ehren halten, bewahren und, für unsern kleinen Teil, weiterbilden.

I

Um diese Verantwortung tiefer zu verstehen, müssen wir zuerst fragen, *was denn die Sprache ihrem Wesen nach ist, und welche Bedeutung* sie für den Menschen hat.[266]
Der *Naturalismus* versucht sie aus der Natur zu erklären. Er sagt, sie sei aus den Lauten entstanden, welche das Leben des Tieres begleiten. Wenn z. B. ein Tier merkt, dass sich etwas Feindliches nähert, stößt es einen Laut des Schreckens aus und flieht. Dieser Schreckenslaut wird von andern gehört, verbindet sich in ihrer Erinnerung mit dem Gefühl der Gefahr und gewinnt so eine feste Bedeutung. In dem Maße sich nun das Tier emporentwickelt, seine Organe feiner und seine Empfindungen mannigfaltiger werden, entwickelt sich auch jener Ruf, bis aus ihm schließlich ein Lautgebilde von der Art des Wortes entsteht, welches besagt: »Es droht Gefahr!«
Entsteht die Sprache so? Ganz gewiss nicht. Die Laute, welche das Tier von sich gibt, gehen unmittelbar aus seinem inneren Zustand hervor und werden vom andern Tier, das der gleichen Art angehört oder in einer Lebensgemeinschaft mit ihm steht, ebenso unmittelbar aufgefasst. Dabei bleibt es aber. Niemals, auch nicht durch noch so lange Entwicklungen hindurch, würde aus ihnen ein wirkliches Wort entstehen. Dieses setzt nämlich etwas voraus, das beim Tier fehlt: die *Erkenntnis*.
Das Tier empfindet die Gefahr und antwortet auf sie durch die Flucht oder durch eine Abwehrhandlung. Diese vollzieht es instinktiv, sicher und zweckmäßig. Nichts veranlasst uns, anzu-

nehmen, es sei sich dabei des Sachverhalts und der in Betracht kommenden Gesichtspunkte bewusst. Eben darauf kommt es aber an. *Das Wesen der Erkenntnis liegt nicht in der bloßen Wahrnehmung der Sinne* oder in der Antwort des Gefühls, sondern in der inneren Einsicht: »Was da steht, ist das und das ..., was da geschieht, hat die und die Ursachen ..., um das zu erreichen, muss ich so und so handeln ...« Eine solche Einsicht findet sich beim Tier nicht, denn sie setzt ein Verhalten voraus, wozu das Tier unfähig ist: vom Gegenstand zurückzutreten, über ihn nachzudenken, sein Wesen zu durchdringen, – deswegen unfähig, weil dazu der Geist nötig ist. Dieser steht wohl in natürlichem Zusammenhang der Dinge, ist aber nicht in ihm eingefangen, vermag sich vielmehr aus ihm herauszustellen und so den zur Erkenntnis notwendigen Abstand zu gewinnen.

Aus solcher Erkenntnis geht das Sprechen hervor. Natürlich gibt es darin auch den unmittelbaren Ausdruck des Triebs und des Gefühls; darüber hinaus aber das Neue und Einzigartige: dass *der Mensch das Wesen des Gegenstandes versteht, den Sinn des Vorganges begreift und* das Erkannte in dem durch Atem, Kehlkopf und Mund hervorgebrachten Lautgebilde *ausdrückt*.

Darum ist das Sprechen des Menschen ja auch viel unsicherer als das Lautgeben des Tieres. Das Tier ist nach kurzer Lernzeit seines Organismus mächtig. Dann arbeitet auch sein Lautapparat ebenso selbstverständlich wie die Organe, mit denen es seine Beute fängt oder sein Nest baut. Der Mensch hingegen muss *auf das Geistige hin lernen*. Das bedeutet ein Durchdringen, Überwinden, Tüchtigwerden, eben damit aber auch die Möglichkeit des *Irrens*. Wenn das Kind sprechen lernt, ist das also ein ganz anderer Vorgang, als wenn der junge Vogel die für seine Art charakteristische Singmelodie entwickelt oder das Murmeltier fähig wird, seinen Signalpfiff hervorzubringen. Das Kind lernt sprechen, indem es denken lernt.

Das menschliche Sprechen bildet also keine bloße organische Funktion, sondern ist das Ergebnis eines geistigen Vorgangs: des Erkennens, Bewertens, Stellungnehmens, Planens, Sichentschließens. *Im Lautgebilde »Wort« liegt* nicht nur der Ausdruck eines Lebenszustandes, sondern *der Ertrag von Einsicht und Entscheidung*.

Diese Einsicht steht unter dem Maßstab der Wahrheit. Wenn sie ist, wie sie sein soll, dann ist sie in sich richtig und gültig: sie ist wahr. *In den Worten erheben sich geistige Sinngestalten, denen die Würde der Wahrheit, der Charakter der Unbedingtheit innewohnt.* Das gibt dem menschlichen Sprechen seine einzigartige Bedeutung.

Die Wörter stehen nun nicht jeweils für sich. Sie sind nicht sozusagen geprägte, in sich abgeschlossene Erkenntnismünzen, die man einzeln einnehmen und ausgeben kann – ebenso wenig wie die Dinge selbst, deren Wesen der Geist erkennt und in der Sprache ausdrückt, jeweils für sich stehen. Es gibt nicht den Baum da für sich allein, sondern er befindet sich an diesem bestimmten Ort; er ist abhängig von diesem Erdreich, von diesem Klima, von diesen mit ihm in Gemeinschaft stehenden andern Lebewesen, z. B. Bienen, die seine Blüten befruchten, Erdbakterien, die dem Boden die Stoffe zuführen, deren er zum Wachstum bedarf, und so fort. Jedes Ding ist in Zusammenhänge eingeordnet, und die verschiedenen Zusammenhänge gehen schließlich in jenem Ganzen auf, das wir »Natur« oder »Welt« nennen. Entsprechend ist es mit den Wörtern. Das einzelne Wort verknüpft sich mit andern zu einem Wortgefüge, einem Satz. Aber so ist es nicht einmal richtig, sondern *jedes Wort ist von vornherein Glied eines Satzes.* Der eine Satz wiederum fügt sich mit andern zu Satzgruppen zusammen. Grammatik und Syntax sind die Lehre von den Formen, nach welchen die Sätze zueinander in das Verhältnis der Neben-, Unter- und Überordnung, der Gleichstellung und Unterscheidung, der Entfaltung und Zurückführung treten. Das Ganze aber, das so entsteht, nennen wir die Sprache.

Sprache ist die Welt der Wörter, wie sie aus dem Leben eines bestimmten Volkes hervorgeht.[267] Sie hat die wunderbare Fähigkeit, von diesem Leben her das Wesen der Dinge auszudrücken. Sie ist umso vollkommener, je größer der Schatz ihrer Wörter und je feiner das Gefüge ihrer inneren Ordnungen ist; je mehr sie vom Reichtum des Daseins in sich aufzunehmen und je tiefer sie es zum Inhalt des menschlichen Geisteslebens zu machen vermag.

II

Damit werden wir zu einer andern Frage geführt, nämlich der, *was die Sprache für den Menschen bedeute.* Zwei Antworten sind besonders wichtig.[268]

Die erste sagt: die Sprache bildet den Ausdruck der Tatsache, dass der Mensch mit andern Menschen zusammenlebt, und das Werkzeug, durch welches sich dieses Zusammenleben vollzieht. Mit sich selbst allein könnte der Mensch ohne Sprache auskommen, da er unmittelbar im eigenen Bewusstsein steht. Dieses Bewusstsein ist aber verschlossen, denn der andere weiß ja nicht, was ich denke und wozu ich mich entscheide. Indem ich spreche, gebe ich mein Inneres in die Lautgestalt des Wortes hinein; diese geht zum andern hinüber und trägt ihm ihren Inhalt zu. Er tut seinerseits das gleiche und sendet durch sein Wort das, was er auf mein Sagen hin gedacht oder empfunden hat, zu mir herüber. So ist die Sprache jene wechselseitige Mitteilung, welche macht, dass die menschlichen Einzelwesen miteinander leben können.

Das ist richtig, sagt aber noch nicht alles. Der Mensch braucht nämlich Wort und Sprache nicht erst dann, wenn er zum andern Menschen hinüber will, sondern er lebt von vornherein, auch wenn er mit sich selbst allein ist, im Sprechen.[269] Er spricht auch, wenn er sein persönliches geistiges Leben führt. *Er spricht, wenn er denkt. Es gibt keine wortlosen Gedanken.* Sobald er aus dem bloßen Anschauen und Ergriffensein dazu übergeht, das Geschaute zu durchdringen, zu beurteilen, in Besitz zu nehmen, spricht er innerlich. Und da Denken, Urteilen, Stellungnehmen usw. den wichtigsten Teil seines geistigen Lebens ausmacht, kann man sagen, dass er lebt, indem er redet.

Diese Sprache bringt nun der einzelne nicht jeweils neu hervor, sondern sie *wird ihm durch die Gemeinschaft, in der er lebt, gegeben.* Er wird in die Sprache hineingeboren und wächst in ihr auf.

Der Mensch befindet sich von vornherein in einem mehrfach gegliederten Raum. Dessen äußere Sphäre ist die physische. Ihr ihr steht er durch die Tatsache, dass er ein Körper ist wie die andern Körper auch. Eine tiefere Sphäre bildet die psychische. In ihr steht er durch die Innerlichkeit des Wachstums, der Empfindung und des Strebens. Dann gibt es aber noch eine geistige

Sphäre, und sie wird vor allem durch die Sprache gebildet. Jedes Wort ist eine Sinngestalt. Indem der Sprechende es spricht und vorher es denkt, existiert er in dieser Gestalt. Der Mensch existiert in der Sprache, in der Mannigfaltigkeit ihrer Sinngestalten und der Vielheit ihrer Sinnbezeichnungen. Die Sprache eines Volkes ist gleichsam die Welt noch einmal; die äußere Welt in der Form geistiger Gestalten. In sie wird der Mensch hineingeboren. In ihr wächst er auf. In ihr lebt er. Aus ihr empfängt er eine beständige Einwirkung, Formung, Bereicherung, Bildung.

III

Darum ist ihre Schädigung so verhängnisvoll – und damit kommen wir zu dem Problem, das uns eigentlich beschäftigt, nämlich zu der *Verantwortung, die wir für unsere Sprache haben.*[270] Wer sie schädigt, verletzt einmal das vielleicht größte Werk des Menschen, welches Leben und Kunst, Natur und Schöpfung zugleich und die Voraussetzung für alles sonstige Schaffen ist. Er schädigt aber auch das Leben der Menschen selbst, seines Herzens und seines Geistes.

Um nun nicht im Allgemeinen zu bleiben, wollen wir die Frage aus unserer heutigen Situation heraus betrachten. Und da muss gesagt werden, dass die Sprache kaum einmal so tiefe Zerstörungen erfahren hat wie in den jüngst durchlebten Jahren. Einige Tatsachen sollen uns das vor Augen bringen.[271]

Vor allem muss die Wirkung jenes Apparates bzw. jener Technik genannt werden, die wir mit dem Wort »Propaganda« bezeichnen. Propaganda will etwas erreichen. Soweit wäre nichts einzuwenden; jeder Mensch will etwas erreichen. Sie aber will es um jeden Preis und ohne Rücksicht auf die Wahrheit. Sie ist von der Überzeugung getragen, nicht Wahrheit, nicht Gerechtigkeit, nicht Ehrfurcht seien die obersten Maßstäbe des menschlichen Lebens, sondern Macht und Erfolg; genauer gesagt, die Macht des Staates und der Erfolg seiner Politik. Über ihm gibt es keine Normen; er ist sich selbst Norm. »Recht ist, was dem Staate nützt«, hat ja der verhängnisvolle Satz gelautet. Also darf er tun, was auf diesen Nutzen hin wirken kann. Nun ist das wichtigste

Mittel, um zu wirken, die Sprache: man wirkt auf den Menschen, indem man zu ihm spricht. Wenn aber die Sprache nicht nur das eine und das andere Mal, sondern immer wieder beharrlich und methodisch in den Dienst der Propaganda gestellt wird, wird sie bis ins Innerste gestört.

Vor allem durch die Übertreibungen.

Wer unbedingt wirken will, betont das, worauf es ihm ankommt, macht es wichtig, steigert es immer öfter, immer mehr. Und er drängt das zurück, was entgegensteht, entwertet es, schwächt es, immer nachdrücklicher und eindringlicher. Dadurch geschieht aber mit der Sprache etwas Ähnliches wie wenn etwa ein Musiker auf der Orgel nur das volle Werk spielt: der schöne Organismus des Instrumentes kommt zu Schaden – und die Ohren des Hörenden ebenfalls.

Denken wir etwa an die Art, wie das Wort »Held« gebraucht wurde. Heldentum ist eine ungewöhnliche Form der Gesinnung, des Handelns und des Schicksals. Also kann es nur wenige wirkliche Helden geben, denn die hohen Dinge sind selten. Wenn nun im Dienste politischer Zwecke immerfort von Heldentum geredet [wird] und Menschen zu Helden erklärt werden, dann wird das Wort verkrampft, oder es verliert seine Bedeutung und meint nur so viel wie Pflichtbewusstsein und Tapferkeit. Dann ist aber ein wichtiges Wort zerstört – und was bedeutet das für den Menschen, wenn wahr ist, dass er in den Worten lebt? ... Oder denken wir an die Art, wie man von »nationaler Pflicht« gesprochen hat. Jeder ernste Mensch weiß, dass er Pflichten gegen Volk und Staat hat und dass er sie erfüllen soll, auch wenn sie schwer werden. Wenn aber die Propaganda diese Pflicht zu ein und allem macht und den Menschen immerfort in sie einspannt, dann wird das Wort zur Unnatur oder zur Phrase ... So wurde immerfort »propagiert« in Reden, in Funksendungen, in Aufsätzen, immer mehr, immer stärker, immer lauter: »der größte Feldherr aller Zeiten«; »das edelste Volk der Weltgeschichte«; »heute hört uns Deutschland und morgen die ganze Welt«[272] – was wird aus einer Sprache, wenn man sie so hetzt?

Propaganda will Wirkung um jeden Preis; also kommt zur Übertreibung die Verfälschung.

Nehmen wir wieder einige Beispiele. Da ist das Wort »Wunder« – Was hat man alles so genannt! Eine Maschine; eine wirtschaftliche Maßnahme; eine Leistung im Kriege; einen Glücksfall, dass eine Bombe, die menschlichem Ermessen nach hätte explodieren sollen, nicht explodierte und so fort. Was bedeutet »Wunder« in Wahrheit? Dass etwas geschieht, was aus natürlichen Ursachen nicht erklärt werden kann, sondern auf die Hand Gottes zurückweist, dass die schauerregende Gegenwart Gottes fühlbar wird; etwas Heiliges also, das erschüttert und zur Anbetung zwingt. Und was hat man daraus gemacht? Einen Effekt; einen Stoß gegen das träge Gefühl; etwas Ähnliches, wie wenn der Regisseur eines minderwertigen Theaters rotes oder blaues Licht aufsetzt. Dadurch wurde ein Wort, eine Sinngestalt unserer Sprache zerstört, und wenn einer vom wirklichen Wunder reden wollte, hatte er ein verleiertes und verschmutztes Ding in der Hand ... Oder das Wort »ewig«. Wofür hat man es nicht alles gebraucht! »Ewiges Deutschland«, »ewiges Blut«, »ewiger Soldat« und so fort. Was heißt denn »ewig«? Es ist eine der Wesenseigenschaften Gottes. Er allein ist ewig, sonst niemand und nichts. Der Mensch aber kann der Ewigkeit teilhaftig werden, wenn er durch Glauben und Gehorsam in die Gemeinschaft Gottes gelangt. Und was hat man aus dem Wort gemacht? Man hat es dort gebraucht, wo man hätte sagen müssen, dass etwas lang dauert oder sich in den Wechselfällen der Geschichte behauptet, dass es ehrwürdig ist oder ein Geheimnis in ihm liegt. Man hat ihm also seinen Sinn genommen, hat es benutzt, um bescheidenere Dinge emporzusteigern – und, vergessen wir das nicht, um jene besondere Ehrfurcht, die sich in ihm ausdrückt, von Gott wegzulenken. So hat man das Wort verdorben. Was tut aber der Mensch, dem es so verdorben worden ist, wenn er seiner bedarf, um das auszudrücken, was wirklich ewig ist? ... Oder das Wort »Glaube«. Man hat vom »Glauben an den Führer«, vom »Parteitag des Glaubens«, vom »Glauben an Deutschland« geredet, vom »Glauben an das Blut« und so fort. Wiederum: was bedeutet das Wort in Wahrheit? Glaube ist die Antwort des menschlichen Herzens auf die Offenbarung Gottes; die Entscheidung des innersten Willens gegenüber der Forderung des Herrn der Welt; der Bund des Geschöpfs mit der Gnade, worin das neue Dasein beginnt. Und was ist daraus geworden? Was war in Wahrheit gemeint, wenn man davon redete? Dass man die

Treue, die von der Zeit in die Ewigkeit reicht und die nur dem Gott der Wahrheit gegeben werden kann, dem irdischen Machthaber geben müsse, obwohl Verstand und Ahnung sagten, dass er alles dem Untergang zutrieb. Darauf lief es doch hinaus – und eines der wichtigsten Wörter unserer Sprache, das wir für Herz und Geist brauchen, wurde verdorben und verschmutzt … Endlich ein letztes, das Wort »Gott« selbst. Mit ihm meinen wir den Schöpfer und Herrn aller Dinge; den Heiligen, auf dessen Wesen Anbetung und Gehorsam antworten. Lassen wir all die Falschmünzerei auf sich beruhen, die begangen wurde, wenn man vom »Gott des Blutes«, vom »deutschen Gott« usw. redete; nehmen wir nur den Ausdruck »gottgläubig« heraus, der einem überall, amtlich und nichtamtlich, begegnete.[273] Was bedeutete er? Dass man kein Christ sei. Das war das einzige, was daran feststand. Im Übrigen konnte man der stumpfeste Materialist sein und nur den Stoff anerkennen, konnte ein Biologist sein und nur an »das Leben« glauben, konnte alles Göttliche verachten und alle Menschenwürde mit Füßen treten – man war gottgläubig. Oben wurde gesagt, die Sprache sei ein Raum, in dem wir geistig existieren: was bedeutet es aber dann, wenn ein Wort verdorben wird? Für unser geistiges Leben etwas Ähnliches wie für unser häusliches, wenn von den Zimmern unserer Wohnung eines zerschlagen oder mit Giftgas erfüllt würde.

Da ist vor allem die *Wirkung der Lüge*, der methodisch betriebenen, unablässigen Lüge, die von oben herunter geleitet und mit allen Mitteln der Beeinflussung und Gewalt durchgesetzt wurde.[274]

Was ist dabei geschehen? Oben wurde davon gesprochen, was die Wahrheit für die Sprache bedeutet: das gleiche, was für das persönliche Leben des Menschen die sittliche Zuverlässigkeit ist. Sie ist ihr Rückgrat, ihr Mark, ihr Richtungsbewusstsein. Die beständige Lüge hat das alles angegriffen. Jeder Pädagoge weiß, wie weithin heute der Maßstab »Das ist wahr« durch den andern verdrängt worden ist: »Damit komme ich durch, damit habe ich Erfolg.« Die Sprache ist aber kein bloßer Apparat, mit dem man irgendetwas sagen kann, sondern sie ist ihrem Wesen nach das Zutagetreten der Wahrheit. Alles Sprechen ruht auf der »Aussage«; auf dem geistigen Akt, durch den der Sprechende behauptet: »das ist so und so, das und das geschieht, dieses oder jenes ist beabsichtigt.« So hat dieser Akt seinen Sinn darin, dass es sich auch wirklich so verhält. *Es gibt kein Wort und keinen Satz, der nicht auf der inneren oder äußeren Aussage und damit auf der Wahrheit ruhte, auch wenn er im Einzelfall irrt.* Selbst die Lüge zehrt noch davon, dass sie die Wahrheit missbraucht. Wenn Denken und Reden nicht auf der Wahrheit ruhten, wäre keine Lüge möglich. Sobald aber an Stelle der Gesinnung, welche wenigstens grundsätzlich die Wahrheit will, eine solche tritt, für die grundsätzlich der Erfolg, die Wirkung den Maßstab bildet, wird die Sprache ihres inneren Haltes beraubt. Sie bekommt etwas Ungenaues, Ausweichendes, Verrottetes; eine Unzuverlässigkeit reißt ein, die bis zur Gedankenflucht gehen kann; etwas, das letztlich auf eine geistige Erkrankung zugeht. Wenn wir daraufhin die Reden der vergangenen Jahre, die Aufsätze der Zeitungen, die Sprechweise des öffentlichen Lebens prüfen, nehmen wir diese bis ins tiefste dringende Zerstörung wahr. Sie ist etwas anderes als das, was mit der Sprache geschieht, wenn die Sitten verwildern oder der Geschmack verroht, kommt vielmehr aus einer Auflösung der geistigen Grundlagen des Sprechens selbst. Der Zustand etwa, dem die lateinische Sprache im Verlauf der Völkerwanderung verfiel, war Barbarei, bewirkt durch die Verwilderung der öffentlichen Zustände und den Niedergang des kulturellen Lebens; in den unheilvollen zwölf Jahren hingegen ist unsere Sprache im Innersten krank geworden, weil das, was sie trägt, *der Wahrheitsanspruch, grundsätzlich in Frage gestellt war.*

Wenn die Wahrhaftigkeit den sittlichen Charakter der Sprache bildet, dann ist das Gefühl ihre Seele.

Aus dem *Gefühl* kommt das Warme, Farbige, Strömende ins Wort. Vom Herzen her leuchtet und blüht es. Auch hier ist eine tiefe Zerstörung vor sich gegangen. Nehmen wir wieder konkrete Beispiele. Eins der Wertgefühle, mit denen man immerfort arbeitete, war das der *Kraft*; diese aber wurde weithin mit physischer oder biologischer Dynamik gleichgesetzt. Nun ist menschliche Kraft etwas sehr Vielfältiges. Sie enthält die Leistungsfähigkeit der Muskeln, aber auch die Empfindungstiefe der Seele; die Festigkeit des Entschlusses, aber auch die Sinnverankerung des Geistes; die Energie des Kampfes, aber auch die Lauterkeit des Charakters. Ja, echte Kraft ist nicht einmal nur »Kraft«, sondern enthält, wie alle vollen menschlichen Haltungen, auch ihr Widerspiel, die Feinheit. Während der letzten Kriegsjahre konnte man überall den Satz lesen: »Harte Zeit braucht harte Herzen« – als ob die harten Herzen die stärksten wären! In Wahrheit stark waren immer solche, welche auch Tiefe und Zartheit in sich trugen. Es gibt wohl keinen Dichter, der eine solche Kraft des Empfindens und Gestaltens, der Verkündung und Forderung besessen hätte wie Dante;[275] und diese Kraft war nicht nur in seinem Werk, sondern auch in seinem Leben, das eine einzige, mit unbeugsamer Energie getragene Tragödie bildete – aber wie war Dantes persönliche Erscheinung? Seine Büste aus Neapel ist bekannt mit der finster gefalteten Stirn und dem herrisch vorgeschobenen Kinn. Nun, bei Gelegenheit der sechshundertsten Wiederkehr seines Todes wurde sein Sarg geöffnet, und das anthropologische Institut der Universität Bologna hat seine Gebeine untersucht.[276] Er war ein zarter Mensch, feingliedrig und ein wenig vorgebeugt, und seine Porträts sind in dem Maße falsch, als sie sich dem üblichen Bild des Heroischen nähern. Wie aufschlussreich für unsere Frage! ... Die vergangene Zeit hat Kraft mit Brutalität verwechselt. So ist in alles die Gewalt hineingekommen. Überall hat man den Weg des Befehlens, des Zwingens, des Durchfahrens eingeschlagen und gemeint, er sei der kürzere und wirkungsvollere. In Wahrheit ist etwas ganz anderes geschehen: Das eigentlich Menschliche ist ausgefallen, und alles ist verkrampft und unfruchtbar geworden. Ein Stück Holz kann man zwingen; man nimmt es und macht damit, was man will. Schon beim Tier geht das nicht ohne weiteres, denn es hat Leben, und das verkümmert im Zwang. Menschliche Handlungen vollends gehen aus einer Mitte hervor: aus der inneren Initiative, aus der Ursprünglichkeit des Entschlusses, aus Freiheit und Überzeugung. Die Menschenführung der letzten Jahre aber wollte den Weg über die Freiheit nicht. Dieser enthält das Moment der Ehrfurcht und des Vertrauens, sie aber wollte die unmittelbare und unbedingte Wirkung. So behandelte sie den Menschen, als ob er ein bloß physisches Ding wäre. Als Ausdruck für den sich richtig verhaltenden Menschen sah man den gutgedrillten Soldaten an, nein, die exakt arbeitende Maschine. Was dadurch in den verletzlichen Gefügen des Staates, der Wirtschaft, des Geisteslebens angerichtet worden ist, steht hier nicht zur Rede; uns geht an, was in der Sprache geschah, und da wurde überall das eigentlich Menschliche durch das Maschinelle, durch Begriffe des Zwingens und Vergewaltigens verdrängt. Denken wir nur an Ausdrücke wie »Menschenmaterial« und »Schreibkraft«,[277] »gleichschalten« und »ankurbeln«, an die »Steuerung« der Wirtschaft oder des Rechts und so fort. Aus einem falschen, durch ein bestimmtes Weltbild bedingten Krafterlebnis hat sich eine Verrohung der ganzen Sprache vollzogen ...[278] In den gleichen Zusammenhang gehört die *Zerstörung des Herzensbereiches* durch die Entfesselung des Geschlechtlichen. Auch das war keine bloße Folge geschichtlicher Krisen oder sozialer Erschütterungen, sondern wurde von den Ideen des »Blutes« und der »Züchtung« her bewusst gewollt. Wir brauchen nur an die Art zu denken, wie über die biologischen Dinge, über die Fragen der Vererbung und der Bevölkerungspolitik gesprochen, wie in der Jugenderziehung die Scham zerstört und das Triebleben entfesselt wurde. So wurde das geschlechtliche Empfinden immer gröber und eintöniger; das Reiche, Blühende, Ursprüngliche verarmte: die Kraft des Erlebens, ja selbst die der unmittelbaren Leidenschaft nahm ab. Wiederum kann nicht erörtert werden, welche Folgen das in sittlicher Beziehung hatte; auch nicht – eine sehr nachdenklich machende Frage –, welche Wirkungen es auf die physische Fruchtbarkeit selbst ausüben müsste. Hier handelt es sich um die Sprache; und da braucht man nur an die *Dichtung* zu denken, um zu ahnen, was diese Verwüstung des Gefühlslebens angerichtet hat. Wenn man einen Band Lyrik aus den letzten zwölf Jahren zur Hand nimmt – man kommt einfach nicht durch, so grob, so leer und eintönig ist alles.

IV

So wäre noch viel zu sagen. Vielleicht ist aber doch klargeworden, aus welch tiefen Voraussetzungen heraus die Sprache lebt, woher sie gefördert und woher sie geschädigt wird.
Daraus erwachsen große *pädagogische Aufgaben*.[279] Die Erziehung zum Sprechen beginnt mit der zur Ehrfurcht vor der Wahrheit und zur Achtung des Menschen. Von da setzt sie sich

ins Einzelne fort. Der Erzieher lehrt die ihm anvertraute Jugend, einfach zu sprechen, indem er zeigt, dass der positive Ausdruck in der Regel stärker ist als der superlative, und ein einzelnes Eigenschaftswort bedeutungsvoller als die Anhäufung von zweien oder dreien usw. Er lehrt richtig zu beobachten, und das Gesehene zuverlässig und klar darzustellen. Er führt in die wahre Bedeutung jener Worte ein, auf denen das sittliche und religiöse Dasein ruht – nachdem er sie durch eine Art Betrachtung sich selbst klargemacht hat. Er braucht die zerredeten Worte nur selten, da, wo sie wirklich am Platze sind, und reinigt die verschmutzten. Er bemüht sich, die Maschinenworte, die dem Menschen seine Würde nehmen, zurückzudrängen; bekämpft die Barbarei, Anfangssilben zu Wortscheusalen zusammenzuziehen und ebenso die Unsitte, nur die Anfangsbuchstaben zu brauchen, wodurch die Sprache etwas so leblos Mechanisches bekommt. Und so fort. Sobald der Erzieher sich seiner Verantwortung für unsere so sehr gefährdete Sprache bewusst wird und mit der Arbeit für sie beginnt, wird ihm eine Möglichkeit um die andere aufgehen.

Anhang:
Unsere Verantwortung für die Sprache
(Fassung 1946)[280]

Vorbemerkung[281]

Die Sprache ist etwas, das uns geschenkt wird. Wir werden in sie hineingeboren, wachsen in ihr auf, erfahren auf allen Stufen unserer Entwicklung ihren formenden Einfluss. Sie verbindet sich mit unserem Erleben, unserem Wissen unserem Handeln; sie wird zu einem Teil unserer lebendigen Persönlichkeit. So bewegen wir uns in ihr mit der gleichen Selbstverständlichkeit, wie in der Luft, die wir atmen, oder in dem Land, in dem wir aufgewachsen sind.

Das ist aber nur die eine Seite unseres Verhältnisses zur Sprache – die andere ist auch da, und wichtig und wirksam: dass sie nämlich unserer bedarf. Mit ihr steht es, wie mit all den großen Daseinszusammenhängen, in denen sich unser Dasein vollzieht, der Heimat, der Sitte, dem Volke, dem Staat und der Geschichte: Wir leben aus ihr, sie aber lebt auch aus uns, jedem Einzelnen von uns. Sie ist verletzlich, kann gedeihen, aber auch Schaden leiden; sie ist immer fort im Werden, kann ihre Möglichkeiten entfalten, aber auch verkümmern. So sind wir für sie verantwortlich, sollen sie in Ehren halten, bewahren und, für unseren kleinen Teil, weiterbilden.

Das Wesen der Sprache

I

Um diese Verantwortung tiefer zu verstehen, fragen wir zuerst, was die Sprache ihrem Wesen nach sei, und welche Bedeutung sie für den Menschen habe.

Der Naturalismus versucht, sie aus der Natur zu klären. Er sagt, sie sei aus den Lauten entstanden, welche das Leben des Tieres begleiten. Wenn z. B. ein Tier merkt, dass sich etwas Feindliches nähert, stößt es einen Laut des Schreckens aus und flieht. Dieser Schreckenslaut wird von anderen gehört, verbindet sich in ihrer Erinnerung mit dem Gefühl der Gefahr und gewinnt so eine feste Bedeutung. Im Maße sich nun das Tier emporentwickelt, seine Organe feiner und seine Empfindungen mannigfaltiger werden, entwickelt sich auch jener Ruf, bis aus ihm schließlich ein Lautgebilde von der Art des Wortes entsteht, welches besagt: »Es droht Gefahr!«

So entsteht aber die Sprache ganz gewiss nicht. Die Laute, welche das Tier von sich gibt, gehen unmittelbar aus dem Zustand seiner Organe, den Spannungen seiner Triebe, dem Einfluss seiner Umwelt hervor und werden vom anderen Tier, welches der gleichen Art angehört, oder in einer Lebensgemeinschaft mit ihm steht, ebenso unmittelbar aufgefasst. Dabei bleibt es aber. Niemals, auch nicht durch noch so lange Entwicklung hindurch, würde sich aus ihnen ein wirkliches Wort bilden. Dazu bedarf es nämlich eines Verhaltens, das beim Tier fehlt: der Erkenntnis.

Wohl fasst das Tier Vorgänge seiner Umgebung auf und richtet sich danach. So empfindet es z. B. Gefahr und antwortet auf sie durch ein bestimmtes Verhalten: Es flieht, oder verstellt sich, oder macht sich zur Gegenwehr bereit. Das tut es instinktiv und zweckmäßig; nichts veranlasst uns aber, anzunehmen, es sei sich dabei des Sachverhalts und der in Betracht kommenden Gesichtspunkte bewusst. Ja man könnte sagen, die Eigentümlichkeit des tierischen Verhaltens beruhe gerade darauf, dass das nicht geschieht, denn damit würde die Überlegung, das Fragen und Untersuchen beginnen und jene Sicherheit zerstören, die wir als »Natur« empfinden. Bewusstwerdung ist aber gerade das Wesen der Erkenntnis. Nicht nur die Wahrnehmung der Sinne, oder die Antwort des Gefühls, oder die Regulation der Akte, sondern die Einsicht: »was da steht, ist das und das ... was da geschieht, hat die und die Ursachen ... um dieses zu erreichen, muss ich so und so handeln ...« Eine solche Einsicht findet sich beim Tier nicht, denn sie setzt ein Verhalten voraus, wozu das Tier unfähig ist: innerlich vom Gegenstande zurückzutreten, sich ihm gegenüberzustellen, über ihn nachzudenken, sein Wesen zu durchdringen. Deswegen unfähig, weil dazu der Geist nötig ist. Dieser steht wohl im natürlichen Zusammenhang der Dinge, ist aber nicht in ihn eingefangen. Er vermag vielmehr aus ihm herauszutreten, inneren Abstand zu gewinnen, und so den Gegenstand vor sich zu bekommen. Mit solchem Zurücktreten, Abstand-Nehmen, Gegenüber-Haben beginnt alle Kultur. Auf ihm ruht auch die Erkenntnis.

Aus der geistgetragenen Erkenntnis geht das Sprechen hervor. Natürlich gibt es darin auch den unmittelbaren Ausdruck des Triebes oder der Situation; es gibt darin die Melodie des Gefühles und das Einschwingen in die Bewegung von Leben und Welt – darüber hinaus aber das Andere und Einzigartige, dass der Mensch das Wesen des Gegenstandes versteht, den Sinn des Vorganges begreift, und das Erkannte in dem durch Atem, Kehlkopf und Mund hervorgebrachten Lautgebilde ausdrückt.
Darum ist das Sprechen des Menschen auch viel unsicherer als das Lautgeben des Tieres. Das Tier ist nach kurzer Lernzeit in seinem Körper zu Hause. Dann arbeitet sein Lautapparat ebenso selbstverständlich, wie die Organe, mit denen es seine Beute fängt oder sein Nest baut. Der Mensch hingegen muss auf das Geistige hin lernen. Das bedeutet ein Durchdringen, Überwinden, Tüchtigwerden, eben damit aber auch die Möglichkeit des Irrens. Wenn das Kind sprechen lernt, ist das also ein ganz anderer Vorgang, als wenn der junge Vogel die für seine Art charakteristische Singmelodie entwickelt, oder das Murmeltier fähig wird, seinen Signalpfiff hervorzubringen. Das Kind lernt sprechen, indem es denken lernt. Und da die Entwicklung des Denkens mit der des ganzen inneren, auch des sittlichen Lebens zusammenhängt, kommen, wie jeder Psychologe weiß, dessen

Schwierigkeiten und Krisen auch in der Entwicklung der Sprache zur Geltung.

Das menschliche Sprechen bildet also keine bloße organische Funktion, sondern ist das Ergebnis eines geistigen Vorganges: des Erkennens, Bewertens, Stellungnehmens, Planens, Sich-Entschließens. Im Lautgebilde »Wort« liegt nicht nur der Ausdruck eines Lebenszustandes, sondern der Ertrag von Einsicht und Entscheidung.

Diese Einsicht aber steht unter einem besonderen Maßstab. Wenn sie ist, wie sie sein soll, dann ist sie in sich selbst richtig und gültig, das heißt, sie ist wahr. In den Ruf-, Warn- oder Spiellauten des Tieres drücken sich physisch-psychische Zustände oder Strebungen aus; in den Worten der Menschensprache erheben sich geistige Sinngestalten. Jene haben den Charakter der Echtheit und Zweckmäßigkeit; diese den der Wahrheit und Unbedingtheit. Jene bilden ebenso Funktionen im Gesamtleben des Tieres wie die Bewegungen seiner Organe oder die Tätigkeiten, mit denen es seine Beute fängt und seine Jungen pflegt; diese sind Akte, in welchem die Welt als Gegenstand, das Reich der Wesenheiten, die Ordnung der Normen und Werte zum Inhalt des menschlichen Lebens werden.

Das alles gibt dem menschlichen Sprechen seine einzigartige Bedeutung. Einerseits verliert es die Gebundenheit, die im Lautgeben des Tieres liegt. Im tierischen Laut drückt sich das Leben aus; im Worte sagt der Geist, was er erkannt hat. Das Sprechen wurzelt in der Initiative des Geistes, in der Freiheit. Sofort erfährt es aber auch eine neue Bindung, nämlich von dem her, was es sagt: von den Sinngestalten, die sich in den Worten erheben. Bis zu einer gewissen Grenze kann der Geist alles sagen, was und wie es ihm beliebt, aber er darf es nicht; denn wenn der Sinn des Sprechens darin liegt, dass die in der Erkenntnis erfassten Wesensgestalten offenbar werden, ist damit auch gesagt, dass es der Wahrheit verpflichtet ist.

II

Die einzelnen Worte stehen nun nicht für sich allein. Sie sind keine Sinnmünzen, die man einzeln einnehmen und ausgeben kann – ebenso wenig, wie das Ding selbst, dessen Wesen der Geist in der Sprache ausdrückt, für sich steht. Es gibt nicht den Baum da für sich allein, sondern er befindet sich an diesem bestimmten Platz; er ist abhängig von diesem Erdreich, von diesem Klima, von diesen mit ihm in Gemeinschaft lebenden anderen Wesen, wie Bienen, die seine Blüten befruchten oder Erdbakterien, die dem Boden die Stoffe zuführen, deren er zum Wachstum bedarf und so fort. Jedes Ding ist in Zusammenhänge eingeordnet; die verschiedenen Zusammenhänge verbinden sich zu größeren und alle gehen schließlich in jenem Ganzen auf, das wir »Natur« oder »Welt« nennen. Entsprechend ist es mit den Worten. Das einzelne Wort verknüpft sich mit anderen zu einem Wortgefüge, einem Satz. Aber so ist es nicht einmal richtig, sondern jedes Wort ist von vornherein Glied eines Satzes, und der eine Satz wiederum fügt sich mit anderen zu Satzgruppen zusammen. Grammatik und Syntax sind die Lehre von den Formen, nach welchen die Sätze zueinander in das Verhältnis der Neben-, Unter- und Überordnung, der Gleichstellung und Unterscheidung, der Entfaltung und Zurückführung treten. Das Ganze, die Gesamtheit der Worte in der Mannigfaltigkeit ihrer Bedeutungen und der Einheit ihrer Ordnungen nennen wir die Sprache.

Diese Ordnung geht nicht aus dem unmittelbaren Zusammenhang des Lautgebens hervor, wie er sich etwa aus den Bewegungen der Stimmorgane, aus Nachahmung oder dergleichen ergibt, sondern auch sie entsteht aus den Sinnverhältnissen, in welchen die Aussagen zueinander stehen, und in denen sich der Inhalt der einzelnen Worte zu höheren Zusammenhängen entfaltet, das heißt aber, aus der Wahrheit. Das Griechische drückt diesen Zusammenhang so aus, dass es die Ordnung des Redens und die des Denkens mit dem gleichen Wort bezeichnet: dem »logos«. Das »Logische« ist die vom Gedanken her richtig geführte Ordnung der Worte.

Sie hat die wunderbare Fähigkeit, die Erkenntnis des Menschen von der Fülle der Dinge auszudrücken. So ist auch die Sprache auf das All des Seienden gerichtet. Auch die Sprache ist »Welt« – Welt in Form von Worten.

Und zwar ist die einzelne Sprache umso vollkommener, je größer der Schatz ihrer Worte und je feiner das Gefüge ihrer inneren Ordnung ist; je mehr sie vom Reichtum des Daseins in sich aufnehmen, und je tiefer sie es zum Inhalt des menschlichen Geisteslebens zu machen vermag.

Damit haben wir etwas anderes berührt: nämlich die Frage, wie sich das Sprechen aus den Voraussetzungen verschiedener Völker, Länder, Volksschichten, Berufe usw. entfaltet ...

Wichtige und schöne Probleme – doch würden sie zu weit führen.

III

Eine andere Frage aber müssen wir noch stellen, nämlich die, was die Sprache für den Menschen bedeutet? Zwei Antworten sind besonders wichtig.

Die erste sagt: Die Sprache bildet den Ausdruck der Tatsache, dass der Mensch mit anderen Menschen zusammen lebt und das Werkzeug, durch welches sich dieses Zusammenleben vollzieht. Mit sich selbst könnte der Mensch ohne Sprache auskommen, da er unmittelbar im eigenen Bewusstsein steht. Dieses Bewusstsein ist aber verschlossen, denn der andere weiß ja nicht, was ich denke und will. Indem ich nun spreche, gebe ich mein Inneres in die Lautgestalt des Wortes hinein; diese geht zum anderen hinüber und trägt ihm ihren Inhalt zu. Er tut seinerseits das Gleiche und sendet durch sein Wort das, was er auf mein Sagen hin gedacht oder empfunden hat, zu mir herüber. So ist die Sprache jene wechselseitige Mitteilung, welche macht, dass die menschlichen Einzelwesen miteinander leben können.

Das ist richtig, sagt aber noch nicht alles. Der Mensch braucht aber Wort und Sprache nicht erst dann, wenn er zum anderen Menschen hinüberwill, sondern er lebt von vornherein, auch wenn er mit sich selbst allein ist, im Sprechen.

Die Anekdote aus der Chronik des Salimbene ...[282]

Sie ist tiefsinnig. Sie sagt, dass der Mensch nicht lebt und daneben auch spricht, sondern dass das Sprechen zu seiner Existenz gehört ...[283]

Der Mensch spricht, auch wenn er sein persönliches geistiges

Leben führt. Er spricht, wenn er denkt. Sobald der Begriff des Denkens in seinem vollen Sinne genommen wird, muss man sagen, dass es kein wortloses Denken gibt. Sobald der Geist vom bloßen Anschauen und Ergriffensein dazu übergeht das Geschaute zu durchdringen, zu beurteilen, in Besitz zu nehmen, spricht er innerlich, weil er menschlicher, das heißt verkörperter Geist ist. Das Wort ist die feinste, äußerste Form des Menschlichen, der verkörperten Geistigkeit. So kann man sagen, dass der Mensch lebt, indem er redet.

Eine Frage für sich ist, was das Schweigen bedeutet. Es gehört mit dem Reden zusammen. Schweigen ist nicht nur etwas Negatives, die Abwesenheit des Redens, sondern eine eigene erfüllte Form des inneren Lebens. Schweigen und Reden bedingen sich einander. Schweigen – im Unterschied zum Stummsein – kann nur, wer des Sprechens mächtig ist; Sprechen – im Unterschied zum Gerede – kann nur, wer zu schweigen vermag …
Sprechen und Schweigen bilden ein letztes Ganzes, das freilich – eine Tatsache, die nachdenklich macht – keinen Namen mehr hat. Analogie: der Atem als Einheit des Ein- und Ausatmens.[284]

Die Sprache bringt nun der Einzelne nicht jeweils neu hervor, sondern sie wird ihm durch die Gemeinschaft, in der er lebt, gegeben. Er wird in die Sprache hineingeboren und wächst in ihr auf. Sie ist Raum seines geistigen Lebens.
Das menschliche Leben vollzieht sich in einem mehrfach gegliederten Raum. Dessen äußerer Bereich ist der physische. In ihm steht er durch die Tatsache, dass er ein Körper ist, wie die anderen Körper auch. Einen tieferen Bereich bildet der psychische. Darin steht er durch die Innerlichkeit des Wachstums, des Empfindens und Strebens. Dann gibt es aber auch noch eine geistige Sphäre, und sie wird vor allem durch die Sprache gebildet. Jedes Wort ist eine Sinngestalt. Indem der Sprechende es spricht und vorher es denkt, existiert er in der Gestalt, die es bildet.
Besonders intensiv im Mitvollzug der Dichtung …[285]
Ebenso im führenden und bildenden Wort, das den Vorentwurf der Verwirklichung darstellt …
Der Mensch existiert in seiner Sprache, in der Mannigfaltigkeit ihrer Sinngestalten und in der Vielheit ihrer Sinnbeziehungen.

Die Sprache eines Volkes ist gleichsam die Welt noch einmal; die äußere Welt in der Form geistiger Gestalten. In sie wird der Mensch hineingeboren. In ihr wächst er auf. In ihr lebt er. Aus ihr empfängt er eine beständige Einwirkung, Bereicherung und Formung.

Welche Verantwortung also dafür, wie man die Sprache beeinflusst! Und man kann – jeder kann sie beeinflussen. Jeder tut es, auch wenn er es gar nicht besonders will; denn die Sprache gehört zwar zu den überpersönlichen Lebensgebilden, die von der Ganzheit des Volkes und der Geschichte getragen werden, sich in allen möglichen Schöpfungen und Einrichtungen, wie Sprichwörtern, literarischen und wissenschaftlichen Werken, Gesetzen, in Unterrichtsanstalten, Forschungsstätten usw. ausformen, aber dennoch jeweils im Einzelnen leben. Jene Schöpfungen können noch so groß und schön, jene Einrichtungen noch so wichtig und furchtbar sein, sie vermögen die Sprache nicht festzulegen. Unaufhaltsam wandelt sie sich, und zwar jeweils im Einzelnen, denn er ist es ja doch, der denkt und redet, der sie lebt und in dem sie lebt.

Und damit kommen wir zur praktischen Seite unserer Überlegungen.

Die Schädigung der Sprache

I

Wir könnten nun diese Überlegungen so führen, dass wir davon sprächen, wie die Sprache gefördert wird: wie sie neue Vorstellungen und Begriffe gewinnt, neue Möglichkeiten, die Erlebnisse des Daseins auszudrücken usf. Das wäre eine fruchtbare Aufgabe – umso mehr, wenn wir sie aktuell fassten und fragten, was unter diesem Gesichtspunkt in der Zeit etwa seit dem ersten Weltkrieg geschehen ist.

Diese Vorträge[286] sollen aber zur »Besinnung« führen, und ihr dienen wir besser, wenn wir von den Schädigungen reden, welche die Sprache erfahren hat.

Um aber nicht im Allgemeinen zu bleiben, wollen wir auch sie aus unserer Situation heraus betrachten. Und da muss in aller Aufrichtigkeit gesagt werden, dass die Sprache kaum einmal so tiefe Zerstörungen erfahren hat, wie in den jüngst durchlebten Jahren. Allerdings dürfen wir dabei nicht übersehen, dass die Vorgänge, um die es sich handelt, zum Teil schon viel früher eingesetzt haben, weil sie mit der ganzen menschlich-kulturellen Entwicklung der Neuzeit und Nach-Neuzeit[287] zusammenhängen. Doch sind sie durch Gesinnung und Praxis der unmittelbaren Vergangenheit aufs äußerste verschärft worden.

Und nicht wahr, Sie sind einverstanden, dass ich ganz offen spreche? Es geht mir ja nicht um Kritik, und noch viel weniger darum, irgendeinen Groll loszuwerden, sondern ich habe dieselbe Absicht, die auch Sie haben: zu sehen, was falsch war, damit wir daraus lernen und es besser machen.

Wenn also ein schärferes[288] Wort fällt, dann fassen Sie es bitte so auf, wie es gemeint ist: als ein genaues Hindeuten auf irgendetwas, auf das es besonders ankommt.

II

Vor allem muss die Wirkung jenes Apparates bzw. jener Technik genannt werden, die wir mit dem Wort »Propaganda« bezeichnen. Propaganda will etwas erreichen. So weit wäre nichts einzu-

wenden; jeder Mensch will etwas erreichen. Was wir aber gelernt haben, unter dem Wort zu verstehen, will es ohne Rücksicht auf die Wahrheit und auf die Würde der Person. Diese Rücksicht würde sich darin ausdrücken, dass der Hörer angeregt würde, sich ein echtes Urteil zu bilden. Das tut die Propaganda aber gerade nicht. Sie sucht vielmehr den Hörer zu beeinflussen, ihn über seine Bedenken hinwegzudrängen, ihm das Gewollte einzuprägen, einzuhämmern. Die Propaganda ist der Überzeugung, nicht Wahrheit, nicht Gerechtigkeit, sondern Macht und Erfolg seien die Maßstäbe des Handelns. Genauer gesagt, die Macht des Staates und der Erfolg seiner Politik. Über ihm gibt es keine Norm; er ist sich selbst Norm. »Recht ist, was dem Staate nützt«, hat ja der verhängnisvolle Satz gelautet. So braucht er sich nicht an das Urteil der Menschen zu wenden, um den [*sic!*] es sich handelt. Er braucht sie nicht zur Prüfung und Einsicht und freigebildeten Überzeugung zu führen. Das wäre sogar unklug und schädlich. Er bestimmt vielmehr von sich aus, was sie für richtig zu halten haben. So darf er auch alles tun, was zur erwünschten Ansichtsbildung führt. Nun ist das wichtigste Mittel dazu die Sprache: Man wirkt auf den Menschen, in dem man spricht. Wenn aber die Sprache nicht nur das eine und das andere Mal, sondern immer wieder, beharrlich und methodisch, in den Dienst dieser Absicht gestellt wird, wird sie bis ins Innerste geschädigt.
Aber wie?

Vor allem durch die Übertreibungen.
Wer wirken will, betont das, worauf es ihm ankommt, macht es wichtig – und er drängt zurück, was entgegensteht, entwertet es, schwächt es. In harmlosem Maße tut das jeder. Sobald es aber über das Maß hinausschreitet, immer stärker, öfter, konsequenter getan wird, das heißt die eigentliche Propaganda einsetzt, geschieht mit der Sprache etwas Ähnliches, wie wenn ein Musiker auf der Orgel immer nur das volle Werk spielt: Der schöne Organismus des Instrumentes kommt zu Schaden – und die Ohren des Hörenden ebenfalls. Durch die Propaganda wird der Sinn für die Unterschiede; für die Mannigfaltigkeit der Gesichtspunkte und ihr Verhältnis zueinander; für Haupt- und Nebensache, Gleichheit und Ähnlichkeit – mit einem Wort für alles das,

was Reichtum und Kultur des Sprechens ausmacht, abgestumpft. Ein Beispiel: Erinnern wir uns an die Art, wie so oft das Wort »Held« gebraucht wurde. Heldentum ist eine ungewöhnliche Form der Gesinnung, des Handelns und des Schicksals; eine hohe Form des Daseins. Also kann es nur wenige wirkliche Helden geben, denn die hohen Dinge sind selten. Und der Mensch – der eigentliche, geistige – lebt davon, dass es über dem Häufigen das Seltene, über dem Alltäglichen das nur Wenigen Erreichbare gibt. Man möchte sagen, indem er in der Höhe das Ungemeine leuchten sieht, und innewird, dass es ganz und gar über ihm steht, hat er plötzlich, eben darin, Anteil an ihm. So ist das Wort wichtig. Es drückt ein Letztes aus. Wenn aber um bestimmter Wirkungen willen immerfort von Heldentum geredet und Menschen zu Helden erklärt werden, dann wird es verkrampft, oder es verliert seine Bedeutung und meint nur so viel wie Pflichtbewusstsein und Tapferkeit. Dann ist aber ein Element unseres Daseins zerstört.

Oder wir denken an die Art, wie von »nationaler Pflicht« gesprochen wurde. Jeder Mensch, der sein Volk liebt, weiß, es gibt jenes Große, das »Nation« heißt; das den Einzelnen durch seine Hoheit verpflichtet, ihn aus seiner Fülle beschenkt und eine besondere Art der Liebe in ihm weckt. Er weiß, dass es unter Umständen sehr Schweres fordern kann, und dass diese Forderung dann zur Pflicht wird. Wenn aber die Propaganda immerfort von dieser Pflicht redet, den Menschen beständig durch sie unter Zwang setzt, und alles Mögliche, was gerade wichtig scheint, zu einer solchen Pflicht macht, dann wird das Wort zur Unnatur oder zur Phrase. In den vergangenen Jahren stand auf dem Steuerbescheid zu lesen: »Steuerzahlen ist nationale Pflicht.« (Jetzt steht es nicht mehr darauf.) Wenn das Wort bedeutet, was wir gesagt haben, dann ist der Satz eine solche propagandistische Übertreibung. Natürlich ist Steuerzahlen Pflicht; das ergibt sich aus dem Verhältnis des Staatsbürgers zum Ganzen, aber von dem Großen, Begeisternden und zum Opfer Rufenden, das in dem Worte liegt, ist doch dabei gar keine Rede! Wie wirkt es aber, wenn das Wort dafür gebraucht wird? Und wenn der Lesende dabei etwa noch die Vergeudungen des Krieges und die Misswirtschaft der Regierenden vor Augen hat? Dann geht das

Wort zu Grunde – und was bedeutet das für den Menschen, wenn wahr ist, dass er in den Worten lebt?

So wurde immerfort propagiert, in Reden, in Funksendungen, in Artikeln, immer mehr, immer stärker, immer lauter – denken Sie an all die Wortgespenster, die noch in unserer Erinnerung umgehen: »der größte Feldherr aller Zeiten«; »das edelste Volk der Weltgeschichte«; »heute gehört uns Deutschland, und morgen die ganze Welt« – was wird aus einer Sprache, wenn man sie so hetzt?

Zur Übertreibung kommt die Verfälschung. Nehmen wir wieder einige Beispiele.

Da ist das Wort »Wunder«.[289] Was hat die Propaganda nicht alles so genannt! Eine wirtschaftliche Maßnahme, ein technisches Produkt, einen politischen Erfolg oder eine militärische Aktion ... Was heißt »Wunder« in Wahrheit? Dass etwas geschieht, was auf die Hand Gottes zurückweist – aber des wirklich lebendigen Gottes. Dass die schauererregende Gegenwart des Herrn für die Welt fühlbar wird. Etwas Heiliges also, das erschüttert und zur Anbetung ruft. Und was hat die Propaganda daraus gemacht? Einen Effekt. Einen Stoß gegen das träge Gefühl. Etwas Ähnliches, wie wenn der Regisseur eines minderwertigen Theaters rotes oder blaues Licht aufsetzt. Dadurch wurde aber eine Sinngestalt unserer Sprache verdorben; und wenn jemand vom wirklichen Wunder reden wollte, hatte er ein verleiertes oder verschmutztes Ding in der Hand.

Oder das Wort »ewig.« Auch das ist für alles Mögliche gebraucht worden: »Ewiges Blut«, »ewiges Deutschland«, »ewiger Soldat« ... Was heißt »ewig« in Wahrheit? Es ist eine der Wesenseigenschaften Gottes und meint, dass Er lebt, unberührbar von Zeit und Vergänglichkeit, Herr und Richter der Zeiten. Er allein ist ewig, sonst niemand und nichts. Der Mensch aber kann der Ewigkeit teilhaftig werden, wenn er durch Glauben und Gehorsam in die Gemeinschaft Gottes gelangt. Das heißt das Wort, und darin hat es seinen Sinn. Die Propaganda aber hat es dort gebraucht, wo es hätte heißen müssen, dass etwas lang dauert, oder sich in den Wechselfällen der Geschichte behauptet; dass es ehrwürdig ist, oder ein Geheimnis in ihm liegt. So hat sie seinen Sinn verfälscht; hat es benutzt, um bescheidenere Dinge emporzusteigern – und, vergessen wir das nicht, um jene besondere Ehrfurcht, die sich in ihm ausdrückt, von Gott wegzulenken. Was tut aber der Mensch, wenn er seiner bedarf, um auszudrücken, was wirklich ewig ist?

Oder das Wort »Glaube.« Die Propaganda hat vom »Glauben an das Blut« gesprochen, vom »Glauben an Deutschland«, vom »Parteitag des Glaubens« und so fort … Wiederum: Was bedeutet das Wort in Wahrheit? Glaube ist die Antwort des menschlichen Herzens auf die Offenbarung Gottes, die Entscheidung des Willens gegenüber Seiner Forderung; der Bund mit der Gnade, aus welchem das neue Dasein beginnt. Und was ist daraus geworden? Was war in Wahrheit gemeint, wenn man davon redete? Dass der Mensch jene Treue, die von der Zeit in die Ewigkeit reicht und nur dem heiligen Gott gegeben werden kann, einer menschlichen Macht geben und halten solle. Diese Bedeutung hat das Wort denn auch weithin angenommen, und eine der Gestalten unserer Sprache, die Herz und Geist brauchen, ist verdorben.

Endlich ein Letztes, das Wort »Gott« selbst. Mit ihm meinen wir den Schöpfer und Herrn aller Dinge; den Heiligen, auf dessen Wesen Anbetung und Gehorsam antworten. Lassen wir all die Zerstörungen auf sich beruhen, die vollzogen wurden, wenn man von »Gott des Blutes«, vom »deutschen Gott« usw. redete; nehmen wir nur jenen Ausdruck, der einem überall, amtlich und nicht amtlich, begegnete, das Wort »gottgläubig«. Was bedeutete es? Das war überhaupt nicht genau zu sagen. Wenn man genau hinsah, stand nur eins fest: dass derjenige, der es auf sich anwandte, kein Christ sei. Abgesehen davon war alles unbestimmt. Er konnte überzeugt sein, hinter allen Gestalten und Geschehnissen stehe eine geheimnishafte Wirklichkeit, ein Urgrund, ein letztes Woher und Wohin. Er konnte aber auch Materialist sein und nur den Stoff anerkennen, oder Biologist und nur an »das Leben« glauben. Er konnte sogar das Heilige verachten und die Menschenwürde mit Füßen treten – immer durfte er sich in den Listen unter der Rubrik »gottgläubig« eintragen.[290] So war das doch! Das heißt aber, dass das Wort in seinem Sinn zerstört, in seiner Würde entehrt, in seiner Kraft gebrochen war. Wiederum aber: Was bedeutet es für den Menschen, der mit Leib und Geist, mit Verstand und Gemüt lebt, wenn es diesem Worte so ergeht? Die letzte Antwort auf die Frage nach dem Wesen des Menschen liegt nicht in dem, was er über sich selbst, sondern in dem, was er über Gott sagt. Die Entscheidung über den Sinn des Menschen fällt in der Stellungnahme zu Gott. Das ist so. Wenn aber das Wort für Gott so verdirbt, wie es da geschehen ist, dann ist ja von vornherein der Blick verwirrt und das Bild verstört, und der Mensch muss sich zuerst durch all den Schutt durcharbeiten, um zum Eigentlichen zu kommen!

Oben wurde gesagt, die Sprache sei ein Raum, in dem wir geistig existieren: Wenn ein wichtiges Wort verdorben wird, dann bedeutet es für unser geistiges Leben etwas Ähnliches, wie für unser häusliches, wenn in unserer Wohnung ein Zimmer zerschlagen oder sonst wie unbewohnbar gemacht wird.

III

Aber wir müssen tiefer greifen. Wir müssen Schädigungen ins Auge fassen, die der Sprache als Ganzem widerfahren sind.

Da ist vor allem die Wirkung der unablässigen, methodisch betriebenen Lüge. Dafür brauche ich wohl auf keine Einzelheiten einzugehen. Man kann ja den augenblicklichen geistigen Zustand des deutschen Volkes geradezu so beschreiben, dass man sagt, es suche aus dem furchtbaren, alles hüllenden und verzerrenden Dunst der Lüge heraus und wieder zu sich zu kommen. Wir müssen wieder sehen lernen. Sehen, was ist, und wie es ist, und warum es ist; unterscheiden das Ja vom Nein, das Recht vom Unrecht, das Echte um Unechten, die Hauptsache von der Nebensache; und in der Unbestechlichkeit des Urteils die Wahrheit aufrecht halten. Wir werden noch lange zu tun haben, bis uns klar wird, in welchem Maße die Lüge geherrscht hat.

Was ist aber durch diese lange Herrschaft der Lüge geschehen?

Vorhin ist gesagt worden, die Wahrheit bedeute für die Sprache das gleiche, was die sittliche Zuverlässigkeit für das persönliche Leben des Menschen. Sie ist ihr Mark, ihr Rückgrat, ihr Richtungsbewusstsein. Die Wahrheit ist der Charakter der Sprache. Diesen Charakter hat die beständige Lüge angegriffen. Jeder Pädagoge weiß, wie weithin der Maßstab »Das ist wahr« durch den anderen verdrängt worden ist: »Damit komme ich durch; damit habe ich Erfolg.« Das ist aber der viel behauptete Primat des Politischen in den Alltag des Einzelnen übersetzt. Nietzsche hat ihn grundgelegt, als er verkündete, der oberste aller Werte sei »das Leben«, seine Kraft, Fülle, Gesundheit, Produktivität. Ihm sei alles untergeordnet. Wahr sei der Gedanke, der das Leben fördert; unwahr jener, der es schwächt. Von hier ist nur ein Schritt zu der Lehre, die tatsächlich vertreten wurde: Das Leben, das eigentlich gilt, ist das des Volkes. Der Staat ist dafür da, es zu fördern; die Bemühung, mit welcher er dieses Leben schützt und entwickelt, ist die Politik. So kommt sie zuerst[291]; ihr ist alles andere untergeordnet. Daher[292] gibt es für sie auch nicht die Norm einer in sich verbindlichen Wahrheit, sondern jeder Gedanke, jedes Wort wird dadurch wahr, dass es nützt.

Nun ist die Sprache kein bloßer Apparat, mit dem man irgendetwas sagen kann, Phantasie, Lüge, Unsinn, und auch die Wahrheit, sondern sie ist ihrem Wesen nach das Zu-Tage-Treten der Wahrheit. Alles Sprechen ruht auf der »Aussage«; auf dem geistigen Akt, durch den der Sprechende behauptet: »Das ist so und so, das und das geschieht, das und das ist beabsichtigt« – und der Akt hat seinen Sinn darin, dass es sich auch wirklich so verhält. Jedes Wort, jeder Satz ruht auf der inneren und äußeren Aussage und damit auf der Wahrheit, auch wenn er im Einzelfall irrt, auch wenn er phantasiert, auch wenn er Unsinn redet. Selbst die Lüge zehrt noch davon, dass sie die Wahrheit missbraucht. Wenn Denken und Reden nicht auf der Wahrheit ruhten, wäre keine Lüge möglich.
Sobald aber an Stelle der Gesinnung, welche wenigstens grundsätzlich die Wahrheit will, eine solche tritt, für die grundsätzlich Wirkung und Erfolg den Maßstab bilden, verliert die Sprache ihren Halt. Sie bekommt etwas Ungenaues, Ausweichendes, Verrottetes. Eine Unzuverlässigkeit reißt ein, die bis zur Gedankenflucht gehen kann; etwas, das letztlich auf eine geistige Erkrankung zugeht.[293]

Wenn wir daraufhin die Reden der vergangenen Jahre, die ganze Sprechweise des öffentlichen Lebens prüfen, nehmen wir die Zerstörung wahr. Sie ist etwas anderes als das, was mit der Sprache geschieht, wenn die Sitten verwildern oder der Geschmack verroht; sie kommt aus einer Auflösung der geistigen Grundlagen des Sprechens selbst. Der Zustand etwa, dem die lateinische Sprache im Verlaufe der Völkerwandlung verfiel, war Barbarei, bewirkt durch die Verwilderung der öffentlichen Zustände und den Niedergang des kulturellen Lebens; in den letzten Jahren hingegen ist unsere Sprache im Innersten verstört worden, weil das, was sie trägt, der Wahrheitsanspruch, grundsätzlich in Frage gestellt war. Als Beispiel dafür führe ich einige Sätze aus dem sog. Hoßbach-Protokoll an, das kürzlich veröffentlicht wurde.[294] Darin berichtet ein Oberst des Namens über Verhandlungen, die im November '37 in der Reichskanzlei geführt worden sind. (Dabei wäre noch zu bemerken, dass sie noch beträchtlich über dem Durchschnitt stehen. In den täglichen Reden, Artikeln und Verfügungen ist es viel schlimmer.)

Die referierte Rede sagt, »die deutsche Volksmasse verfüge über 85 Millionen Menschen, die nach der Anzahl der Menschen und der Geschlossenheit des Siedlungsraumes in Europa einen in sich so fest geschlossenen Rassekern darstelle, wie er in keinem anderen Land wiederanzutreffen sei, wie er andererseits das Anrecht auf größeren Lebensraum mehr als bei anderen Völkern in sich schlösse.« (S. 354)[295]

»Der durch Rüstungskonjunkturen verursachte Antrieb in der Weltwirtschaft könne niemals die Grundlage zu einer wirtschaftlichen Regelung für einen längeren Zeitraum bilden, welch letzterer vor allem auch die vom Bolschewismus ausgehenden Wirtschaftszerstörungen im Wege stünden. Es sei eine ausgesprochene militärische Schwäche derjenigen Staaten, die ihre Existenz auf dem Außenhandel aufbauten. Da unser Außenhandel über die von England beherrschten Seegebiete führe, sei es mehr eine Frage der Sicherheit des Transportes als der Devisen, woraus die große Schwäche unserer Ernährungssituation im Kriege erhelle.« (S. 356)[296]

»Die deutsche Politik habe mit den beiden Hassgegnern England und Frankreich zu rechnen, denen ein starker deutscher Kloß inmitten Europas ein Dorn im Auge sei, wobei beide Staaten eine weitere deutsche Erstarkung sowohl in Europa als auch in Übersee ablehnten und sich in dieser Ablehnung auf die Zustimmung aller Parteien stützen könnten.« (S. 356 f.)[297]

Wir müssten diese Sätze nun im Einzelnen untersuchen, leider fehlt uns die Zeit dazu. Soviel bemerken wir aber wohl beim ersten Hören, dass diese Sprache nicht die eines Unwissenden oder der Rede Ungewohnten, dass sie auch nicht nur roh oder nachlässig – sondern dass sie in ihrem Bau verstört ist. Pascal hat einmal gesagt, um die Qualität eines Kulturgebildes zu erkennen, solle man es in ein anderes Gebiet übersetzen: also wenn es sich etwa um ein Haus handle, solle man sich denken, ein Mensch wäre so gekleidet, wie das Haus gebaut ist; dann werde man sofort merken, wie es mit dem Haus stehe.[298] Machen wir es so; denken wir uns, ein Tier wäre in seinem Bau und Benehmen wie diese Sätze – würden wir nicht unwillkürlich sagen: das ist ja krank?

IV

Wenn die Wahrhaftigkeit den sittlichen Charakter der Sprache bildet, dann ist das Gefühl ihre Seele. Aus dem Gefühl kommt das Strömende, Warme, Farbige ins Wort. Vom Herzen her leuchtet und blüht es. Auch hier ist Unabsehliches zerstört worden.
Nehmen wir wieder konkrete Beispiele. Eines der Wertgefühle, auf die man sich am öftesten berief, war das der Kraft. Kraft wurde aber weithin mit physischer Dynamik oder mit biologischer und willensmäßiger Energie gleichgesetzt. Nun ist aber menschliche Kraft in Wahrheit etwas sehr Vielfältiges. In ihr liegt die Leistungsfähigkeit der Muskeln, aber auch die Empfindungsstufe der Seele, die Festigkeit des Entschlusses, aber auch die Sinnmacht des Geistes; die Energie des Kampfes, aber auch die Lauterkeit des Charakters. Ja, echte Kraft besteht nicht einmal nur aus »Kraft«, sondern enthält, wie alle vollen menschlichen Haltungen, auch ihr Widerspiel, die Zartheit[299]. Während der letzten Kriegsjahre konnte man überall den Satz lesen: »Harte Zeit brauchte harte Herzen.« Das war ein furchtbarer Satz – und dazu ein falscher, denn es ist ja gar nicht wahr, dass die harten Herzen die stärksten sind! In Wahrheit stark waren immer solche, welche auch Tiefe und Zartheit in sich trugen.
Es gibt wohl keinen Dichter, der eine solche Mächtigkeit des Empfindens und Gestaltens, der Verkündung und Förderung

besessen hätte wie Dante; und dessen Kraft war nicht nur in seinem Werk, sondern auch in seinem Leben, das eine einzige, mit unbeugsamer Energie durchlebte Tragödie bildete – aber wie war Dantes persönliche Erscheinung? Seine Büste aus Neapel ist bekannt, mit der finster gefalteten Stirn und dem herrisch hervorgeschobenen Kinn. Nun, bei Gelegenheit der sechshundertsten Wiederkehr seines Todes wurde sein Sarg geöffnet, und das anthropologische Institut der Universität Bologna hat seine Gebeine untersucht. Das Ergebnis war überraschend: Dante war ein zarter Mensch, feingliedrig und ein wenig vorgebeugt, und die Vorstellungen von ihm sind in dem Maße falsch, als sie sich dem üblichen Bilde des Heroischen nähern. Wie aufschlussreich für unsere Frage!

In den vergangenen Jahren wurde weithin Kraft mit Brutalität verwechselt. So ist in alles die Gewalt hineingekommen. Überall ist man den Weg des Befehlens und Durchfahrens, des Drohens und Dreinschlagens, des Zwingens und Vernichtens gegangen[300] und hat gemeint, er führe am raschesten zum Erfolg. In Wahrheit ist auf ihm etwas ganz anderes geschehen: Das eigentlich Menschliche ist ausgefallen, und alles ist verkrampft und unfruchtbar geworden. Ein Stück Holz kann man zwingen; man nimmt es und macht damit, was man will. Schon beim Tier geht das nicht, das weiß jeder, der Vögel oder Hund liebt, denn das Tier hat Leben und Leben verkümmert im Zwang. Menschliche Handlungen vollends gehen aus einer Mitte hervor: aus der inneren Initiative, aus der Ursprünglichkeit des Entschlusses, aus Freiheit und Überzeugung. Die Menschenführung der letzten Jahre aber wollte den Weg über die Freiheit nicht. Dieser enthält das Moment der Ehrfurcht und des Vertrauens, sie aber wollte die berechenbare und erzwingbare Wirkung ... So behandelte sie den Menschen, als ob er bloß physisches Ding wäre. Als Urbild des richtig verhaltenden Menschen sah man den gutgedrillten Soldaten an, der keinen eigentlichen Willen hat – nein, die exakt arbeitende Maschine.

Was dadurch in den sehr verletzlichen Gefügen des Staates, der Wirtschaft, des Geisteslebens angerichtet worden ist, geht uns hier nichts an; wir haben zu fragen, was im Bereich der Sprache geschah. Da zeigte sich die Neigung, Menschliches durch Maschinelles, durch Bilder des Zwingens und Vergewaltigens auszudrücken. So sprach man von »Menschenmaterial«, »Schreibkraft« und »Lehrkraft«. Kulturelle Einrichtungen wurden »gleichgeschaltet« wie elektrische Apparate. Wirtschaftliche Unternehmen wurden »angekurbelt« wie Motoren. Wenn man irgendwo einen Spitzel hineinsetzte, hieß das »einen zuverlässigen Mann einbauen«. Menschen wurden »erfasst« oder »durchgeschleust«, oder »eingesetzt«. Letzteres das *[sic!]* besonders; kaum ein Wort begegnet einem so oft wie das furchtbare »Einsatz«[301]: »Arbeitseinsatz«, »Feindeinsatz«, »in den Einsatz gehen«, »im Einsatz sein« und so fort. Alles aber war vom Staate erfasst und der war ein »Apparat«, der »funktionierte«. Ein falsches, durch ein bestimmtes Weltbild bedingtes Krafterlebnis war auf dem Wege, die ganze Sprache zu mechanisieren.

Mit dem der Kraft ist das Gefühl der Sachlichkeit verwandt. In ihm hat man ja geradezu das Merkmal der neuen menschlichen Haltung gesehen. Der Mensch nach dem ersten Weltkrieg liebte die Gefühle überhaupt nicht sehr. Jedenfalls durften sie sich nicht zu sehr entwickeln und noch weniger die Führung seines Lebens bestimmen. Diese musste gerade Wege gehen, vom Ausgang zum Ziel. Es musste auf den Zweck sehen und danach seine Handlungen einrichten. Es durfte kein Verweilen geben, keine Umwege, keine Komplikationen. Alles sollte übersichtlich und praktisch sein, Kraft und Material sparen und vor allem schnell gehen. »Keine Umstände machen« hieß das Leitwort; »geradewegs auf das Ziel zugehen und schnell«. Diese Haltung hat sich immer weiter entwickelt. Dass in ihr wirkliche Werte und ein echter Stil legen können, ist klar, man braucht nur an die Versponnenheiten und Überladungen der Zeit um die Jahrhundertwende zu denken. Wir Heutige lieben den offenen Raum und die klaren Ordnungen. Wir fühlen, dass die Erde immer enger, die Stoffe jeder Art knapper werden, daher alles geplant und geordnet werden muss. So können wir uns keine Umständlichkeiten erlauben und wollen es auch nicht.
Darüber darf aber nicht vergessen werden, dass die Sachlichkeit sich zu einer Gefahr entwickelt. Es geht ja doch nicht nur um Maschinen und Organisationen, sondern um den Menschen. Und das menschliche Leben ist trotz aller Wandlungen des Stils nun einmal nicht sachlich. Schon die Natur ist es nicht, sondern

in ihr herrscht eine vom Gesichtspunkt der Zweckmäßigkeit nicht zu erklärende Fülle der Gestalten, eine Verschwendung von Mitteln und Kräften, daher rührend, dass die Vorgänge der Natur nicht nur um des Zweckes, sondern auch um ihrer selbst willen da sind, und beim Menschen ist es noch mehr der Fall. Wenn es sich nicht gerade um eine exakte Leistung handelt, wird der Weg doch nicht nur um des Zieles, sondern auch um des Gehens willen gegangen. Das Handeln und Schaffen des Menschen ist nicht nur um des Endergebnisses willen da, sondern weil in ihm der Mensch lebt. Die ganze Kindheit ist vom Spiel beherrscht, in welchem der Zweck überhaupt vor der freien Bewegung des werdenden und sich entfaltenden Lebens zurücktritt. Und auch vom übrigen Dasein besteht ein großer Teil aus Umwegen, aus einem Dahinleben und Ausgeben, das seinen Sinn in sich selber hat.

So liegt in der Sachlichkeit auch die Gefahr, den Menschen auf einige dürftige, harte Linien festzulegen und die freie Fülle des Daseins zur Verkümmerung zu bringen.

Im versachlichten Leben verschwindet der Humor, der ja gerade in der Fähigkeit besteht, die Umständlichkeiten und Verzwicktheiten des Daseins freundlich hinzunehmen. Es verschwindet die Höflichkeit, deren erstes Gebot verlangt, dass man für den anderen Zeit habe und ihm Raum schaffe. Es verschwindet die Ritterlichkeit, die das Recht des Schwachen, Zarten, Hilflosen und Ungeschickten anerkennt, was alles meistens ein Hindernis auf dem geraden Weg zum Ziel darstellt. Es verschwindet die Barmherzigkeit, in welcher sich der Starke mit dem Schwachen solidarisch fühlt. Und es verschwindet die Polyphonie des Lebens, der Reichtum der Gesichtspunkte, die Fülle der Ober- und Untertöne, welche jeden Ton des Lebens begleiten, Vieles von dem, was sich Sachlichkeit nennt, ist im tiefsten Grunde Trägheit und Herzenskälte.

Auch dieses Phänomen können wir nicht weiter verfolgen, so wichtig es wäre, sondern wieder nur fragen, was es für die Sprache bedeutet. Aus dem Vielen, was zu sagen wäre, möchte ich nur eines herausheben: Die Neigung, das konkrete Wort durch das abstrakte und das lebendige Zeitwort durch Hilfsverben zu ersetzen. Ein Beispiel: »Die Notwendigkeit der Unterbringung großer Menschenmassen auf beschränktem Raum ist eines der schwersten Hindernisse für die sittliche Neuordnung unseres Lebens.« Ein großer Teil der Sätze, die unser Alltag spricht und schreibt, ist so gebaut wie dieser. Wie müsste er eigentlich lauten? Etwa so: »Wir sind gezwungen, große Menschenmassen in engem Raum unterzubringen; das ist es vor allem, was uns hindert, das Leben wieder sittlich zu ordnen.« Der Unterschied ist klar. Hier Konkreta: wir sind gezwungen, unterzubringen, das hindert uns, zu ordnen – dort Abstrakta: die Notwendigkeit der Unterbringung; das Hindernis des Aufbaues. Hier die Substantive durch lebendige Zeitworte verbunden; dort, zwischen den beiden Gruppen von abstrakten Wörtern das farblose Hilfsverbum »ist«. Unsere meisten Sätze sind so gebaut: ein abstraktes Wort oder ein Haufen von solchen auf der einen Seite, das gleiche auf der anderen, dazwischen ein Hilfszeitwort: ist, bedeutet, bildet, darin liegt, darin besteht und dergleichen. Wieso hängt das mit der Sachlichkeit zusammen? Der so gebaute Satz ist kürzer und genauer; er ist eben sachlich. Der andere ist umständlicher und hat nicht die scharfe Präzision des ersten; dafür ist er aber lebendiger. Einmal, weil er mit dem Konkretum arbeitet, das Leben aber im Konkreten liegt.[302] Und dann, weil er echte Zeitworte verwendet, und das Zeitwort der eigentliche Träger des Lebens ist ... Diese Gefahr, welche der Sprache von der neuzeitlichen Sachlichkeit droht, hat sich in den letzten Jahren sehr gesteigert. Zeitungsartikel, Reden, amtliche Äußerungen wimmeln von Sätzen, die in solcher Weise gebaut sind. Es wäre eine dankenswerte Aufgabe, einmal festzustellen, mit wie viel echten Zeitworten die Umgangssprache eines durchschnittlichen Menschen oder eines durchschnittlichen Zeitungsartikels auskommt.

So wäre noch vieles zu sagen. Zum Schluss möchte ich nur noch kurz auf einen Gefühlskomplex hinweisen, der in den letzten Jahren besonders stark verändert oder gefährdet worden ist, nämlich den Bereich der Liebesaffekte. Was über die Sachlichkeit gesagt worden ist, spielt auch hier herein. Man hat vielfach darauf aufmerksam gemacht, dass im Leben des neuzeitlichen Menschen die Affekte der Leidenschaft, der Neigung, der Liebe in ihren verschiedenen Formen bis zur geistigsten, an Intensität, an Mannigfaltigkeit wie an Spielraum verlieren. Man hat gesagt, der neue Mensch habe keine Zeit zur Liebe. Die Liebe verbrauche zu viel Kraft, Phantasie, Lebensraum, und das könne der Mensch des Maschinenzeitalters sich nicht mehr gestatten.

Diese Ansicht hat Recht, und was sie meint, hat sich in den letzten Jahren sehr gesteigert. Einmal, weil dem Menschen immer mehr von seiner Zeit – das Wort im weitesten Sinne verstanden, als Lebenszeit, als Möglichkeit, die Gefühle ausschwingen zu lassen – genommen wurde. Er hatte ja immer zu tun: zuerst durch seine Arbeitspflicht, die immer anspruchsvoller und gewalttätiger wurde, dann durch all die unzähligen Dienstleistungen, welche die noch immer verbleibende Zeit wegfraßen. Wie sollte der Mensch, der immer gehetzt war; der immer denken musste, ob er nichts vergessen habe; der, vor allem, immer müde war, müde an Leib und Seele, jene innere Tiefe gewinnen, aus der der große Affekt kommt? Woher sollte er die Ruhe nehmen, in welcher die reichen und schönen Gedanken des Herzens aufkommen können?

Dazu kam etwas anderes, und das war fast noch schlimmer: nämlich die Entfesselung des Geschlechtlichen. Dem Historiker, der später einmal auf die jüngst vergangene Zeit zurückblickt, werden vor allem zwei Dinge auffallen: wie sehr überall die Gewalt herrschte, und welche Macht das Geschlechtliche hatte – und beides hängt tief zusammen. Gewalt und Sexus sind Geschwister. Damit meine ich nicht, die Menschen hätten sich tiefer in die Gewalt des Eros hineingeworfen. Im Gegenteil, die Leidenschaft ist immer karger, der Eros immer dürftiger geworden. An Stelle des Eros ist weithin der Sexus, an Stelle des Herzens der physische Trieb getreten.

Die Gründe dafür liegen – vom bereits Gesagten abgesehen – in einer bewusst ausgebauten Theorie, nämlich in der Idee des »Blutes«. Es wäre einer eindringenden Betrachtung wert, festzustellen, worin sich die Proklamation des »Blutes« von dem unterscheidet, was »Herz« heißt. Herz ist wohl Leib, Blut, aber auch Seele, Geist. Eine der vornehmsten Traditionen des Abendlandes läuft als Philosophie und Theologie des Herzens von Platon her über Augustinus, Franziskus, Dante, die Liebesmetaphysik der Renaissance, Pascal, über die Romantik bis zu Rainer Maria Rilke;[303] Gedanken, durch welche die Sphäre des Herzens und ihre Aktuierung in der Liebe geklärt und gerechtfertigt wird. Die Proklamation des Blutes ist etwas anderes. Es mag überraschend klingen, ist aber so: Wie das Blut verkündet wurde, steht es der Maschine sehr nahe. Und so ist denn auch dem Quellbereich des Blutes, nämlich der Beziehung zwischen den Geschlechtern, das gleiche widerfahren, wie den wirtschaftlichen Dingen und der Technik: Es ist zum Gegenstande theoretischer Erwägungen und planender Maßnahmen gemacht worden – zusammengefasst unter einem Worte, das, fürchte ich, einmal ein Wort der Unehre für uns sein wird: das Wort der »Züchtung«. Man braucht nur daran zu denken, in welcher Weise über die Fragen der Biologie, der Vererbung, der Bevölkerungsbewegung usw. in Schulen und Lagern gesprochen worden; wie das Leben der Jugend auf das Biologische hin dirigiert, wie das Triebleben entfesselt worden ist und anderes mehr.

Jedenfalls ist das geschlechtliche Empfinden dadurch immer gröber und eintöniger geworden. Das Reiche, Blühende, Ursprüngliche in ihm ist verkümmert. Die Tiefe und Kraft des Erlebens hat abgenommen. Ja sogar die der unmittelbaren physischen Leidenschaft; und ernste Stimmen von Erziehern und Ärzten haben darauf aufmerksam gemacht, diese Entfesselung des Triebes werde zuletzt das Gegenteil dessen bewirken, was gewollt war, nämlich die Unfruchtbarkeit. Denn es handelt sich ja nicht um Tiere, sondern um Menschen, und der Mensch ist letztlich vom Herzen her fruchtbar[304], nicht vom Körper.

Doch soll das alles auf sich beruhen und ebenso das andere Wichtigere, welche Folgen das alles in sittlicher Beziehung hatte, und welch furchtbares Erbe wir in dieser Beziehung aufzuarbeiten haben. Für uns handelt es sich wieder um die Sprache. Und da brauchen wir nur an die Dichtung zu denken, um zu ahnen, was diese Verwüstung des Herzenslebens angerichtet hat. Wenn man einen Band Lyrik aus den letzten Jahren zur Hand nimmt – man kommt einfach nicht durch, so grob, so eintönig und leer ist alles. Die Dichtung lebt aus dem Eros. Wenn aber der Eros durch die Physis verdrängt ist, wenn dem Eros seine Freiheit, seine Verborgenheit, sein Geheimnis, seine schöpferische Tiefe, seine schöne spielende Fülle genommen wird, dann verstummt die Dichtung. Man muss nur einmal Gedichte aus der letzten Zeit und nachher irgend eine Strophe von Rilke, oder gar von Mörike, oder Goethe lesen, dann sieht man, was geschehen ist.

V

So wäre noch vieles zu sagen. Vielleicht ist aber doch klar geworden, aus welch tiefen Voraussetzungen die Sprache lebt; woher sie gefördert und woher sie geschädigt wird. Und klar geworden, welche Verantwortung wir für sie haben. Einmal in dem allgemeinen Sinne, dass wir die Pflicht fühlen, sie in unserem Sprechen und Schreiben in Ehren zu halten und ihr zum Leben zu helfen. Dann aber auch in einem besonderen Sinne, sofern wir erzieherische Aufgaben haben. Und solche hat ja nicht nur der Lehrer, sondern auch der Vater, die Mutter, jeder, der in der Lage ist, dem jungen Menschen etwas zu sagen.

Die Erziehung zum Sprechen beginnt mit der zur Ehrfurcht vor der Wahrheit und zur Achtung vor dem Menschen, vor allem, was Menschenantlitz trägt. Von da setzt sie sich ins Einzelne fort. Der Erzieher lehrt, einfach zu sprechen. Er zeigt, dass der positive Ausdruck mehr vermag als der superlative, und ein einzelnes Eigenschaftswort bedeutungsvoller ist als die Anhäufung von zweien oder dreien. Er lehrt richtig zu beobachten und das Geschehene richtig darzustellen. Er führt in die Bedeutung jener Worte ein, auf denen das sittliche und religiöse Dasein ruht, nachdem er sie sich selbst durch irgendeine Weise der Meditation klargemacht hat. Er sorgt dafür, dass die zerredeten Worte nur da gebraucht werden, wo sie wirklich am Platze sind, und manche lässt er förmlich brach liegen, wie einen ausgelaugten Acker. Er reinigt die verdorbenen und verschmutzten Worte, indem er sie erklärt und ihren Gebrauch – zuerst bei sich selbst – in strenge Zucht nimmt. Er bemüht sich, die Maschinenworte, die dem Menschen seine Würde nehmen, zurückzudrängen; bekämpft die barbarische Neigung, Anfangssilben zu Wortscheusalen zusammenzuziehen, und ebenso die immer weiter um sich greifende Unsitte, nur die Anfangsbuchstaben zu brauchen, wodurch die Sprache etwas so Leblos-Mechanisches bekommt.

Sobald der Erzieher sich seiner Verantwortung für unsere so tief gefährdete Sprache bewusst wird und mit der Arbeit für sie beginnt, wird ihm eine Möglichkeit um die andere aufgehen.

Bildnachweise

S. 34: Romano Guardini auf einem Quickborntreffen in Wolfegg am 26. August 1945. © Max Oberdorfer

S. 62: Otl Aicher, Plakat für den ersten Vortrag im Rahmen der »Religiösen Ansprachen über christliche Weltanschauung« am 16. August 1945. Archiv Otl Aicher, Ulm. © Florian Aicher

S. 82: Auszug aus »Der Heilbringer in Mythos, Offenbarung und Politik« (1946). Fragment eines Typoskript-Entwurfs. Abdruck nach Oberdorfer, Max (Hg.), Romano Guardini. Zeugnisse eines großen Lebens, Ostfildern 2010, 84 f.

S. 132: Plakat zu einem Vortrag Guardinis am 20. Dezember 1945 in Ulm (Titel unbekannt). Otl Aicher, Guardini spricht. Plakat für die Volkshochschule Ulm, 1945. Maße 26 x 32 cm, Lithographie auf Papier. HfG-Archiv Ulm/Ulmer Museum. Inv. Nr. AiG 003. © Florian Aicher

S. 164: Romano Guardini, Der Tod des Sokrates, Godesberg: Verlag Helmut Küpper 1947

S. 170: Romano Guardini auf einem Kongress des Centre de Pastorale liturgique in Lyon (»Le jour du seigneur«, 17.–22. September 1947). Er hielt in diesem Rahmen einen Vortrag über die Bedeutung des Sonntags (»Le jour sacré dans l'histoire du salut«, dt. 1948 »Der Tag des Herrn in der Heilsgeschichte«). Abbildung: M. Oberdorfer/GGPC, Scan von Fotosatz Amann, Memmingen

Bibliographische Nachweise

GA = Guardini Archiv der Katholischen Akademie in Bayern, München.
GW = Romano Guardini Werke

I. Memminger Triduum: Recht und Unrecht – Die Wahrheit – Die Vorsehung

Dokumente aus dem Nachlass:

GA 1671, Typoskript, 22 S., Titel »Recht und Unrecht«. Gegliedert in die Abschnitte I–IV.

GA 1672, Typoskript, 25 S., Titel »Die Wahrheit«. Gegliedert in die Abschnitte I–V.

GA 1673, Typoskript, 17 S., Titel »Die Vorsehung«. Gegliedert in die Abschnitte I–IV.

II. Wahrheit und Lüge

Dokumente aus dem Nachlass:

GA 1296, Typoskript, 37 S. [erstes Blatt als S. 1–2 gezählt] mit Vorsatzblatt. Titel »Wahrheit und Lüge« (auf S. 1–2) mit Hinweis »3. Red. / Ende Juli«. Handschriftliche Bearbeitungsspuren und Einklammerungen [entspricht einer 4. Red.]. Text gegliedert in die Abschnitte I–VII. Auf dem Vorsatzblatt (mit Archivnummer 10): »Wahrheit und Lüge // Redaktion 3 / Juli 1945 / Seite 1–37«. Handschriftlicher Zusatz (nicht von Guardini): »ungedruckt / vermutl. Vortrag Ulmer VolksHS«.

Bibliothek Mooshausen, Typoskript, 1 S., Titel »Wahrheit und Lüge und ihre sittlich-religiöse Bedeutung«, gefolgt von einer Disposition mit den Abschnitten I-VI, datiert »Mooshausen, den 30. Juli 1945 / Post Marstetten in Württemberg«; abgebildet bei Oberdorfer, Max, Romano Guardini – Zeugnisse eines großen Lebens, Ostfildern 2010, 82.

Bibliothek Mooshausen, Typoskript-Fragment, S. 1, Titel »Wahrheit und Lüge«, gefolgt von Abschnitt I (»Einleitung«) und dem Beginn von Abschnitt II; abgebildet bei Oberdorfer, Max, Romano Guardini – Zeugnisse eines großen Lebens, Ostfildern 2010, 83.

III. Der Heilbringer in Mythos, Offenbarung und Politik

Publikationen:

Guardini, Romano, Der Heilbringer in Mythos, Offenbarung und Politik. Eine theologisch-politische Besinnung (Der Deutschenspiegel. Schriften zur Erkenntnis und Erneuerung 7), Stuttgart 1946.

Guardini, Romano, Der Heilbringer. In Mythos, Offenbarung und Politik. Eine theologisch-politische Besinnung, Zürich 1946.

Guardini, Romano, Der Heilbringer in Mythos, Offenbarung und Politik. Eine theologisch-politische Besinnung, in: Guardini, Romano, Unterscheidung des Christlichen. Gesammelte Studien 1923–1963. 2., verm. u. durchges. Aufl., Mainz 1963, 411–456; dann in: ders., Unterscheidung des

Christlichen. Band 2: Aus dem Bereich der Theologie (GW), Mainz/
Paderborn ³1994, 155–204.

Fragment aus dem Nachlass:

Bibliothek Mooshausen, Typoskript-Fragment, S. 56 und 57; abgebildet in:
Oberdorfer, Max (Hg.), Romano Guardini. Zeugnisse eines großen Lebens. Fotografien von Max Oberdorfer, Mainz 2010, 84 f.

Vorarbeiten:

Guardini, Romano, Religiöse Erfahrung und Glaube, in: Schildgenossen 13
(1933/34), Nr. 4, 283–306; dann abgedruckt in: ders., Unterscheidung des
Christlichen. Gesammelte Studien. Im Namen der Freunde zum 50. Geburtstag des Verfassers. Herausgegeben von Heinrich Kahlefeld, Mainz
1935, 270–304; erneut abgedruckt in: ders., Unterscheidung des Christlichen. Gesammelte Studien 1923–1963, Mainz 1963, 307–339; dann in:
ders., Unterscheidung des Christlichen. Bd. 2: Aus dem Bereich der
Theologie (GW), Mainz/Paderborn ³1994, 41–75.
Der Heiland, in: Schildgenossen 14 (1934/35), Nr. 2, 97–116; neu abgedruckt in: Guardini, Romano, Unterscheidung des Christlichen. Gesammelte Studien. Im Namen der Freunde zum 50. Geburtstag des Verfassers. Herausgegeben von Heinrich Kahlefeld, Mainz 1935, 361–388.

IV. Die Vorsehung

Publikation:

Guardini, Romano, Die Vorsehung, in: Frankfurter Hefte 3 (1948), 1116–
1126; dann in: ders., Glaubenserkenntnis. Versuche zur Unterscheidung
und Vertiefung, Würzburg ²1949, 63–76; dann in: ders., Glaubenserkenntnis. Versuche zur Unterscheidung und Vertiefung (Romano
Guardini Werke), Mainz/Paderborn 1997, 68–82.

Vorarbeit:

Guardini, Romano, Was *Jesus* unter der *Vorsehung* versteht (Christliche
Besinnung 1, 1), Würzburg 1939; dann unter dem Titel »Was Jesus unter
der Vorsehung versteht« [ohne Hervorhebungen] in: Glaubenserkenntnis. Versuche zur Unterscheidung und Vertiefung, Basel 1944, 63–76.

Parallele Veröffentlichung:

Guardini, Romano, Welt und Person. Versuche zur christlichen Lehre vom
Menschen [1939]. 6. Aufl. (GW), Mainz/Paderborn 1988, 173–198 (»Die
Vorsehung« [3. Teil des Werkes nach »Die Welt« und »Die Person«]).

V. Die Waage des Daseins

Publikation:

Guardini, Romano, Die Waage des Daseins. Rede zum Gedächtnis von
Sophie und Hans Scholl, Christoph Probst, Alexander Schmorell, Willi
Graf und Prof. Dr. Huber, gehalten am 4. 11. 1945, Tübingen 1946; dann
in: Heise, Carl Georg [u. a.] (Hg.), Deutsche Stimmen 1945–1946, Hamburg 1948, 44–51; dann im Manuskriptdruck der LMU München (1955;

siehe unten); dann in: Guardini, Romano, Freiheit und Verantwortung. Die Weiße Rose – zum Widerstand im »Dritten Reich«. 2. Taschenbuchauflage (Topos-Taschenbücher 705), Ostfildern 2010, 7–20.

Manuskriptdruck der LMU München:

Die Waage des Daseins. Zum Gedächtnis von Sophie und Hans Scholl, Christoph Probst, Alexander Schmorell, Willi Graf, Prof. Dr. Huber und Hans Carl Leipelt. Mit freundlicher Unterstützung Sr. Magnifizenz, Prof. Dr. Alfred Marchionini, herausgegeben vom Allgemeinen Studentenausschuss und als Manuskript gedruckt für die Studenten der Ludwig-Maximilians-Universität, München, München 1955. – Darin der Wiederabdruck von Guardinis Gedenkrede (siehe oben), ebd., 9–19; ferner »Zum Geleit« von Prof. Dr. Alfred Marchionini (ebd., 3 f.) und cand. iur. Joseph Höss (ebd., 4) sowie der einleitende Beitrag von Inge Scholl unter dem Titel »Es lebe die Freiheit« (ebd., 5–8).

VI. Zum Beginn der Vorlesungen in Tübingen

GA 1325, Typoskript, 4 S., Titel »Zum Beginn der Vorlesungen in Tübingen am 15. November 1945«. Handschriftliche Bearbeitungsspuren. Vorsatzblatt (mit Archivnummer 38): »Zum Beginn der Vorlesungen / in Tübingen am 15. November 1945 // Seite 1–3 [sic!]. Handschriftliche Zusätze (nicht von Guardini): »(unvollst.) / Ungedruckt«.

VII. Unsere Verantwortung für die Sprache

Dokumente aus dem Nachlass:

GA 1509, Druckvorlage, 10 S., Titel »Unsere Verantwortung für die Sprache«, ohne Zwischenüberschriften, gegliedert in die Abschnitte I–IV.

GA 1508, Typoskript, 36 S., Titel »Unsere Verantwortung für die Sprache«, gegliedert in »Vorbemerkung« (S. 1), »Das Wesen der Sprache« (S. 2–11, mit den Abschnitten I–III) und »Die Schädigung der Sprache« (S. 12–36, mit den Abschnitten I–V).

Mit Kurztitel zitierte Literatur und Quellen

Bernhart, Joseph, Tagebücher und Notizen. 1935–1947. Hg. von Manfred Weitlauff, Weißenhorn 1997.

Chronik der Stadt München 1945–1948. Bearbeitet von Wolfram Selig unter Mitwirkung von Ludwig Morenz und Helmuth Stahleder, München 1980.

Engelmann, Henri / Givord, Robert, Romano Guardini. Perspectives chrétiennes d'Outre-Rhin, in: Etudes 79 (1946), Bd. 251, Dezember, 355–372, hier 364 f.; 80 (1947), Bd. 252, Januar, 20–39.

Fetscher, Iring, Neugier und Furcht. Versuch, mein Leben zu verstehen, Hamburg 1995.

Gerl[-Falkovitz], Hanna-Barbara u. a. (Hg.), Begegnungen in Mooshausen. Romano Guardini – Maria Knoepfler – Maria Elisabeth Stapp – Josef Weiger, Weißenhorn 1989; 2. Aufl. 1990.

Gerl[-Falkovitz], Hanna-Barbara, Romano Guardini 1885–1968. Leben und Werk, Mainz 1985.

Gerl[-Falkovitz], Hanna-Barbara, Romano Guardini. Konturen des Lebens und Spuren des Denkens (Topos plus Taschenbücher 553), Kevelaer 2005.

Gerl-Falkovitz, Hanna-Barbara, Unterscheidung aus Verstehen. Romano Guardini und Nietzsche, in: Schuster, Hermann Josef (Hg.), Guardini Weiterdenken (Schriftenreihe des Forum Guardini 1), Berlin 1993, 193–202.

Gerner, Berthold, Romano Guardini in München. Beiträge zu einer Sozialbiographie. Band 1: Lehrer an der Universität, München 1998.

Gerner, Berthold, Romano Guardini in München. Beiträge zu einer Sozialbiographie. Band 2: Redner am Vortragspult, München 2000.

Görner, Erich, Romano Guardini im Gespräch mit Erich Görner 1933/34, Rothenfels a. M. o. J.

Guardini, Romano, »Europa« und »Christliche Weltanschauung«. Aus der Dankrede bei der Feier meines siebzigsten Geburtstags in der Philosophischen Fakultät der Universität München am 17. Februar 1955, in: ders., Stationen und Rückblicke / Berichte über mein Leben (GW), Mainz/Paderborn 1995, 294–301.

Guardini, Romano, »Ich fühle, dass Großes im Kommen ist.« Briefe an Josef Weiger 1908–1962. Hg. von Hanna-Barbara Gerl-Falkovitz (GW), Mainz 2008.

Guardini, Romano, Berichte über mein Leben. Autobiographische Aufzeichnungen. Aus dem Nachlass hg. v. Franz Henrich [1. Aufl. 1984], in: ders., Stationen und Rückblicke – Berichte über mein Leben (GW), Mainz/Paderborn 1995, 9–115, hier 21.

Guardini, Romano, Christliches Bewusstsein. Versuche über Pascal [1935], 4. Aufl. (GW), Mainz/Paderborn 1991.

Guardini, Romano, Dantes Göttliche Komödie. Ihre philosophischen und religiösen Grundgedanken (Vorlesungen). Aus dem Nachlass hg. v. Hans Mercker. Unter Mitarbeit von Martin Marschall (GW), Mainz/Paderborn 1998.

Guardini, Romano, Das Auge und die religiöse Erkenntnis [1941], in: ders., Wurzeln eines großen Lebenswerks. Aufsätze und kleinere Schriften. Band 3 (GW), Mainz/Paderborn 2002, 181–203.

Guardini, Romano, Das Ende der Neuzeit / Die Macht (GW), Mainz/ Paderborn 1986.

Guardini, Romano, Das Gebet des Herrn, Mainz 1932; Neudruck als Topos-Taschenbuch, Mainz 1965; 9. Aufl., 2002.

Guardini, Romano, Das Gute, das Gewissen und die Sammlung [urspr. Aufsatzfolge 1928], Mainz 1929.

Guardini, Romano, Der Gegensatz. Versuche zu einer Philosophie des Lebendig-Konkreten, Mainz 1925; 4. Aufl. (GW), Mainz/Paderborn 1998.

Guardini, Romano, Der Herr. Betrachtungen über die Person und das Leben Jesu Christi [1937], 18. Aufl. (GW), Mainz/Paderborn 2000.

Guardini, Romano, Der Kreuzweg unseres Herrn und Heilandes [1919] (Topos-Taschenbuch 212), Mainz 1998.

Guardini, Romano, Die Existenz des Christen. Herausgegeben aus dem Nachlass, Paderborn 1976.

Guardini, Romano, Die Lehre des heiligen Bonaventura von der Erlösung. Ein Beitrag zur Geschichte und zum System der Erlösungslehre, Düsseldorf 1921.

Guardini, Romano, Die letzten Dinge. Die christliche Lehre vom Tode, der Läuterung nach dem Tode, Auferstehung, Gericht und Ewigkeit, Würzburg 1940.

Guardini, Romano, Die religiöse Sprache [urspr. 1959], in: ders., Sprache, Dichtung, Deutung / Gegenwart und Geheimnis (GW), Mainz/Paderborn 1992, 11–35.

Guardini, Romano, Europa. Wirklichkeit und Aufgabe. Rede nach der Verleihung des »Praemium Erasmianum« in Brüssel am 28. April 1962, in: ders., Sorge um den Menschen. Bd. 1 (GW), Mainz/Paderborn ²1988, 238–252.

Guardini, Romano, Form und Sinn der Landschaft in den Dichtungen Hölderlins, Tübingen–Stuttgart 1946.

Guardini, Romano, Freiheit, Gnade, Schicksal. Drei Kapitel zur Deutung des Daseins [1948], Mainz 1994.

Guardini, Romano, Gebet und Wahrheit. Meditationen über das Vaterunser [1963]; 3. Aufl. (GW), Mainz/Paderborn 1988.

Guardini, Romano, Gedanken über das Verhältnis von Christentum und Kultur [1926], in: ders., Unterscheidung des Christlichen. Gesammelte Studien 1923–1963. Bd. 1: Aus dem Bereich der Philosophie (GW), Mainz/Paderborn 1994, 164–205.

Guardini, Romano, Glaubenserkenntnis. Versuche zur Unterscheidung und Vertiefung, Basel 1944. [Mit den Beiträgen: Glaubensgeschichte und Glaubenszweifel; Der Glaube als Überwindung; Das Dogma; Gottes Walten und die Freiheit des Menschen; Was Jesus unter der Vorsehung versteht; Gottes Geduld; Die Anbetung; Das Herrentum Christi; Das Fegfeuer; Die Heiligen; Der Widersacher.]

Guardini, Romano, Glaubenserkenntnis. Versuche zur Unterscheidung und Vertiefung, Würzburg ²1949. [Mit den Beiträgen: Die Anbetung; Gottes Geduld; Gottes Walten und die Freiheit des Menschen; Das

Herrentum Christi; Die Vorsehung; Die Offenbarung als Geschichte; Der Glaube als Überwindung; Glaubensgeschichte und Glaubenszweifel; Das Dogma; Die Heiligen; Der Widersacher; Das Fegfeuer.]

Guardini, Romano, Hölderlin. Weltbild und Frömmigkeit (GW), Mainz/ Paderborn ⁴1996.

Guardini, Romano, Pluralität und Entscheidung, in: ders., Sorge um den Menschen. Band 1 (GW), Mainz-Paderborn 1988.

Guardini, Romano, Religiöse Gestalten in Dostojewskijs Werk. Studien über den Glauben [urspr. 1932 unter dem Titel »Der Mensch und der Glaube. Versuche über die religiöse Existenz in Dostojewskijs großen Romanen«; Vorstufen 1931 in einer Folge von Zeitschriftenaufsätzen]. 7. Aufl. (GW), Mainz/Paderborn 1989.

Guardini, Romano, Verantwortung. Gedanken zur jüdischen Frage. Rede am 23. Mai 1952 vor der Tübinger Studentenschaft anlässlich der sogenannten Ölbaumspende [1952], in: ders., Freiheit und Verantwortung. Die Weiße Rose – zum Widerstand im »Dritten Reich«. 2. Taschenbuchauflage (Topos-Taschenbücher 705), Ostfildern 2010, 39–64.

Guardini, Romano, Vom Geist der Liturgie (Ecclesia Orans 1), Freiburg i. Br. 1918; Neuausgabe (GW) Mainz/Paderborn 1997.

Guardini, Romano, Vom Sinn der Kirche. Fünf Vorträge [1922]. 2. Aufl., Mainz 1923, 76; Neuausgabe (GW) in: Vom Sinn der Kirche – Die Kirche des Herrn, Mainz/Paderborn 1990, 7–99.

Guardini, Romano, Vom Sinn der Schwermut [1928], in: ders., Unterscheidung des Christlichen. Bd. 3: Gestalten (GW), Mainz/Paderborn 1995, 59–93.

Guardini, Romano, Vom Wesen katholischer Weltanschauung [1923], in: ders., Unterscheidung des Christlichen. Gesammelte Studien 1923–1963. Bd. 1: Aus dem Bereich der Philosophie (GW), Mainz/Paderborn 1994.

Guardini, Romano, Welt und Person. Versuche zur christlichen Lehre vom Menschen [1939]. 6. Aufl. (GW), Mainz/Paderborn 1988.

Haecker, Theodor, Dialog über Christentum und Kultur, in: Hochland 26/I (1928/29), 27–40.

Henrich, Franz, Die Bünde katholischer Jugendbewegung. Ihre Bedeutung für die liturgische und eucharistische Erneuerung, München 1968.

Hürten, Heinz, »Abendland« – ein Topos bei Besinnung und Neubeginn, in: Rottenburger Jahrbuch für Kirchengeschichte 7 (1988), 27–31.

Hürten, Heinz, Der Topos vom christlichen Abendland in Literatur und Publizistik nach den beiden Weltkriegen, in: Langner, Albrecht (Hg.), Katholizismus, nationaler Gedanke und Europa seit 1800 (Beiträge zur Katholizismusforschung. Reihe B: Abhandlungen), Paderborn 1985, 131–154.

Husslein, Gertrud, Erinnerungen an Professor DDr. Konrad Miller (1844–1933), in: Rottenburger Jahrbuch für Kirchengeschichte 18 (1999), 197–213.

Jens, Walter, Eine deutsche Universität. 500 Jahre Tübinger Gelehrtenrepublik, München 1977.

Kampmann, Theoderich, Kierkegaards »Einübung im Christentum«, in: Kuhn, Helmut / Kahlefeld, Heinrich / Forster, Karl (Hg.), Interpretation der Welt. Festschrift für Romano Guardini zum achtzigsten Geburtstag.

In Verbindung mit der Kath. Akademie in Bayern, Würzburg 1965, 518–543.

Kierkegaard, Sören, Einübung im Christentum [dän. »Indølvelse i Christendom« 1850]. Deutsch von Hans Winkler, in: ders., Einübung im Christentum – Zwei ethisch-religiöse Abhandlungen – Das Buch Adler oder Der Begriff des Auserwählten. Unter Mitwirkung der Kopenhagener Kierkegaard-Gesellschaft hg. v. Walter Rest, Köln–Olten 1951, 55–331.

Kleinöder, Evi, Verfolgung und Widerstand der Katholischen Jugendvereine. Eine Fallstudie über Eichstätt, in: Broszat, Martin / Fröhlich, Elke (Hg.), Bayern in der NS-Zeit. Bd. II: Herrschaft und Gesellschaft im Konflikt. Teil A, München 1979, 175–236.

Knoll, Alfons, Folgenreiche Begegnungen. Romano Guardini in der Diözese Rottenburg, in: Gerl[-Falkovitz], Hanna-Barbara u. a. (Hg.), Begegnungen in Mooshausen. Romano Guardini – Maria Knoepfler – Maria Elisabeth Stapp – Josef Weiger, Weißenhorn 1989; 2. Aufl. 1990, 81–100.

Knoll, Alfons, Glaube und Kultur bei Romano Guardini, Paderborn 1993.

Knoll, Alfons, Sehnsucht des Endlichen. Guardinis Weg zu einer Theologie der Schwermut, in: Hake, Joachim (Hg.), Schwermut – eine andere Form des Glücks, Stuttgart 2002, 65–89.

Lanczkowski, Günter, Heilbringer, in: TRE 14 (1985), 637–638.

Maier, Hans, Impulse Guardinis in der Nachkriegszeit – seine akademischen Stationen in Tübingen und München, in: ders. / Schilson, Arno / Schuster, Hermann Josef (Hg.), Guardini Weiterdenken II. Hg. im Auftrag der Guardini Stiftung (Schriftenreihe des Forum Guardini 8), Berlin 1999, 65–77.

Mercker, Hans, Christliche Weltanschauung als Problem. Untersuchungen zur Grundstruktur im Werk Romano Guardinis, Paderborn 1988.

Mercker, Hans, Erläuterungen zur Edition, in: Guardini, Romano, Dantes Göttliche Komödie. Ihre philosophischen und religiösen Grundgedanken (Vorlesungen). Aus dem Nachlass hg. von Hans Mercker. Unter Mitarbeit von Martin Marschall (GW), Mainz/Paderborn 1998, XV–XLI.

Nietzsche, Friedrich, Also sprach Zarathustra, in: ders., Werke in drei Bänden. Hg. v. Karl Schlechta. Band 2, München 1954, 275–560.

Nietzsche, Friedrich, Aus dem Nachlass der Achtziger Jahre, in: ders., Werke in drei Bänden. Hg. v. Karl Schlechta. Band 3, München 1954, 415–925.

Oberdorfer, Max, Romano Guardini – Zeugnisse eines großen Lebens, Ostfildern 2010.

Pascal, Blaise, Gedanken über die Religion und andere Themen. Hg. v. Jean-Robert Armogathe. Übers. v. Ulrich Kunzmann, Stuttgart 1987.

Pfender, Max, Romano Guardinis Berufung an die Universität Tübingen, in: Jahrbuch für Philosophie, Kultur und Gesellschaft 2 (1995/96), 46–49.

Reber, Joachim, Romano Guardini begegnen, Augsburg 2001.

Roos, Peter, Genius loci. Gespräche über Literatur und Tübingen, Pfullingen 1978.

Sauter, Hermann, Hauptbericht [des Direktors des Wilhelmsstifts Tübingen] über das Herbstsemester 1945 an das hochwürdigste Bischöfliche Ordinariat in Rottenburg a. N., 25. November 1945 (Archiv des Wilhelmsstifts Tübingen D 13.2a–26).

Sauter, Hermann, Hauptbericht über das Wintersemester 1945/46 an das hochwürdigste Bischöfliche Ordinariat in Rottenburg a. N., 18. April 1946 (Archiv des Wilhelmsstifts Tübingen D 13.2a–26).

Schellenberger, Barbara, Katholische Jugend und Drittes Reich. Eine Geschichte des katholischen Jungmännerverbandes 1933–1939 unter besonderer Berücksichtigung der Rheinprovinz (Veröffentlichungen der Kommission für Zeitgeschichte / B 17), Mainz 1975.

Scholl [Aicher-Scholl], Inge, Die Weiße Rose [urspr. 1955]. Erweiterte Neuausgabe, Frankfurt a. M. 1993.

Schüler, Barbara, »Im Geiste der Gemordeten...«: Die »Weiße Rose« und ihre Wirkung in der Nachkriegszeit, Paderborn 2000.

Schuster, Hermann Josef (Hg.), Guardini Weiterdenken (Schriftenreihe des Forum Guardini 1), Berlin 1993.

Seng, Joachim, Goethe-Enthusiasmus und Bürgersinn. Das Freie Deutsche Hochstift – Frankfurter Goethe-Museum 1881–1960, Göttingen 2009.

Sie starben für uns alle. Gedächtnisfeier für die Opfer der Studentenbewegung, in: Süddeutsche Zeitung 1 (1945), Ausgabe vom 6. November 1945, 3.

Spengler, Oswald, Der Untergang des Abendlandes. Umrisse einer Morphologie der Weltgeschichte. Bd. I: Gestalt und Wirklichkeit, München 1918; 76.–81. Aufl., München 1950.

Sternberger, Dolf / Storz, Gerhard / Süskind, Wilhelm E. (Hg.), Aus dem Wörterbuch des Unmenschen, Hamburg 1957.

Sternberger, Dolf, Hitlers weite Sicht, in: Die Wandlung 1 (1945/46), Heft 4, April 1946, 347–365; ebd., 354–362 Abdruck des sog. ›Hoßbach-Protokolls‹.

Storz, Gerhard, Aus dem Wörterbuch des Unmenschen: »Einsatz«, in: Die Wandlung 1 (1945/46), Heft 5, Juni 1946, 428–430. Völlig umgearbeitet in der Buchausgabe: Sternberger, Dolf / Storz, Gerhard / Süskind, Wilhelm E. (Hg.), Aus dem Wörterbuch des Unmenschen, Hamburg 1957, 37–42.

Van der Leeuw, Phänomenologie der Religion, Tübingen 1933 [und weitere Auflagen].

Waldmüller, Monika, Die Wandlung 1945–1949 (Deutsches Literaturarchiv. Verzeichnisse – Berichte – Informationen 13), Marbach am Neckar 1988.

Weiger, Josef, Ueber die Reden Gotamo Buddhos [zu der Sammlung »Die Reden Buddhos« im Piper-Verlag München, 3 Bde.], in: Die Schildgenossen 6 (1926), 541–549.

Wieder, Kurt, Kulturleben ohne provinzielle Enge, in: Ulm 1945–1965. Sonderbeilage der Schwäbischen Donauzeitung zum 8. Mai 1965 (ohne Seitenangabe).

Wirth, Günter, Wie es zum Guardini-Lehrstuhl kam, in: Schuster, Hermann Josef (Hg.), Guardini Weiterdenken (Schriftenreihe des Forum Guardini 1), Berlin 1993, 61–77.

Ziegelbauer, Max, Katholische Kirche und Katholizismus in Memmingen von 1900 bis 1975, in: Jahrbuch des Vereins für Augsburger Bistumsgeschichte 10 (1976), 369–417.

Zum 80. Geburtstag von Romano Guardini, in: Ulmer Monatsspiegel 16 (1946), Nr. 36, 4. Mai 1946, 3–4.

Anmerkungen

Zur Entschlüsselung der Kurztitel siehe Bibliographie.

Einleitung

1 Wieder, Kulturleben (ohne Seitenangabe).
2 Zur Biographie vgl. Gerl[-Falkovitz], Romano Guardini; dies., Romano Guardini. Konturen; Reber, Guardini begegnen; Oberdorfer, Romano Guardini.
3 Gerl-Falkovitz, Guardini, 334. Die Biographin setzt sich mit einer Kritik des italienischen Tübingen-Besuchers Enrico Castelli 1946 auseinander, der in seinem Tagebuch eine »stumme Feindseligkeit« Guardinis gegenüber dem »Schweigen dessen, der alles verloren hat« konstatierte und dabei nach Gerl-Falkovitz einem »eigenartigen Missverstehen« unterliegt. Vgl. ebd., 333 f. (unter Bezug auf Castelli, Enrico, Il tempo invertebrato, Padua 1969, 34).
4 Mit diesem Ausdruck – ironisch auf die *in absurdum* geführte Verheißung eines ›Tausendjährigen Reiches‹ anspielend – umschreibt Guardini häufig die zurückliegende Zeit von 1933 bis 1945. Siehe z. B. in diesem Band Kapitel V, Abschnitt VI.
5 Lediglich in dem Vortrag »Wahrheit und Lüge« (Kapitel II) wird an einer Stelle (Abschnitt VI) das »Judentum« erwähnt und dass man es zum »Universalschuldigen« erklärt habe. Im Gedenkvortrag für die »Weiße Rose« (Kapitel V) ist hingegen prononcierter vom »namenlosen Leid der Juden« die Rede »bis hin zu jener Unmenschlichkeit, die in Namen wie ›Oradour‹ anklingt« (letzter Absatz; siehe Anmerkung dort).
6 Vgl. hierzu vor allem Guardinis Tübinger Rede von 1952 »Verantwortung. Gedanken zur jüdischen Frage«.
7 Vgl. Guardini, Berichte, 21. – Zu dem genannten Vortrag in Stuttgart vgl. Gerner, Guardini 2, 10 und 406. Er wurde in erweiterter Form 1946 veröffentlicht; vgl. Guardini, Form und Sinn der Landschaft. Das Vorwort (ebd., 7) ist folgendermaßen datiert: »Mooshausen im schwäbischen Allgäu, Sommer 1944«.
8 Guardini, Berichte, 55.
9 Zum Pfarrhaus Mooshausen als Zentrum eines lebendigen Freundeskreises, auch in der Zeit des sog. ›Dritten Reiches‹, vgl. insgesamt immer noch: Gerl[-Falkovitz], Begegnungen in Mooshausen. Vgl. darin auch Knoll, Folgenreiche Begegnungen.
10 Vgl. Gerner, Guardini 2, 5 f. und 402. Vgl. die redaktionelle Notiz: »1944 Konferenztätigkeit im Dienst des Katholischen Bibelwerks in Stuttgart« (Bibel und Kirche 2 [1947], 63). Der damalige Direktor des Katholischen Bibelwerks, *Josef Bärtle* (1892–1949), war aus Mooshausen gebürtig (sein Geburtshaus steht direkt neben dem Pfarrhaus!) und hatte in den letzten Kriegsjahren die Akten des Bibelwerks dorthin in Sicherheit gebracht. Vgl. den Rückblick »Schwierigkeiten, die hinter uns liegen« in: Bibel und Kirche 1 (1946), 53. Josef Weiger stand

mit Bärtle in engem Kontakt und auch Guardini dürfte von diesem für Veranstaltungen im kleinen Kreis (wohl vor allem Priesterkonferenzen) gewonnen worden sein.

11 Am 1. Juli 1945 kündigt der »Kirchenanzeiger für die Pfarrei St. Johann vom 1. bis 8. Juli 1945« an: »Nächsten Sonntag, den 8. Juli, findet der [...] Bekenntnistag der kath. Jugend statt, deshalb ist am Freitag und Samstag abends in St. Johann Abendvortrag.« Weihbischof em. Max Ziegelbauer spricht in seinen Erinnerungen von einem »Triduum«, das Romano Guardini »vom nahen Mooshausen« gab. Vgl. Ziegelbauer, Katholische Kirche, 395. »Das katholische Memmingen galt als eine Hochburg des Quickborns, sowohl der Älteren als auch der Jüngeren.« Ebd. Ziegelbauer erwähnt auch den besonders aktiven Bund Neudeutschland sowie die Jungschar, die am 21./22. Juli auf Fahrt nach Reichau gegangen sei.

12 Vgl. Henrich, Bünde, 369 f. – Als Termin bürgerte sich bald der Sonntag nach dem 21. Juni, dem Gedenktag des hl. Aloysius, ein; dieser Jugendsonntag war seit 1914 auch offizieller jährlicher Verbandstag der Katholischen Jungmännerbewegung. 1936 entstand aus diesen Wurzeln der »Gottbekenntnistag der katholischen Jugend Deutschlands«, der alljährlich am Dreifaltigkeitssonntag begangen werden sollte (vgl. ebd., 371).

13 »Die Einführung des Christkönigsfests hat der damaligen katholischen Jugend großen Auftrieb gegeben. Die ›Neudeutschen‹ (männlich) und der ›Heliand‹ (weiblich) waren besonders aktiv. Mit großer Begeisterung wurde mit der ganzen katholischen Jugend das Christkönigsfest und der Gottbekenntnistag (Dreifaltigkeitsfest) gefeiert ...« Husslein, Erinnerungen an Konrad Miller, 208. Vgl. auch Schellenberger, Katholische Jugend, 126–129 und 163–167; Kleinöder, Verfolgung und Widerstand, 221 und 231.

14 Weihbischof Max Ziegelbauer in einer mündlichen Auskunft an Max Oberdorfer (mitgeteilt am 12. 4. 2013).

15 Vgl. Schwäbische Landeszeitung Augsburg 9. 11. 1945; zit. nach Gerner, Guardini 2, Anm. 16, 427.

16 Vgl. Gerner, ebd. (unter Berufung auf die Auskunft von Stadtarchivar Engelhardt und auf »Zeugen«).

17 Der Nachlass befindet sich im Guardini-Archiv der Katholischen Akademie von Bayern in München (im Folgenden abgekürzt ›GA‹).

18 Vermutlich verwechselte die Schwäbische Landeszeitung in ihrem Rückblick (vom 9. November) diesen Vortrag mit der später vor Erwachsenen gehaltenen Rede vom 5. August, die tatsächlich »Wahrheit und Lüge« betitelt war (wie auch der Vortrag am 16. August in Ulm; siehe unten).

19 Vgl. GA 1671, 1672 und 1673. Die ausführlichen bibliographischen Nachweise zu allen Vorträgen finden sich am Ende des vorliegenden Bandes. – Dass die genannten Typoskripte tatsächlich die Memminger Jugendvorträge wiedergeben, zeigt das Lokalkolorit, der klare Zeitindex des Kriegsendes, die Verwandtschaft zu den übrigen Vortragsthemen des Jahres 1945, der jugendgemäße Ton, die Übereinstimmung der Themen der ersten beiden Vorträge mit den zeitgenössischen

Angaben sowie der Rückbezug auf die ersten beiden Vorträge im dritten Vortrag, der auch deutlich als Abschluss gekennzeichnet ist.

20 Vgl. Gerner, Guardini 2, Anm. 16, 427 (hier unter Berufung auf die Auskunft von Stadtarchivar Engelhardt: »5. August 1945 religiöser Abendvortrag in St. Johann (Thema nicht benannt)«. Das Thema lässt sich einem Dokument im Archiv des Pfarrhauses von Mooshausen entnehmen. Das Gliederungsblatt daraus ist datiert »Mooshausen, den 30. Juli 1945 / Post Marstetten in Württemberg« und überschrieben mit »Gedankengang des am 5. August in Memmingen durch Prof. Dr. Romano Guardini zu haltenden Vortrags«. Der Titel lautet »Wahrheit und Lüge und ihre sittlich-religiöse Bedeutung«. Die Gliederung, die offenbar später verworfen wurde (handschriftlich durchgestrichen!), lautet: »I. Das Unheil, welches Deutschland betroffen hat, veranlasst zur Prüfung seiner Ursachen. Diese Ursachen liegen letztlich auf weltanschaulichem und sittlichem Gebiet. – II. Die Wahrheit der Dinge und die Wahrheit der Erkenntnis. – III. Das Wort als Ausdruck der Wahrheit. – IV. Die Wahrheit als Grundlage aller Beziehungen der Menschen untereinander. – V. Die Lüge und die Motive zum Lügen. Nationalsozialistische Theorie und Praxis bezüglich der Lüge. Die Folgen davon. – VI. Zu einer wirklichen Erneuerung gehört der Entschluss zur Wahrhaftigkeit.« Siehe Faksimile in: Oberdorfer, Romano Guardini, 82.

21 Neben dem in Anm. 20 genannten Gliederungsentwurf gehört hierzu ein ebenfalls in Mooshausen erhalten gebliebenes Fragment (mit »I. Einleitung« und dem Beginn von Abschnitt II; siehe Faksimile in: Oberdorfer, Guardini, 83) sowie außerdem das wohl die definitive Vortragsversion bietende Typoskript GA 1296, an dem Guardini wiederum nachträglich handschriftliche Änderungen angebracht hat (eine Reihe von Abschnitten werden sogar als zu streichen eingeklammert).

22 Vgl. Schüler, Im Geiste der Gemordeten, 281 f.

23 Vgl. den Überblick bei Schüler, Im Geiste der Gemordeten, 272–281.

24 Vgl. das Plakat des ersten Vortrags, abgebildet unten S. 62 nach: Oberdorfer, Guardini, 81.

25 Vgl. Guardini, Vom Wesen katholischer Weltanschauung.

26 Zu Bemühungen in dieser Richtung siehe unten Anm. 96. – Vgl. auch Guardini, »Europa« und »Christliche Weltanschauung«.

27 Allerdings war für Guardini der Begriff »katholisch«, obwohl er für ihn die Bindung an die konkrete Kirche immer einschloss, niemals konfessionell zu verstehen, sondern qualitativ (›das Ganze betreffend‹). Vgl. dazu Knoll, Glaube und Kultur, 121–128. Für die Ulmer Vorträge bis Weihnachten 1945 wurden freilich (mit Ausnahme eines einzigen russisch-orthodoxen Redners) ausschließlich römisch-katholische Persönlichkeiten gewonnen. Bei der Fortsetzung der Reihe seit 1946 wird dann aber gezielt zwischen katholischen und evangelischen Referenten abgewechselt. Vgl. die Dokumentation bei Schüler, Im Geiste der Gemordeten, 488–493 (»Anlage 3: Übersicht der Vorträge zur religiösen Bildungsarbeit 1946–1960«).

28 Vgl. dazu Knoll, Glaube und Kultur, 142–171; Mercker, Christliche Weltanschauung.

29 Vgl. Schüler, Im Geiste der Gemordeten, 26–28, 39–43 und 45–56. – Zu Franz Weiß (1892–1985) vgl. ebd., 39; dort auch weiterführende Literaturangaben.

30 Vgl. ebd., 21–26, 30–35 und 43–45. – Zum »Scholl-Bund« selbst und seiner geistigen Prägung ausführlich ebd., 56–88.

31 Von der umfangreichen Literatur über die »Weiße Rose« und die Geschwister Scholl greife ich nur heraus: Scholl, Die Weiße Rose; Schüler, Im Geiste der Gemordeten.

32 Zu diesen »Mentoren« vgl. ausführlich Schüler, Im Geiste der Gemordeten, 88–148.

33 Guardini, Pluralität und Entscheidung, 132. – Allerdings datiert Guardini hier den Zeitpunkt dieser ersten Begegnung fälschlicherweise auf »Herbst 1945«. Es muss aber erheblich früher, wohl im oder Juli 1945, gewesen sein, da ja der erste Vortrag Guardinis in Ulm bereits am 16. August stattfand.

34 Ebd.

35 Zum Folgenden vgl. Schüler, Im Geiste der Gemordeten, 273–279 (hier auch Biogramme der Redner und Nachweise zu den Beziehungen Guardinis mit allen Rednern außer Stepun). Insgesamt zu Guardini als dem »neuen Mentor« des nach 1945 neu formierten Freundeskreises um Inge Scholl und Otl Aicher ebd., 269–282.

36 Vgl. Gerner, Guardini 2, 397 f. und 574; Knoll, Folgenreiche Begegnungen, 89; Schüler, Im Geiste der Gemordeten, 271–273.

37 Vgl. Gerner, Guardini 2, 532 f. und 574.

38 Auf dem Plakat heißt es einfach »Guardini spricht«! Siehe unten Abb. S. 113.

39 Schüler, Im Geiste der Gemordeten, 273. – Aicher nahm 1946 ein Studium der Bildhauerei in München auf, eröffnete aber schon 1947 in Ulm sein eigenes Atelier. 1953 wurde er Dozent an der von ihm zusammen mit seiner Frau (als Vorsitzender der Geschwister-Scholl-Stiftung) gegründeten Hochschule für Gestaltung, ab 1956 Mitglied des Rektoratskollegiums, 1962–1964 alleiniger Rektor. Von 1967 bis 1972 war er Gestaltungsbeauftragter der Olympischen Spiele in München (1972), für die er ein bis heute international verbreitetes System von Piktogrammen entwickelte.

40 Wieder, Kulturleben (ohne Seitenangabe).

41 Vgl. GA 1296 (Typoskript mit handschriftlicher Bearbeitung). Siehe bibliographische Angaben im Anhang.

42 »Man muss lange suchen, um einen Ort zu finden, an dem Guardini während der Nachkriegsjahre so viele öffentliche Vorträge gehalten hat wie in Ulm. Lediglich auf der Burg Rothenfels und in München engagierte er sich in ähnlichem Ausmaß. Mehr als zehn Vorträge zu unterschiedlichen Themen hielt er in den Jahren 1946 bis 1956.« Schüler, Im Geiste der Gemordeten, 280. Vgl. ebd., Anm. 70, 280, auch eine Liste der in Ulm gehaltenen Vorträge; ferner Gerner, Guardini 2, 405–411.

43 Zum 80. Geburtstag, 3 [Verfasser des Beitrags ist wohl Otl Aicher].

44 Vgl. Gerner, Guardini 2, 339 und 574.

45 Vgl. ebd., 574.

46 Vgl. Knoll, Folgenreiche Begegnungen, 90 mit Anm. 75, 99 (mit Verweis auf den Gottesdienst-Anzeiger der Pfarrgemeinde St. Josef, Stuttgart, hier aber fälschlich »30. September 1945«; zu korrigieren auf »23. September 1945«). Ferner Gerner, Guardini 1, 112 mit Anm. 11,138 (mit weiteren Literaturbelegen).

47 Dort fand am 26. August 1945 eine erste Tagung von Quickborn-Mädchengruppen statt, zu der auch Romano Guardini vom nahen Mooshausen aus eingeladen wurde. Offenbar wandelte er zu diesem Anlass eine schon 1929 publizierte Rothenfelser Vortragsreihe (»Das Gute, das Gewissen und die Sammlung«) ab und wählte als Thema »Das Gute, das Gewissen und die Vorsehung«. Vgl. Oberdorfer, Guardini, 86. Siehe auch unten Abb. S. 34.

48 Vgl. Gerner, Guardini 2, 406 und Anm. 33, 429 (auch mit Nachweisen zu Ravensburg und Trier). Zu diesen und allen anderen genannten Vortragsterminen vgl. ebd., 574 f.

49 Vgl. Guardini, Romano, Die Vorsehung, in: Frankfurter Hefte 3 (1948), 1116–1126; zu weiteren Ausgaben siehe die bibliographischen Nachweise zu Kapitel IV.

50 Vgl. Guardini, Romano, Was *Jesus* unter der *Vorsehung* versteht (Christliche Besinnung 1, 1), Würzburg 1939 [Hervorhebungen im Original!]; mit anderen Beiträgen Guardinis aus dieser Heftreihe abgedruckt in der 1. Auflage des Sammelbands »Glaubenserkenntnis« (1944; siehe bibliographische Nachweise zu Kapitel IV).

51 Leider ist mir nicht mehr in Erinnerung, wer mich auf diesen Sachverhalt erstmals hingewiesen hat. Ihm sei hierfür herzlich gedankt.

52 Zit. nach Glaubenserkenntnis (Ausgabe 1944), 103 f.

53 Vgl. zu diesem Vorgang ausführlich Gerner, Guardini 2, 332–339.

54 Zit. nach der Fassung der »Frankfurter Hefte« (siehe oben), 1119.

55 Guardini, Welt und Person, 173. – In der mit diesen Worten eingeleiteten ausführlicheren Darstellung des Themas (vgl. ebd., 173–198), behandelte Guardini zahlreiche »unzulängliche Deutungen« (ebd., 175–185) und grenzt davon das biblisch-christliche Verständnis im Gesamthorizont seiner »christlichen Lehre vom Menschen« ab.

56 Zit. nach Glaubenserkenntnis (Ausgabe 1944), 115; vgl. ähnlich in der Fassung der »Frankfurter Hefte«, 1124 (siehe unsere Wiedergabe in Kapitel IV unten).

57 Gerner, Guardini 2, 335.

58 *Walter Dirks* (1901–1991, früher Redakteur der linkskatholischen »Rhein-Mainischen Volkszeitung«, der Zeitschrift des »Friedensbundes der deutschen Katholiken« und Mitarbeiter der »Frankfurter Zeitung«) und *Eugen Kogon* (1903–1987; Verfasser des 1946 erschienenen Standardwerks »Der SS-Staat: Das System der deutschen Konzentrationslager«) waren auch Mitverfasser der »Frankfurter Leitsätze«, auf denen das Gründungsprogramm der hessischen CDU basierte. Dirks war schon als Jugendlicher (über den Quickborn) mit Guardini in Kontakt gekommen und in Berlin zeitweise dessen Sekretär gewesen. Guardini veröffentlichte neben seinem Vorsehungsvortrag in den »Frankfurter Heften« (1. Jg. 1946; 1985 mit der SPD-nahen Zeitschrift »Neue Gesellschaft« vereinigt) 1947/48 noch zahlreiche andere Beiträge.

59 Vgl. Guardini, Romano, Der Heilbringer in Mythos, Offenbarung und Politik. Eine theologisch-politische Besinnung (Der Deutschenspiegel. Schriften zur Erkenntnis und Erneuerung 7), Stuttgart 1946. – Zu weiteren Angaben siehe die Bibliographie zu Kapitel III.

60 Vgl. Guardini, Der Heiland (1934/35). In dieser Form wurde der Beitrag in die erste Ausgabe des Sammelbandes »Unterscheidung des Christlichen« (1935) aufgenommen; in der zweiten Ausgabe (1963) und in der Guardini-Werkausgabe ist er durch den ausführlicheren Beitrag von 1946 ersetzt. Siehe Bibliographie.

61 Vgl. das Vorwort in der Schildgenossen-Fassung, hier S. 97. Dabei werden ausdrücklich die Beiträge »Das Wunder und das Bild vom Menschen in der Welt« (Jg. 13, 1933/34, 1–15), »Der Glaube an die Gnade und das Bewusstsein der Schuld« (ebd., 128–145), »Religiöse Erfahrung und Glaube« (ebd., 283–306) und »Die christliche Innerlichkeit« (ebd., 465–472) genannt, von denen die letzten drei ebenfalls in die erste Ausgabe des Sammelbands »Unterscheidung des Christlichen« (hier 335–360; 270–304; 305–316) aufgenommen wurden; hinzu kamen dort die Beiträge »Das Bitten« und »Christlicher Realismus« (mit »Die christliche Innerlichkeit« jetzt zu den »Drei Lehrreden«, ebd., 305–334, gehörig). Vgl. zum Programm einer »Unterscheidung des Christlichen« den Brief Guardinis an die Herausgeber des Sammelbands (ebd., X–XII).

62 Der Heiland (Schildgenossen-Fassung), 97.

63 Ebd., 98.

64 Vor allem schöpft er aus der »Phänomenologie der Religion« von *Gerardus van der Leeuw* (erstmals erschienen Tübingen 1933). Dahinter stehen weitere Autoren, die zu dieser neuen Methode im Herangehen an die Wirklichkeit des Religiösen gehören und die beim Wiederabdruck des Aufsatzes »Religiöse Erfahrung und Glaube« (1933/34, hier Anm. 1, 270) neben van der Leeuw ausdrücklich genannt werden, nämlich *Rudolf Otto, Walter F. Otto* und *Lucien Lévy-Bruhl*.

65 Vgl. Guardini, Der Herr.

66 Vgl. das Typoskript-Fragment aus der Bibliothek Mooshausen (abgebildet bei Oberdorfer, Guardini, 84f.), in dem der Bezug zur nationalsozialistischen Heilbringer-Idee bereits bezeugt ist; allerdings dürfte es sich hier bereits um ein Vorstadium des publizierten Textes handeln.

67 Siehe unten in Kapitel III die Abschnitte V (»Europa und Jesus Christus«) und VII (»Europa und das Christentum«), die sicher ganz bewusst eine Klammer um Abschnitt VI (»Der Heilbringer der zwölf Jahre«) bilden sollen.

68 Siehe dazu Anm. 201 zu Kapitel III.

69 Vgl. hierzu besonders Hürten, Der Topos vom christlichen Abendland; ders., Abendland.

70 Vgl. Spengler, Untergang des Abendlandes. Vgl. ebd., Anm. 1, 21 [nach der 76.–81. Aufl., München 1950]: »Das Wort Europa sollte aus der Geschichte gestrichen werden. Es gibt keinen ›Europäer‹ als historischen Typus. [...] Es war allein das Wort Europa mit dem unter seinem Einfluss entstandenen Gedankenkomplex, das Russland mit dem

Abendlande in unserem historischen Bewusstsein zu einer durch nichts gerechtfertigten Einheit verband.«

71 Vgl. etwa Haecker, Dialog, 28. – Vgl. die Begriffsverwendung bei Guardini in ders., Geist der Liturgie 78 [Werkausgabe: 82]; ders., Vom Sinn der Kirche 76 [Werkausgabe: 81] u. ö. – Daneben taucht allerdings häufig auch der Terminus »Abendland« auf, ohne dass eine sachliche Differenz deutlich würde; vgl. etwa Der Kreuzweg, 9; Die Lehre des heiligen Bonaventura, 158 u. ö.

72 Vgl. Guardini, Religiöse Gestalten in Dostojewskijs Werk. – Im Gespräch mit seinem Sekretär Erich Görner deutet Guardini 1934 eine geographische Ordnung seiner Schaffenspläne an: »Dostojewskibuch – Osten. Dantebuch – Süden. Beide sind Gegenpole. Pascal – Westen. Kieregaard – Norden« (Görner, Guardini im Gespräch, 11).

73 Eine solche Perspektive findet sich bei Guardini schon früh (vgl. etwa Vom Sinn der Kirche [Werkausgabe], 26). Im Heilbringer-Beitrag kommt sie ebenfalls explizit zum Tragen (siehe unten Kapitel III, Abschnitt VII). – In zwei Vorträgen entfaltet Guardini später die Europa-Thematik ausführlicher: »Europa« und »Christliche Weltanschauung« (1955); Europa. Wirklichkeit und Aufgabe (1962).

74 Der Hinweis kam offenbar von Schmids Mitarbeiter *Konrad Zweigert* (geb. 1911), der Guardini vielleicht schon von seiner Berliner Studentenzeit her kannte. Vgl. Gerner, Guardini 1, 120 f. – Zur Bekanntschaft eines weiteren Mitarbeiters von Schmid, *Hermann Binder* (1877–1957), sowie zu ersten Erkundigungen im kirchlichen Umfeld vgl. auch ebd., 122 und 110.

75 Zit. nach Gerner, Guardini 1, 110; vgl. auch Maier, Impulse Guardinis in der Nachkriegszeit, 68.

76 Vgl. hierzu Jens, Eine deutsche Universität, 347. – Nicht belegen lässt sich die Behauptung, dass die Berufung Guardinis »gegen den Widerstand der katholisch-theologischen Fakultät« erfolgt sei (Roos, Genius loci, 54 f.). Zur persönlichen Initiative von *Max Pfender* (1907–2001; ab 1947 erster Präsident der späteren Bundesanstalt für Materialforschung und -prüfung in Berlin) vgl. ders., Guardinis Berufung, bes. 46 f. – Der katholische Moraltheologe und damalige Rektor der Universität *Theodor Steinbüchel* (1888–1949), bei dem Pfender vorstellig geworden sein will, scheint zumindest anfänglich von dem neuen Kollegen nicht begeistert gewesen zu sein (vgl. Knoll, Folgenreiche Begegnungen, 92; unter Berufung auf den damaligen Studentenpfarrer Alfons Auer); später scheint jedoch die Hochschätzung überwogen zu haben (vgl. Gerner, Guardini 1, 126 f.).

77 Vgl. das Zitat der Vereinbarung vom 25. September 1945 bei Gerner, Guardini 1, 112: »Herr Prof. Dr. Romano Guardini übernimmt vorbehaltlich der Zustimmung der Militärregierung die an der Philosophischen Fakultät der Universität Tübingen neu einzurichtende ordentliche Professur, auf der er die bisher von ihm vertretenen Lehrgebiete weiter vertritt. Die Professur ist ad hominem und fällt später weg.« Es folgen die Festsetzungen über Besoldung und Umzugskostenvergütung. Bis zur endgültigen Ernennung wird Guardini vom 1. Oktober an mit der Wahrnehmung der Professur beauftragt. Am selben Tag

geht bereits der entsprechende Antrag der Landesdirektion an die französische Militärregierung in Baden-Baden ab.

78 Zu dieser Vortragsreihe vgl. Jahrbuch des Freien Deutschen Hochstifts 1962. Hg. v. Detlev Lüders, Tübingen 1962, 569 f.; ferner Seng, Goethe-Enthusiasmus, 487. – Zur Kontaktaufnahme der Studentin Hildegard Schwermer mit Bernhart und Guardini vgl. Bernhart, Tagebücher, 258 f. mit der Anmerkung Weitlauffs, ebd., 527 f.

79 Bernhart hielt seinen Frankfurter Vortrag »Problematik der Humanitas« am 10. März 1946 in der Aula der Universität (vgl. ders., Tagebücher, 277); Karl Barth sprach am 15. Juni 1946 über »Christliche Ethik« (vgl. Anm. Weitlauffs ebd., 528).

80 Vgl. Bernhart, Tagebücher, 263 f.: »Was für Namen finden sich auf einmal zusammen: Theodor Heuss, [Romano] Guardini, Reinhold Schneider, Karl Barth u[nd]. a[ndere].! Gut so – wenn nur wieder freier Geisteskampf sein kann.« – Hier wird der Titel der Reihe nicht genannt; auch Weitlauff hat den »jungen Germanisten«, der an Bernhart geschrieben hatte, nicht ermittelt (vgl. ebd., 535). Dass es sich um den »Deutschenspiegel« gehandelt hat, legt sich freilich nahe, auch wenn nur Guardini und Schneider später darin publiziert haben. Vgl. Schneider, Reinhold, Im Schatten Mephistos (Deutschenspiegel 27), Stuttgart 1947. – Weitere Autoren waren u. a. Helmut Thielicke (Bd. 4, 1946, »Weltanschauung und Glaube«), Gerhard Ritter (Bd. 6, 1946 »Geschichte als Bildungsmacht. Ein Beitrag zur historisch-politischen Neubesinnung«), Theodor Steinbüchel (Bd. 10, 1946 »Nietzsche. Eine christliche Besinnung«), Felix Messerschmid (Bd. 11, 1946 »Alte Wahrheit und Neue Ordnung. Grundfragen der Erziehung und Bildung«) und Gerd Tellenbach (Bd. 20, 1947 »Die deutsche Not als Schuld und Schicksal«).

81 Vgl. den Eintrag in: Chronik der Stadt München, 98: »In den Kammerspielen findet eine Feier zum Andenken an die Opfer der Münchner Studentenbewegung statt. OB Scharnagl, Staatsminister Fendt und Professor Romano Guardini würdigen die Opfer des Naziterrors.« Im Zeitungsbericht heißt es: »Eine Feier im Schauspielhaus galt dem Andenken der Opfer der *Münchner Studentenbewegung.* Oberbürgermeister Dr. *Scharnagl* eröffnete die Feier mit einer Ansprache, in der er hervorhob, dass mit der Universität auch die Stadt stolz sei auf die todesmutigen jungen Menschen, die es unternahmen, das deutsche Volk aus seiner Lethargie zu wecken und sich aufzubäumen gegen einen der großen Tradition der deutschen Universitäten unwürdigen Gewissenszwang. Staatsminister Dr. *Fendt* brachte die Trauer der Universität um ihre Toten zum Ausdruck. Das Wort Senecas, dass echter Mut nie unter fremde Willkür geraten könne, treffe auf sie zu und werde deshalb das ihnen zugedachte *Denkmal* in der Universität als Inschrift schmücken. Wer aber, gleich ihnen, sein Leben für die Gerechtigkeit gebe, den führe der Tod durch die Pforte der Unsterblichkeit. Im Namen des Freundeskreises vermittelte Josef *Furtmeyer* auf Grund enger Verbundenheit ein Bild des geistigen und ideellen Wesens jener Münchner Akademiker, deren Schicksal symbolhaft sei für alle die vielen, die schon heute im Gedächtnis untertauchen. Er for-

derte die Teilnehmer der Gedenkfeier, zu der die Mitglieder des Kabinetts, Vertreter der Behörden, Angehörige und Freunde der Opfer erschienen waren, auf, sich von den Plätzen zu erheben zu Ehren derer, die pro orbis concordia für uns alle gestorben seien. Zum Schluss erörtere Prof. Dr. Romano *Guardini* die Frage nach den Ideen, denen sie gedient und welchen Forderungen sie sich verpflichtet gefühlt hätten.« Sie starben für uns alle, 3. – Josef Bernhart, der ebenfalls an der Feier teilnahm, notiert in sein Tagebuch: »Sonntag, 4. [November] V[or] mittags]. Im Schauspielhaus die Gedenkfeier für die Geschwister Scholl und die andern Opfer. Die vierte, von [Romano] Guardini gesprochene Rede bestätigte das ›Ende gut – alles gut‹.« Ders., Tagebücher, 266; dazu Anm. Weitlauffs ebd., 538.

82 Siehe in diesem Band Kapitel V, Abschnitt I.

83 Vgl. Guardini, Romano, Die Waage des Daseins, in: Die Waage des Daseins. Zum Gedächtnis von Sophie und Hans Scholl, Christoph Probst, Alexander Schmorell, Willi Graf, Prof. Dr. Huber und Hans Carl Leipelt. Mit freundlicher Unterstützung Sr. Magnifizenz, Prof. Dr. Alfred Marchionini, herausgegeben vom Allgemeinen Studentenausschuss und als Manuskript gedruckt für die Studenten der Ludwig-Maximilians-Universität, München, München 1955, 9–19. Zur Erstveröffentlichung 1946 und einer weiteren Ausgabe siehe die bibliographischen Angaben zu Kapitel V.

84 Warum Bernhart dies mit einem lapidaren »Ende gut – alles gut« abtut (siehe oben Anm. 81), ist nicht ganz verständlich. Vgl. allerdings auch Schüler, Im Geiste der Gemordeten, 160f., wo von einem »ehrfurchtsvollen Ergriffensein« die Rede ist, das in den ersten Nachkriegsjahren die »objektive Beurteilung und ihre historische Einordnung« erschwert habe; dafür sei die Rede Guardinis ein »typisches Beispiel«. Allerdings ging es in dieser Rede von vornherein nicht um historische Analyse, sondern um die Rekonstruktion der hinter dem studentischen Widerstand stehenden »Ideen« bzw. um Haltungen, die auch für die Zukunft maßgeblich bleiben sollten.

85 Übrigens fanden am selben Tag auch eine Matinee mit dem Dichter *Ernst Wiechert* (ebenfalls in den Kammerspielen) sowie das Begräbnis des am 1. November 1945 verstorbenen Jesuitenpaters *Rupert Mayer* (in Pullach, ebenfalls unter Beteiligung von Oberbürgermeister und Kultusminister) statt. Vgl. Chronik der Stadt München, 98.

86 Das Interesse an Guardini muss freilich, wie Scharnagl durchklingen lässt, schon seit einiger Zeit da gewesen sein. Vgl. Gerner, Guardini 1, 68f.

87 Wiedergaben nach Gerner, Guardini 1, 68f.

88 Vgl. das Schreiben der Landesdirektion für Kultus, Erziehung und Kunst an Romano Guardini vom 1. November 1946 (Universitätsarchiv Tübingen; als Auszug wiedergegeben in: Schuster, Guardini Weiterdenken, 272. – Zu weiteren Erkundigungen bezüglich einer Berufung Guardinis nach München vgl. Gerner, Guardini 1, 69–75.

89 Vgl. dazu ausführlich Gerner, Guardini 1, 109–207.

90 Vgl. Gerl-Falkovitz, Romano Guardini, 140–144; Wirth, Guardini-Lehrstuhl.

91 Vgl. Gerner, Guardini 1, 123–127.

92 Vgl. das Schreiben der Landesdirektion für Kultus, Erziehung und Kunst an Romano Guardini vom 1. November 1946 (Universitätsarchiv Tübingen); auszugsweise abgedruckt in: Schuster, Guardini weiterdenken, 272. Dort heißt es überdies: »Sie sind ad personam und ohne Fach berufen und daher in der Wahl Ihrer Lehrgegenstände vollkommen frei.«

93 Offizieller Beginn war der 20. August 1945. Was die katholisch-theologische Fakultät anbelangt, so konnte aus organisatorischen Gründen tatsächlich aber erst am 29. August bzw. am 3. September begonnen werden. Vgl. Sauter, Hauptbericht Herbstsemester 1945, 1 f.

94 Offiziell war als Semesterende der 20. November vorgesehen; doch wurden die Theologen (zumindest die des Wilhelmsstifts) bereits am 10. November in die Ferien geschickt. Vgl. ebd., 4.

95 Vgl. GA 1325 (Typoskript »Zum Beginn der Vorlesungen in Tübingen am 15. November 1945«). Siehe bibliographische Angaben zu Kapitel VI.

96 Zu diesem Vorgang vgl. auch Guardini, Berichte, 51. – Dort ist noch von »katholischer Weltanschauung« (wie in Berlin) die Rede, während Guardini sich in Tübingen darum bemüht, in seiner Lehrstuhlumschreibung von einer »*christlichen* Weltanschauung« zu sprechen. Vgl. seinen Brief vom 9. Oktober 1946 an den Rektor der Universität (Universitätsarchiv Tübingen) sowie vom 17. Dezember 1946 an Rupp (Staatsarchiv Stuttgart); nachgewiesen bei Gerner, Guardini 1, Anm. 17, 139. Damit konnte er sich aber nicht durchsetzen; die Vorlesungsverzeichnisse sprechen bis zuletzt von »Religionsphilosophie und *katholischer* Weltanschauung«. Erst in München lautet die Lehrstuhlbezeichnung dann tatsächlich auch offiziell »Religionsphilosophie und *christliche* Weltanschauung«.

97 Hierzu und zu den folgenden Zitaten siehe Kapitel VI in diesem Band.

98 Zum Beispiel wurde dort jeder Donnerstag als »*Dies universitatis*« gestaltet; dies sollte der »umfassenden Geistesbildung und Wissensschulung des Studierenden über die Grenzen seines Fachstudiums hinaus« dienen. Vgl. Eberhard-Karls-Universität Tübingen, Namens und Vorlesungsverzeichnis Winter-Semester 1946/47, 14. – Später wurde der Versuch eines »akademischen Vorbereitungsjahres« vor dem Beginn des Fachstudiums gestartet, an dessen Einführung gerade Guardini intensiv beteiligt war. Vgl. Knoll, Folgenreiche Begegnungen, 92.

99 Gerner, Guardini 1, 131 f. – Gerner fasst hier Äußerungen Guardinis an einen Besucher aus Frankreich zusammen; vgl. Engelmann/Givord, Romano Guardini, 364 f.

100 Vgl. Fetscher, Neugier und Furcht, 296 f., wo der Verfasser aus seinem damaligen Tagebuch zitiert: »Seine Vorlesung war ein ›intellektueller Genuss‹; klar und liebevoll ins Detail gehend, doziert er, als handele es sich um Denken von heute über Plato und Sokrates.« Daraus lässt sich im Übrigen auch schließen, dass Guardini in diesem ersten Tübinger Semester über Platon las und, da Fetscher besonders von Ausführungen »über Plato und seine Vorstellung vom Tod und dem ewigen

Leben« spricht (ebd., 296), wohl die zuletzt für Berlin angekündigte Vorlesung »Das Problem des Todes. Die platonische und die christliche Antwort« (WS 1938/39) wiederholte. Mangels eines Vorlesungsverzeichnisses für dieses Semester lässt sich dies allerdings nicht mit Sicherheit belegen. Vgl. auch ebd., 304.

101 Ebd., 303.
102 Ebd., 314.
103 Vgl. ebd., 326–341. – Zum großen Ansehen Guardinis insgesamt vgl. auch Knoll, Folgenreiche Begegnungen, 90 f.
104 Vgl. Knoll, Folgenreiche Begegnungen, 93; ferner auch Fetscher, Neugier und Furcht, 321: »... und so gingen wir [sc. der Autor und seine Freundin Fanette; AK] fast jeden Sonntag zu der kleinen – beinahe privaten – Messe, die er [sc. Guardini; AK] in einem Haus der Studentengemeinde hielt.«
105 Vgl. Knoll, Folgenreiche Begegnungen, 93.
106 Zur Bedeutung Kochs vgl. Guardinis eigene Aussagen in: Berichte, 79–84; ferner auch Die Existenz des Christen, 3–5.
107 Sie sind den vier Bändchen enthalten, die 1910/11 unter dem Titel »Religiös-wissenschaftliche Vorträge« erschienen waren, die ersten drei (»Die Natur und Gott«, »Christentum und Weltreligionen«, »Katholizismus und Christentum«) unter der gemeinsamen Herausgeberschaft von Wilhelm Koch und Otto Wecker, das letzte (»Der Glaube an den Schöpfer und Vater«) unter der alleinigen Verantwortung von Koch.
108 Vgl. dazu ausführlich Guardini, Berichte, 110 f. – Daraus entstanden etwa die zwölf Beiträge, die Guardini zu der Reihe »Christliche Besinnung« beisteuerte (darunter auch »Was *Jesus* unter der *Vorsehung* verstand«; siehe oben Anm. 50; alle diese Vorträge außer »Die Offenbarung als Geschichte« wurden in die 1. Auflage von »Glaubenserkenntnis« [1944] aufgenommen; vollständig enthalten sind sie in der 2. Auflage dieses Sammelbandes [1949], freilich teilweise überarbeitet; siehe Bibliographie) sowie die fünf Kapitel des Buches über die »Letzten Dinge« (vgl. Guardini, Die letzten Dinge, 1940).
109 Brief Guardinis an Stadtpfarrer Eglseer vom 17. Juni 1950 (Bayerische Staatsbibliothek); hier zit. nach Gerner, Guardini 2, 52.
110 Zit. nach Gerner, a. a. O., 52 f.
111 Vgl. Sauter, Hauptbericht über das Wintersemester 1945/46, 8. – Vermerkt ist dort auch, dass Guardini kurz vor Semesterschluss »in einem Hörsaal des Hauses [im Wilhelmsstift also] einen Vortrag über Glaubenskrisen in der menschlichen Entwicklung« hielt (ebd., 2). Ansonsten scheint der offiziell zugelassene Kontakt mit den Theologiestudenten eher gering gewesen zu sein.
112 Vgl. Gerner, Guardini 2, 53. – Die Reihe begann am 23. November 1948. Für Sommer 1949 (beginnend am 1. Mai am selben Ort) ist ein spezielles Thema angekündigt: »Die ersten Dinge (Schöpfung und Urzustand)«. Im Herbst folgt (ab 2. November) »Urschuld und Erlösung« (vgl. ebd.). Guardini entwickelt hier im Laufe der Jahre eine Art Laiendogmatik in heilsgeschichtlicher Anordnung, die er unter dem Titel »Frohe Botschaft« für eine künftige Veröffentlichung vorbereitet,

die aber nie erscheint. Vgl. die Vorbemerkung zur 4. Redaktion in GA 1614 (S. 15), wo Guardini zwar die Vorträge in der Berliner Canisius-Kirche ignoriert, dafür aber die Sonntagsansprachen in der dortigen St. Benediktskapelle neben den Tübinger Vorträgen und deren Fortsetzung in München als Entstehungsort dieser Gesamtdarstellung nennt. Vgl. insgesamt GA 1613–1625, 1683, 122, 125, 126. Meine frühere Behauptung, die Tübinger Mittwochsvorträge seien in das posthum veröffentlichte Werk »Die Existenz des Christen« (Paderborn 1976) eingeflossen (vgl. Knoll, Folgenreiche Begegnungen, 93), ist dementsprechend zu korrigieren; letzteres basiert vielmehr auf Guardinis Vorlesungen an der Münchener Universität und wurde wohl zu einem Zeitpunkt ausgearbeitet, als die Veröffentlichung der »Frohen Botschaft« bereits *ad acta* gelegt war.

113 Vgl. Gerner, Guardini 1, 117; ders., Guardini 2, 44 und 574 sowie Anm. 20, 66 (unter Verweis auf den Zeitungsbericht im Schwäbischen Tagblatt vom 21. 12. 1945). Guardini referierte demnach im Rahmen einer Konferenz der Schulräte des französisch besetzten Teils Württembergs, die von Carlo Schmid persönlich eröffnet wurde. Die Veranstaltung fand am Freitag, den 14. Dezember 1945 in Tübingen statt.

114 Gerner, Guardini 1, 44.

115 Vgl. GA 1508, Typoskript, 36 S., Titel »Unsere Verantwortung für die Sprache«, gegliedert in »Vorbemerkung« (S. 1), »Das Wesen der Sprache« (S. 2–11, mit den Abschnitten I–III) und »Die Schädigung der Sprache« (S. 12–36, mit den Abschnitten I–V). Siehe hierzu und zum Folgenden auch die Bibliographie zu Kapitel VII.

116 Es handelt sich um Zitate aus dem sog. »Hoßbach-Protokoll«, die Guardini in Abschnitt III des zweiten Teils einfügt, veröffentlicht erstmals (eingeleitet und kommentiert von Dolf Sternberger) in: Die Wandlung 1 (1945/46), Heft 4, April 1946, 354–362. Vgl. Sternberger, Hitlers weite Sicht. Sollte der einige Seiten später folgende Hinweis auf die Problematik des Begriffes »Einsatz« von einem entsprechenden Beitrag in der Juni-Ausgabe dieser Zeitschrift beeinflusst sein, so wäre das Typoskript noch später zu datieren. Vgl. Storz, Einsatz (innerhalb der Reihe »Aus dem Wörterbuch des Unmenschen«).

117 Vgl. Gerner, Guardini 2, 44 mit Anm. 19, 66. – Den gleichen Vortrag hält Guardini auch noch am 19. August 1946 in München (St. Ursula) und am 18. November 1946 in Stuttgart (ev. Markuskirche); siehe die Nachweise in Anm. 265 zu Kapitel VII.

118 Vgl. GA 1509, Druckvorlage, 10 S., Titel »Unsere Verantwortung für die Sprache«, ohne Zwischenüberschriften, gegliedert in die Abschnitte I–IV.

119 Schmid lässt ab Januar 1946 Fortbildungslehrgänge für Lehrer veranstalten. Guardini referiert in diesem Rahmen am 18. Januar im Olympiatheater in Reutlingen und am 19. Januar im Martinihaus in Rottenburg, wobei jeweils Carlo Schmid ebenfalls das Wort ergreift. Vgl. Gerner, Guardini 1, 117 mit Anm. 27, 140; ferner Guardini, Briefe an Weiger, Nr. 175, 357 f., hier 357.

120 Hier berührt sich Guardini sehr eng mit dem »Wörterbuch des Unmenschen« (siehe oben), dessen erste Folge bereits im November 1945

erschien und Guardini daher bei seinem Vortrag in Tübingen schon bekannt gewesen sein könnte. Vgl. Aus dem Wörterbuch des Unmenschen, in: Die Wandlung 1 (1945/46), Heft 1, November 1945, 75–78 [verfasst von Dolf Sternberger]. Hier zum Begriff »Ausrichtung«; in weiteren Heften werden die Worte »Betreuung«, »Charakterlich«, »Durchführen«, »Einsatz«, »Fanatisch«, »Gestaltung«, »Härte«, »Intellektuell«, »Kulturschaffende«, »Lager«, »Mädel«, »Organisieren«, »Propaganda«, »Querschießen«, »Raum«, »Schulung«, »Tragbar«, »Vertreter« und »Zeitgeschehen« behandelt. Vgl. in Buchform: Sternberger, Wörterbuch des Unmenschen (1957).

121 Siehe die Schlusssätze der Kurzfassung (Anhang zu Kapitel VII).

I. Memminger Triduum

122 Zu dieser Vortragsreihe, bestehend aus den drei folgenden Vorträgen, vgl. die Ausführungen in der Einleitung zu dieser Edition. Der Gesamttitel wurde in Anlehnung an eine Formulierung von Weihbischof Max Ziegelbauer (siehe Anm. 14) vom Herausgeber hinzugefügt. – Wo Guardini selbst, was äußerst selten der Fall ist, eine Fußnote mit Anmerkungen hinzufügt, wird dies eigens hervorgehoben (»*Anmerkung RG*«). Ansonsten handelt es sich um Anmerkungen des Herausgebers, die nur dort, wo unbedingt nötig, eigens gekennzeichnet werden (»*Anmerkung AK*«).

123 *Grundlage:* Typoskript GA 1671. Dieses Dokument gehört inhaltlich und formal klar mit GA 1672 und 1673 zusammen. Siehe: Bibliographische Angaben. – Zur Begründung der Zuweisung siehe Anm. 19 der Einleitung.

124 In den Original-Typoskripten und Publikationen fügt Guardini häufig zwei oder drei Punkte ein. Diese Eigenart stammt vermutlich aus dem mündlichen Vortrag, wo die Punkte Raum für freie Überlegungen oder auch Pausen im Redefluss zur Verstärkung der Wirkung andeuten sollten. In den gedruckten Fassungen signalisieren sie den stets an mündlicher Rede orientierten Schreibstil Guardinis.

125 In diesem letzten Abschnitt verweist Guardini nur noch stichwortartig auf verschiedene neutestamentliche Texte, ohne diese ganz genau und vollständig zu zitieren. Vgl. Joh 6,38; Mt 4,1-11 par.; Lk 6,42 par.; Apg 4,19 mit 5,29.

126 *Grundlage:* Typoskript GA 1672. Siehe: Bibliographische Angaben.

127 Zum Anlass siehe die Einleitung zu dieser Edition.

128 Zum Vorstehenden und Nachfolgenden vgl. Joh 18,33-38.

129 *Grundlage:* Typoskript GA 1673. Siehe: Bibliographische Angaben.

130 Der genaue Zeitpunkt des Vortrags ist unbekannt, das Datum aus dem Zusammenhang mit den vorangegangenen Vorträgen erschlossen (siehe Einleitung). Möglicherweise sprach Guardini im Anschluss an die sonntägliche Eucharistiefeier.

131 Der Gelehrte, der (1882) den Erreger der Tuberkulose entdeckte, war Robert Koch (1843-1910). - An zweiter Stelle verweist Guardini, dem offenbar detailliertere Informationen fehlten (siehe Auslassungszeichen im Text!), auf Fridtjof Wedel-Jarlsberg Nansen (1861-1930),

einen norwegischen Zoologen, Polarforscher, Diplomaten und Nobel-
preisträger. Nach dem Ende des Ersten Weltkriegs war dieser führend
an der Heimkehr von Kriegsflüchtlingen und -gefangenen beteiligt
und wurde schließlich zum ersten Hochkommissar für Flüchtlingsfra-
gen des Völkerbundes ernannt. In dieser Funktion bemühte er sich um
die Wiederansiedlung von etwa zwei Millionen Flüchtlingen der Russischen Revolution (1917) und des nachfolgenden Bürgerkrieges
(1917–1920). Erschwert wurde seine Arbeit durch die Hungersnot, die
Russland 1921 nach einer Reihe von Fehlernten erfasste. Da der Völ-
kerbund trotz Nansens Plädoyer für eine Hungerhilfe der Regierung
Sowjetrusslands misstraute, war er in erster Linie auf Spenden privater
Organisationen angewiesen. Auf Ersuchen des Internationalen Roten
Kreuzes eröffnete er in Moskau ein Büro für Hilfsaktionen, welche
die Hungersnot jedoch nur beschränkt eindämmen konnten. Vgl.
Reynolds, Ernest Edwin, Nansen, London 1932, 222–229; zit. nach
Wikipedia Deutschland, Artikel ›Fridtjof Nansen‹.

II. Wahrheit und Lüge

132 *Grundlage:* GA 1296 (Typoskript). Siehe: Bibliographische Nachweise. – Der maschinenschriftliche Text wird als 3. Redaktionsstufe
bezeichnet. Die handschriftlichen Änderungen, Ergänzungen und
Einklammerungen können somit als Fassung letzter Hand (4. Redaktionsstufe) verstanden werden und werden im Folgenden bevorzugt.
Die dabei in eckige Klammern gesetzten Abschnitte werden jedoch
belassen, sind aber kenntlich gemacht. In der Regel ergibt der Zusammenhang, wo eine Streichung durch eine neue Formulierung
ersetzt und wo hingegen der gestrichene Teil ersatzlos wegfallen
sollte. Nur gelegentlich wird daher eine kommentierende Anmerkung
hinzugefügt. Rein grammatikalische Korrekturen oder stilistische Ver-
besserungen wurden nicht eigens vermerkt. – Grundlage dieses Textes
ist unverkennbar der zweite Vortrag des »Memminger Triduums«
(siehe oben); auf die einzelnen Parallelen wird nicht eigens hingewiesen.

133 Zum Vortrag in Memmingen vgl. Gerner, Guardini 2, Anm. 16, 427f.
und 574 (hier noch ohne Titel, nur mit Angabe »Religiöser Vortrag«;
zum Nachweis des Themas sowie zum Kontext siehe die Einleitung
zu dieser Edition). – Zum Vortrag in Ulm vgl. ebd., 397f. und 574; ferner Knoll, Folgenreiche Begegnungen, 89. - Zum Vortrag in Stuttgart
vgl. Gerner, a.a.O., 574; Knoll, a.a.O., 90 und Anm. 75, 99. Einen Tag
später hielt Guardini im selben Rahmen den Vortrag »Der Heiland in
Mythos und Offenbarung« (siehe Kapitel III). Beide Veranstaltungen
fanden im Stuttgarter Gesellenhaus (der Kolpingfamilie) statt. Siehe
Einleitung.

134 Guardini greift hier auf den Terminus zurück, der für sein eigenes
Schaffen seit der Übernahme des Berliner Lehrstuhls für »Religionsphilosophie und katholische Weltanschauung« im Jahr maßgeblich geworden ist. Siehe dazu in der Einleitung (Abschnitt »Neue Verantwortung«).

135 Im Text finden sich hier tatsächlich (ausnahmsweise) *fünf* Auslassungspunkte!

136 Handschriftlich am Rand: Fragezeichen. Vermutlich ein Hinweis darauf, dass Guardini sich selbst nicht sicher war, ob er diesen Absatz wirklich herausnehmen sollte.

137 Ursprünglich hieß es: *Wer nach dem Wege fragt, nimmt als selbstverständlich an, dass er nicht irregeführt wird.* – Siehe dazu auch das Beispiel in der ersten Rede zum Memminger Triduum (Abschnitt II).

138 Handschriftlich am Rand: Fragezeichen. Auch hier war sich Guardini vermutlich nicht sicher, ob die eingeklammerte Passage tatsächlich weggelassen werden sollte.

139 Ursprünglich hieß es: *...und aus den Schwächen des Menschen Verbrechen machen.*

140 Ursprünglich hieß es: *...wie es immer geschehen ist.* – Die Korrektur unterstreicht, dass die geschilderten Gefährdungen nicht an eine bestimmte Phase (die zwölf Jahre nationalsozialistischer Herrschaft) gebunden sind, sondern in jeder Zeit wiederkehren können, auch über das Jahr 1945 hinaus.

141 Ursprünglich hieß es an dieser Stelle: *Zielbewusst* [!] *wurde der deutsche Mensch dazu erzogen...*

142 Diese Konkretisierung hat Guardini sicher nur aus stilistischen Gründen gestrichen, da im übernächsten Abschnitt eine fast gleichlautende Aufzählung (»in der Schule, im Lager, in der Zeitung und im Buch«) vorkommt.

143 Ursprünglich hatte Guardini hier *Karl den Großen* zum Ausgangspunkt machen wollen. Indem er diesen Herrscher durch den christlichen Missionar Bonifatius ersetzte, verstärkt er die im folgenden Abschnitt vorgenommene Kritik am Versuch der Nationalsozialisten, christliche Faktoren aus der deutschen Geschichte zu tilgen.

144 Guardini hatte sich seit Herbst 1934 in Vorlesungen mit Person und Werk *Friedrich Hölderlins* (1770–1843) beschäftigt und damit der zeitgleichen Vereinnahmung dieses Dichters für eine diffuse Form des Deutschtums (Ansätze dazu auch bei Martin Heidegger!) entgegengewirkt. Zwei der Vorträge, die Guardini im Jahr 1946 halten wird, beschäftigen sich nicht zufällig mit diesem Dichter (am 29. April in Ulm »Hölderlin und die Landschaft«; am 8. Juli in Stuttgart »Form und Sinn der Landschaft in den Dichtungen Hölderlins«; der Vortrag war bereits 1944 vor der Stuttgarter Hölderlingesellschaft gehalten worden). Vgl. Gerner, Guardini 2, 45 und 406; ferner insgesamt Knoll, Glaube und Kultur, 313–326. – Zu *Johann Sebastian Bach* (1685–1750) und *Anton Bruckner* (1824–1896) äußert sich Guardini nirgends ausführlich, erwähnt sie aber gelegentlich als Beispiele einer christlich geprägten Musik.

145 Hier bricht die Bewunderung des Italienischstämmigen durch, der von früh auf eine große Vorliebe für die deutsche Kultur entwickelt hatte – freilich völlig verschieden von der dumpfen Deutschtümelei des ›Dritten Reiches‹. Vgl. dazu den biographischen Rückblick Guardinis in: »Europa« und »Christliche Weltanschauung«, 294 f.

146 Mit *Friedrich Nietzsche* (1844–1900) hatte sich Guardini schon früh

beschäftigt. Vgl. die Stellen hierzu nach Knoll, Glaube und Kultur, Personenregister, ferner Gerl-Falkovitz, Unterscheidung aus Verstehen. – Nach Kriegsende plante Guardini eine Trilogie, die neben den beiden Essays über »Das Ende der Neuzeit« und »Die Macht« (beide 1950/51 erschienen) eine Monografie über Nietzsche enthalten sollte. Die aufeinander aufbauenden Schriften sollten insgesamt der konstruktiven Auseinandersetzung mit dem ›Erbe‹ des ›Dritten Reiches‹ dienen. Die Schrift zu Nietzsche kam nicht zustande. Vgl. aber Guardini, Das Ende der Neuzeit / Die Macht. Vgl. darin die Erwähnungen Nietzsches S. 88, 105, 108, 120 und 161.

147 Warum Guardini diese sehr klare und zugespitzte Aussage streichen wollte, bleibt unverständlich.

148 Guardini drückt immer wieder auch seine Bewunderung über Nietzsche aus und ist der Überzeugung, dass das Christentum aus dessen Kritik an einer zu welt- und leibfernen Religiosität einiges zu lernen hätte. Vgl. dazu Knoll, Glaube und Kultur, 254.

149 Als spezielle philosophische Denkrichtung entstand der ›Pragmatismus‹, begründet durch *Charles Sanders Peirce* (1839–1913) und *William James* (1842–1910), eigentlich zeitgleich zu oder nach Nietzsche, der sein erstes bedeutendes Werk »Die Geburt der Tragödie aus dem Geiste der Musik« Anfang 1872 veröffentlichte, während Peirce' frühe Darstellung des Pragmatismus (»The Fixation of Belief«) im Jahr 1877 erschien.

150 Guardini zitiert aus dem Gedächtnis. Eine wörtliche Entsprechung konnte in den Schriften Nietzsches nicht gefunden werden. Zwei Passagen drücken aber das Gemeinte sinngemäß aus: »Wehe allen Liebenden [!], die nicht noch eine Höhe haben, welche über ihrem Mitleiden ist!« Zarathustra, 348. – »In die Höhe will es sich bauen mit Pfeilern und Stufen, das Leben selber: in weite Fernen will es blicken und hinaus nach seligen Schönheiten – *darum* braucht es Höhe! Und weil es Höhe braucht, braucht es Stufen und Widerspruch der Stufen und Steigenden! Steigen will das Leben und steigend sich überwinden.« Ebd., 358 f.

III. Der Heilbringer in Mythos, Offenbarung und Politik

151 *Grundlage:* Guardini, Romano, Der Heilbringer in Mythos, Offenbarung und Politik. Eine theologisch-politische Besinnung (Der Deutschenspiegel. Schriften zur Erkenntnis und Erneuerung 7), Stuttgart 1946. Zu weiteren Veröffentlichungen dieses Textes siehe: Bibliographische Nachweise. Der in der Neuausgabe von »Unterscheidung des Christlichen« (1963; später für die Werkausgabe übernommen) wiedergegebene Text ist an manchen Stellen leicht verändert, worauf ggf. im Folgenden durch Fußnoten bzw. durch Hinzufügen kursiv gedruckter Formulierungen im Text (in eckigen Klammern) hingewiesen wird.

152 Die Vortragstitel deuten nur einen Vergleich der Gestalt Christi mit *religionsgeschichtlich* nachweisbaren Heilandsgestalten an. Dies entspricht noch der Vorarbeit von 1934/35 (»Der Heiland«; Näheres

siehe unter den bibliographischen Angaben). Überlegungen zur Heil-bringergestalt im »Dritten Reich« sowie zur Zukunft Europas fehlten dort noch, dürften jedoch 1945, auch wenn die Titel das noch nicht zum Ausdruck bringen, bereits integriert worden sein (siehe Einlei-tung). Leider fehlen entsprechende Vortragsunterlagen; vgl. aber das Typoskript-Fragment aus der Bibliothek Mooshausen (abgebildet bei: Oberdorfer, Guardini, 84 f.), das gerade Passagen aus dem Abschnitt über die Heilbringergestalt im Nationalsozialismus wiedergibt. – Zu den nachgewiesenen Vorträgen im Einzelnen siehe die Einleitung zu dieser Edition.

153 Die Vorbemerkung wurde von Guardini natürlich erst für die Druck-version verfasst.

154 Vgl. Guardini, Der Heiland (1934/35).

155 Der letzte Absatz wurde beim Wiederabdruck 1963 (siehe Bibliogra-phie) weggelassen, ebenso die Lokalisierung und Datierung am Ende der Vorbemerkung.

156 Die ursprüngliche Auseinandersetzung (in »Der Heiland«, 1934/35) war ganz auf den Vergleich Christi mit den allgemein-religiösen Heilbringergestalten ausgerichtet. Siehe dazu die Einleitung zu dieser Edition. Damals hatte Guardini grundsätzliche Erwägungen hierzu bereits seinem vorangegangenen Aufsatz »Religiöse Erfahrung und Glaube« entfaltet, die er in »Der Heiland« nicht mehr zu wiederholen brauchte. Vgl. Guardini, Religiöse Erfahrung und Glaube (siehe bib-liographische Nachweise zu Kapitel III). Im vorliegenden Text werden die wichtigsten Erkenntnisse daraus noch einmal zusammengefasst.

157 Die *Anmerkung von 1963* verweist an dieser Stelle auf die Beiträge »Die Sinne und die religiöse Erkenntnis« (Würzburg 1958, S. 14 ff.; es handelt sich um den Teilbeitrag »Das Auge und die religiöse Erkennt-nis«) sowie »Die religiöse Sprache«. Vgl. jetzt Guardini, Das Auge; ders., Die religiöse Sprache.

158 Vgl. Guardini, Religiöse Erfahrung, 59: »Vom christlichen Standpunkt aus gesehen, gehören sie insgesamt der ›natürlichen‹ Religiosität, der religiösen Unmittelbarkeit an. Bei aller Innigkeit und Glut des numi-nosen Erlebens, bei aller Bedeutsamkeit gedanklicher und worthafter Gehalte, bei aller menschenbildenden und daseinsformenden Kraft bleiben sie doch in einer letzten Unverbindlichkeit.« Dies wird diffe-renziert entfaltet (auch gegenüber einer rein negativen Abgrenzung innerhalb der Dialektischen Theologie) ebd., 59–75.

159 Diese Lokalisierung wird beim Nachdruck 1963 weggelassen.

160 Dasselbe Beispiel wird von Guardini in etwas anderer Form erzählt in: Religiöse Erfahrung, 59 f. – In Hölderlin (siehe oben bei Anm. 144) war Guardini einem Dichter begegnet, der »der einzige nachantike Dichter zu sein [scheint], dem man glauben kann, wenn er sagt, dass er an Götter glaube«. Guardini, Hölderlin, 13. – Das Interesse an diesem Phänomen basiert auf einer bestimmten Zeitdiagnose: »Heute schei-nen ›Götter‹ ganz anders ernsthafte Möglichkeiten zu sein, als sie es für die Weimarer Klassik gewesen sind. Die religionspsychologische Situation, aus welcher Götter hervorgehen könnten, scheint nicht allzu fern – wenngleich sie natürlich von anderer Art sein würden als

die früheren, vielmehr ihre Ansatzstelle wohl dort finden müssten, wo die entscheidenden Verschiebungen im geschichtlichen Bewusstsein vor sich gehen: etwa in der Weise, wie das Volk erlebt wird, das Blut, der Staat, die Macht usf.« Religiöse Erfahrung, 58.

161 Vgl. zum letzten Abschnitt auch: Guardini, Hölderlin, 156–289 (»Vierter Kreis: Die Götter und der religiöse Bezug«).

162 Vgl. dazu Guardini, Religiöse Erfahrung, 51 f.

163 Eine solche Klärung fehlt 1934/35 noch sowohl in »Religiöse Erfahrung und Glaube« als auch in »Der Heiland«. Seitdem waren infolge religionsphänomenologischer Forschungen verschiedene Theorien über die »Mythen« der Menschheit aufgetaucht. Guardini verweist unten selbst auf die Werke von C. G. Jung und K. Kerényi (1941; siehe bei Anm. 192), dürfte jedoch auch an die nationalsozialistische Rezeption in Alfred Rosenbergs »Mythos des 20. Jahrhunderts« (1934) gedacht haben (siehe hierzu ausdrücklich unten bei Anm. 205).

164 Ab hier knüpft Guardini eng an seinen Aufsatz »Der Heiland« an. Dort setzt die eigentliche Thematik mit den folgenden Worten ein: »Diese numinosen Wesenheiten und Mächtigkeiten nun werden unter zwei besonderen Charakteren erfahren: Als etwas, das sich wider den Menschen richtet, drohend, schreckend, Unheil bringend – oder sich ihm freundlich zuwendet, huldvoll, segnend, mit Gutem erfüllend. Jene die Erfahrung des Unheils; diese des Heils.« Ebd., 363. Zum restlichen Teil von Abschnitt II siehe ebd., 363–372 (Abschnitte II und III).

165 *Anmerkung RG:* Zum Folgenden G. v. d. Leeuw, Phänomenologie der Religion, 1933, S. 87 ff. [*Anmerkung AK:* Vgl. Van der Leeuw, Phänomenologie der Religion, § 12 (»Der Heiland«), 87–96; 4. Aufl., Tübingen 1977, 104–113.]

166 In Guardinis Aufsatz »Der Heiland« fehlen diese Namen und Kurzcharakterisierungen; dafür wird eine ausführlichere Beschreibung des »Heilbringers« als »Sohn«, »Sonne, Licht«, als »jener, der Gaben bringt« und der heilt, eingefügt (ebd., 367 f.). Dann folgt wie hier im Text: »Das Bild des Heilandes hat bestimmte Grundzüge…« (ebd., 368 f.).

167 1946 ist der Ausdruck »Heiland« (1934/35) in der Regel durch »Heilbringer« ersetzt. An einigen Stellen blieb jedoch der vertrautere Begriff stehen, so im ersten Absatz von Abschnitt III. Im Unterschied zu »Heiland«, einem einschlägigen Begriff (damaliger) christlicher Frömmigkeit, stammt »Heilbringer« aus der religionswissenschaftlichen Forschung. Guardini hielt ihn offenbar – anders als noch 1934/35 – für geeigneter, um die Christusgestalt in die allgemeine Religionsgeschichte und zugleich in die politische Ideologie kritisch einzuordnen. Vgl. hierzu Lanczkowski, Heilbringer.

168 Statt des letzten Absatzes bringt »Der Heiland« (ebd., 369–372) eine ausführlichere Analyse dieses allgemeinreligiösen Phänomens in Anlehnung an die Ausführungen van der Leeuws. Diese Textpassage wird 1946 in Abschnitt IV verschoben (siehe unten bei Anm. 193).

169 1934/35 war noch vom »Welterlöser« die Rede, was sich beim Wiederabdruck von »Der Heilbringer« 1963 schließlich auch wieder durch-

setzte. Offenbar war demgegenüber 1946 der Ausdruck »Welt-Löser« aber bewusst gesetzt worden, um eine der biblischen Wurzeln des Erlösungsbegriffs (hebr. g'l oder *pdh* in der Bedeutung von »lösen«, »auslösen«, »loskaufen«, dann auf die Befreiung Israels aus Ägypten bezogen; vgl. etwa Ijob 3,5 in der Übersetzung von Martin Buber: »Ich weiß, dass mein Löser lebt...«) in Erinnerung zu rufen. Vgl. Art. ›Erlösung‹ in: Neues Bibel-Lexikon, hg. v. M. Görg u. B. Lang. Bd. I, Zürich 1991, 565–576 (B. Willmes / K. Woschitz).

170 »Krist« ist die altdeutsche Wiedergabe von Christus, etwa in den Gedichten Walters von der Vogelweide (»*Also diu sunne schinet / durch ganz geworhtez glas, / also gebar diu reine krist / diu magt und muoter was*«). Mit dem Roman »Wiltfeber. Der Ewige Deutsche. Die Geschichte eines Heimatsuchers« von Hermann Burte (1912) gelangt der Ausdruck in den Dunstkreis Nietzsches, mit dessen Philosophie der Autor die wahre Lehre und Persönlichkeit Christi vereinigen will, und von dort in völkisch-mythische Schriften im Umfeld des Nationalsozialismus (und im Dienst an einem sog. »positiven Christentum«).

171 Vgl. die fünfte Strophe von Hölderlins Gedicht »Der Einzige«: »Ich weiß es aber, eigene Schuld / Ists! Denn zu sehr, / O Christus! häng ich an dir, / Wiewohl Herakles Bruder.« Siehe dazu Guardinis Auslegung dieser Hymne in ders., Hölderlin, 416–424.

172 Vgl. Guardini, Hölderlin, 453: »Vom höchsten Vater ist Dionysos gesendet. Er ist dessen Sohn – ebenso wie Herakles, der auch eine Heilandsgottheit darstellt. In dieser Reihe der Söhne des höchsten Vaters, die mit einem Auftrag unter die Menschen gesendet werden, steht auch Christus. Herakles, Dionysos, Christus bilden das ›herrlich grünende Kleeblatt‹ aus ›Der Einzige‹. Was sie verbindet, ist ›die Not‹. Ihr Wesen bezieht sie auf die Zerreißung des Daseins sowohl wie auf das Sich-Verfangen der Geschichte. Es sind helfende, heilbringende, Heilandsgottheiten.« Vgl. auch ebd., 443 und 460.

173 Vgl. dazu Guardini, Religiöse Gestalten in Dostojewskijs Werk (Werkausgabe), 15–35 (Erstes Kapitel: Das Volk und sein Weg ins Heilige; hier besonders S. 15–23; daraus erschienen 1933 Auszüge unter dem Titel »Volk« in der »Bayerischen Israelitischen Gemeindezeitung« (Jg. 9, Nr. 9, 1. Mai 1933, 129f.; gefolgt von einem Text des jüdischen Autors Jakob Wassermann mit dem Titel »Gerechtigkeit«).

174 Die Passage ab »Gelingt das nicht...« findet sich 1934/35 noch nicht. Dafür wird dort noch der »Nietzschesche Gegenpol des Dionysos« erwähnt. Vgl. Guardini, Der Heiland, 374. Eine ebenfalls 1946 nicht übernommene Fußnote hatte sogar schon auf die völkisch begründete Ablehnung Christi angespielt: »Der Vorwurf der ›Artfremdheit‹ bildet in diesem Zusammenhang ein besonders wichtiges Moment. Der echte Heiland ist ja die Natur, ihre Lösungspotenz – so kann er nirgends anderswoher als aus dem eigenen Blut und der eigenen Erde kommen.« Ebd., Anm. 1, 374.

175 Vgl. Joh 1,14 (als entscheidenden Zielsatz des Johannesprologs 1,1–18).

176 *Anmerkung RG:* Wahrscheinlich ist Buddha der einzige, auf den das nicht zutrifft – wie das Buddhaproblem überhaupt ein singuläres ist, und für die christliche Auseinandersetzung einen ganz anderen Rang

hat als die übrigen. – [*Anmerkung AK:* Über die Bedeutung Buddhas hatte sich Guardinis Freund Josef Weiger bereits früh geäußert; vgl. ders., Ueber die Reden Gotamo Buddhos (1926). Auch Guardini setzt sich intensiv mit Buddha auseinander; vgl. etwa ders., Gedanken über Christentum und Kultur (1926), 167–170; ders., Der Herr, passim (siehe Register). Vgl. bes. ebd., 367: »Einen Einzigen gibt es, der den Gedanken eingeben könnte, ihn in die Nähe Jesu zu rücken: Buddha. Dieser Mann bildet ein großes Geheimnis. Er steht in einer erschreckenden, fast übermenschlichen Freiheit; zugleich hat er dabei eine Güte, mächtig wie eine Weltkraft. Vielleicht wird Buddha der Letzte sein, mit dem das Christentum sich auseinanderzusetzen hat…«

177 Zur (weitgehend synonymen) Verwendung der Begriffe »Abendland« und »Europa« bei Guardini siehe die Einleitung zu dieser Edition.

178 Vgl. Guardini, Hölderlin, 461–491 (»Vierter Kreis: Die Natur«).

179 Vgl. Guardini, Vom Sinn der Schwermut. – Zu diesem Thema siehe auch Knoll, Sehnsucht des Endlichen.

180 1934/35 findet sich an dieser Stelle noch folgende Erläuterung: »Manchmal überkommt einen das Gefühl, in jener Hingegebenheit an das Dasein, wie sie sich in der Dionysik der Heilbringergestalten ausdrückt, liege die Reinheit und Wahrheit des Lebens. In ihr sei die Tapferkeit, die alles bejaht; der ›amor fati‹, der allezeit bereit ist zu sagen: ›War das das Leben? Wohlan denn, noch einmal!‹ Daran ist etwas, wahrlich. Zumal der Mensch, der aus der Verborgenheit des Individualismus kommt, aus der Unnatur der Technik, aus all der Ängstlichkeit und Kümmerlichkeit, wie sie sich so oft im christlichen Bereich finden, muss die freimachende Bejahung fühlen, die in alledem liegt. Dennoch darf ihn das nicht blind machen. Jene Wahrheit, Reinheit und Tapferkeit gelten innerhalb eines Ganzen, das selbst durchaus fragwürdig ist.« Der Heiland, 379 f.

181 Hier hieß es 1934/35: »die aus dem Heiligen Geiste kommt«!

182 1934/35: »von der Naturhaftigkeit zur Geistigkeit« (Der Heiland, 381).

183 Hier fehlt gegenüber 1934/35 ein längerer Abschnitt (vgl. Der Heiland, 381–384), in dem es um die Sicht der Heilbringer als »Dämonen« und um die Wirkung des Satans geht.

184 Die explizite Erwähnung der »Sünde« und der »Sühne« ist neu gegenüber 1934/35. Vgl. Der Heiland, 384 mit Anm. 1 ebd.

185 Dieser Satz wurde innerhalb der Werkausgabe (1994) versehentlich weggelassen; vgl. ebd., 177.

186 Dieser Gedanke beschäftigt Guardini in den fünfziger Jahren weiter. Er erinnert stark an eine Stelle in der Pastoralkonstitution des II. Vatikanischen Konzils (vgl. GS 22: »Christus, der neue Adam, macht eben in der Offenbarung des Geheimnisses des Vaters und seiner Liebe dem Menschen den Menschen selbst voll kund und erschließt ihm seine höchste Berufung«), die auch die Theologie von Papst Johannes Paul II. stark geprägt hat.

187 1934/35 wird der »Antichrist« noch näher charakterisiert. Er ist derjenige, »der einst kommen wird mit seiner ganzen Persönlichkeit, mit seinem ganzen Tun, mit einer souveränen Bemeisterung der Welt und

einer tiefen numinosen Kraft zugleich die Menschen in die Welt hineinbinden wird – im bewussten Gegensatz zu Christus«. Der Heiland, 386.

188 1934/35: »Verdeutlichungen des eigentlichen Heilands« (Der Heiland, 386).

189 1934/35 fand sich noch der Hinweis auf die »Orpheusgestalt«, nicht aber die Erwähnung des Mithras. Noch stark den entsprechenden Schriften *Odo Casels* (1886–1948) verpflichtet war damals der jetzt weggelassene Hinweis auf die »Mysterien«: »Mancher Zug der Mysterien wird in die Liturgie eingegangen sein und wäre es auch nur so, dass, als die Botschaft von der Eucharistie in den hellenistischen Kulturraum trat, eine Erziehung auf sie hin stattgefunden hatte; eine Sympathie, eine Übung des Blickes da war.« Der Heiland, 387. – Auch der daran anschließende Satz wurde 1946 weggelassen: »Ja, die Wirklichkeit jenes Lebens selbst, das Geheimnis der Natureinheit mit seinen Rhythmen, seinen Grunderlebnissen, seinen Symbolen und Sinngehalten ist aufgenommen worden.« Ebd.

190 Dieser eigenartige Ausdruck korrespondiert wohl mit der oben schon markierten Rede vom »Welt-Löser«. »Lösung« erinnert an den Vorgang des Auslösens und Loskaufens, wirkt aber an dieser Stelle unvermittelt. 1934/35 war von der »Rhythmik und Symbolik der natürlichen ›Erlösungen‹« als »Aneignungsgrundlage und Vollzugsform der eigentlichen Erlösung« (Der Heiland, 387) die Rede, was leichter nachzuvollziehen ist.

191 Hier folgte 1934/35 ein Verweis auf den scholastischen Grundsatz »*gratia supponit naturam*« (die Gnade setzt die Natur voraus) und ein Hinweis auf den Verlust an selbstverständlichem Mitvollziehen der Liturgie (vgl. Der Heiland, 387 f.). Der letzte Abschnitt (VI) des frühen Aufsatzes wird 1946 ganz weggelassen, da Guardini das Gesagte jetzt (in den Abschnitten IV-VII) auf den geschichtlichen und politischen Zusammenhang hin ausweitet. 1934/35 wurde an dieser Stelle nur noch das Bild des vor Gericht stehenden Jesus entfaltet, der von den Soldaten als Spottkönig präsentiert wird (vgl. ebd., 388).

192 *Anmerkung RG:* C.G. Jung und K. Kerényi, Einführung in das Wesen der Mythologie, 1941, S. 25, 111 ff. – [*Anmerkung AK:* Vgl. Jung, Carl Gustav / Kerényi, Karl, Einführung in das Wesen der Mythologie. Gottkindmythos, eleusinische Mysterien, Amsterdam [u. a.] 1941; erw. Neuaufl. Zürich 1999.]

193 Die folgende Passage stammt sachlich (aber in stark bearbeiteter Form) wieder aus »Der Heiland«, wo sie aber an einer früheren Stelle des Gedankengangs eingefügt war; siehe oben bei Anm. 168). Nicht übernommen wird eine längere Fußnote mit Ausführungen zur »Krisis der Staatsautorität« (vgl. ebd., Anm. 1, 370 f.).

194 *Anmerkung RG:* Dazu G. v. d. Leeuw, Phänomenologie der Religion, S. 96 ff. – [*Anmerkung AK:* Vgl. Van der Leeuw, Phänomenologie der Religion, § 13 (»Macht und Wille im Menschen. Der König«), 96–111. Vgl. 4. Aufl. (1977), 114–133.]

195 *Anmerkung RG* [nur in der Züricher Ausgabe 1946; siehe Bibliogra-

phie]: Letzteres hört natürlich auf, sobald auch dieser Bereich unter den Einfluss der neuzeitlichen Wissenschaft und Technik kommt. Wie sich hier, wo die christliche Formung des Lebens ausfällt, die ganze Entwicklung gestaltet, kann nicht erörtert werden. [*Anmerkung AK:* Der nachfolgende Satz ist in dieser Ausgabe präsentisch gehalten: *So werden denn auch ohne weiteres Heilsbegriffe auf den König angewandt...* (ebd., 31).]

196 *Anmerkung RG:* Wie wenig aber Christus selbst dadurch mythisiert wird, zeigt sich in dem 1 Kor 15,24 ausgedrückten Bewusstsein, er werde am Ende »dem Vater das Reich übergeben«. Nichts also von der mythischen Identität zwischen Volk und Herrscher; ebenso wenig von dem anderen Motiv, dass die Herrschaft jeweils vom Älteren auf den Jüngeren, vom verbrauchten Vater auf den jugendkräftigen Sohn übergeht, worin sich abermals die Identität der Heilsmacht mit der unmittelbaren naturhaften Lebensmächtigkeit ausdrückt. Solche Strukturunterschiede der Vorstellung sind wichtig, denn sie drücken Unterschiede im Wesen aus.

197 *Anmerkung RG:* Mit dem Zerfall dieser Gefühlsbindung hängt die eigentliche Krisis der Staatsautorität zusammen. Deren Ursachen sind nicht politischer oder soziologischer, auch nicht im besonderen Sinne sittlicher, sondern religiöser Natur, und es entsteht das Problem, wie eine neue religiöse Begründung des Staates zu schaffen sei, ohne die er immer mehr zu einer bloßen Macht- und Nutzorganisation wird.

198 Die Ausführungen über den »König« sind religionsphänomenologisch bzw. mythologisch zu verstehen. Sie drücken keine antidemokratisch-restaurative Tendenz nach dem Zerfall der Diktatur aus, sondern wollen deutlich machen, dass letztere die schlimme Gefährdung jeder nur noch vom »autonomen Volk« her legitimierten Macht darstellt. Demokratie – als die positive Form dieser Macht – ist für Guardini keine Selbstverständlichkeit, sondern muss errungen werden durch Mühe und mit Verantwortung, was gerade für die Zeit nach 1945 in Deutschland gilt. Vgl. dazu Guardinis Essay »Die Macht« (1950), abgedruckt in: ders., Das Ende der Neuzeit / Die Macht, 95–186.

199 Zu Guardinis Beschäftigung mit *Dante Alighieri* (1265–1321), die bis auf seine Mainzer Gymnasialzeit zurückreicht, vgl. Mercker, Erläuterungen zur Edition. – Ab Wintersemester 1930/31 hielt Guardini in Berlin Vorlesungen zu Dante (vgl. ebd., XIX). Nach seiner Zwangsemeritierung 1939 arbeitete er das angefallene Material zwischen Herbst 1944 und Frühjahr 1945 in Mooshausen gründlich durch (vgl. Vorbemerkung, ebd., 3). Dante repräsentiert für Guardini u.a. die »Gestalt des Mittelalters« (ebd., 461; geschrieben 1946).

200 Zu den Begriffen »Abendland« und »Europa« im Sprachgebrauch Guardinis siehe die Einleitung zu dieser Edition.

201 *Novalis* (= Friedrich von Hardenberg, 1772–1801), Die Christenheit oder Europa. Ein Fragment (urspr. 1799 unter dem Titel ›Europa‹, erschienen in Auszügen 1802, vollständig 1826), in: ders., Fragmente und Studien. Die Christenheit oder Europa (Universal-Bibliothek 8030), Stuttgart 1984, 67–89.

202 »Europa wird christlich sein – oder es wird nicht (mehr) sein«: Dieser
Satz kursiert (in einer Fülle von Variationen) auch im Internet, wobei
er verschiedenen Autoren zugeschrieben wird, darunter Guardini, Novalis, Reinhold Schneider, Hanns Lilje, Robert Schumann, Otto von
Habsburg u. a. (bisweilen heißt es auch »Quelle unbekannt«). Wörtlich
findet sich die Aussage in der Europa-Rede des Novalis (Anm. 201)
nicht, wohl aber bei Guardini am Ende des vorliegenden Heilbringer-
Vortrags (siehe unten), und zwar in der Fassung: »Europa wird christlich, oder es wird überhaupt nicht mehr sein.« Der Satz mag in der
einen oder anderen Form schon früher verbreitet worden sein; so heißt
es z. B. bei Theodor Haecker: »Europa hört auf, Europa zu sein, wenn
es den Glauben verliert, dessen bin ich unerschütterlich gewiss, aber
der Glaube hört nicht auf, selbst wenn Europa ein einziges Trümmer-
feld würde, wozu es ja, weiß Gott, Aussicht hat.« Ders., Dialog, 28.

203 Nietzsche, Zarathustra, 300 f.

204 So lautet ein Standardvorwurf Guardinis gegenüber Nietzsche (leider
in der Regel ohne Nachweis). Ob dies Nietzsche insgesamt gerecht
wird, bleibt zu diskutieren. Vgl. aber Nietzsche, Zarathustra, Vorrede
3, 279–281 (die Lehre vom »Übermenschen«), sowie vor allem Aus
dem Nachlass der Achtziger Jahre, 427 f. (= Vom Willen zur Macht.
Versuch einer Umwertung aller Werthe, Nr. 964): »Jene ungeheure
Energie der Größe zu gewinnen, um, durch Züchtung und andrerseits
durch Vernichtung von Millionen Missratener, den zukünftigen Menschen zu gestalten und nicht zugrunde zu gehn an dem Leid, das man
schafft und dessengleichen noch nie da war!« Ferner ebd., 505 f. (Vom
Willen zur Macht, Nr. 954).

205 Vgl. Rosenberg, Alfred, Der Mythus des 20. Jahrhunderts. Eine Wer-
tung der seelisch-geistigen Gestaltenkämpfe unserer Zeit, München
1930 (194 Auflagen bis 1942!).

206 In der Ausgabe von 1963 (wie auch in der Guardini-Werkausgabe
1994) werden die Zitatfragmente sämtlich zwischen Anführungszei-
chen gesetzt: »artfremd«, »jüdisch-christliche Verderbnis«, »Beirrung
der heiligen Kräfte der Natur«, »Feindschaft gegen das Leben«. Das
abschließende »usw.« fehlt jetzt.

207 Anspielung auf den letzten Absatz von Abschnitt IV.

208 Guardini kann hier an unmittelbare Erinnerungen der Leser bzw.
Hörer anknüpfen, die uns Heutigen natürlich nicht mehr zur Verfügung stehen.

209 Hier beginnt das Mooshausener Typoskript-Fragment (S. 56–57; siehe
Bibliographie), das einen früheren Bearbeitungsstatus repräsentiert
und der Vortragsfassung vermutlich noch näher steht.

210 Im Typoskript-Fragment hatte sich hier angeschlossen (S. 56): »... und
das alles zusammen in einem – nein, hier wurde etwas anderes behauptet...«. Handschriftlich streicht Guardini den gesamten Passus von
»so tüchtig« bis »etwas anderes behauptet« und überarbeitet auch den
Kontext, so dass es nun heißt: »Was von ihm gesagt wurde, war zutiefst nicht, dass er das alles infolge persönlicher Begabung vermöge,
sondern dass er ein übermenschliches Wesen sei, ein Heilbringer, sagen
wir es deutlich, ein Heiland.«

211 Nach den handschriftlichen Zusätzen zum Typoskript-Fragment wollte Guardini diesen Aspekt verstärken, indem »die Kraft« durch »die Möglichkeit, die Kraft und das Gelingen« ersetzte. Dies unterblieb, aber für die Veröffentlichung führt er den Aspekt des »Gelingens« in den nachfolgenden Sätzen (die zunächst noch fehlten) weiter aus (bis zum Ende des Absatzes).

212 Gegenüber dem Typoskript-Fragment weitet Guardini für die hier abgedruckte Veröffentlichung die Beispiele noch erheblich aus.

213 Die »Glaubensbewegung Deutsche Christen« war eine Strömung innerhalb des deutschen Protestantismus, die das nationalsozialistische System mittragen wollte. Sie errang bei den Kirchenwahlen vom 23. Juli 1933 die absolute Mehrheit in der Deutschen Evangelischen Kirche. Gegen sie erhob sich die »Bekennende Kirche«, die auf ihrer 1. Bekenntnissynode in Barmen (29.–31. Mai 1934) offiziell gegründet wurde und sich auf die von Karl Barth vorformulierte »Barmener Theologische Erklärung« stützte. Vgl. Meier, Kurt, Deutsche Christen, in: LThK³ 3 (1995), 169 f.; Busch, Eberhard, Bekennende Kirche, in: LThK³ 2 (1994), 171–173.

214 Im Typoskript-Fragment heißt es (S. 57): »In der Schlosskapelle einer großen Stadt, die den deutschen Christen überlassen war, stand ein Altar und auf ihm ein Hitlerbild [korrigiert zu: *und darauf ein Foto Hitlers*].« Die übrigen Beispiele sind noch anders gruppiert.

215 Hier bricht das erhaltene Typoskript-Fragment ab.

216 Die eingeklammerte Passage wurde in der Ausgabe von 1963 gestrichen und fehlt daher auch in der Guardini-Werkausgabe. Über die Gründe kann man spekulieren. Am naheliegendsten scheint mir zu sein, dass man in den 60er Jahren diese extreme Möglichkeit (Gott sei Dank!) nicht mehr für realistisch hielt. Heute kann man die Sätze (leider!) getrost wieder stehen lassen, da eine überbordende Hitler-Verehrung nicht nur in Deutschland, sondern in rechtsradikalen und faschistischen Bewegungen verschiedenster Weltregionen durchaus gegeben ist. Vor dem heutigen Hintergrund wirken die Worte Guardinis somit eigentümlich (unheils-)prophetisch.

217 *Anmerkung RG:* Mit dem Mythos vom Blut verbindet sich nämlich der hier nicht weiter erörterte andere von der Erde. Nicht umsonst hat man die Worte »Blut und Boden« zu einem so unerfreulichen Stabreim verkoppelt. Auch hier ist Nietzsche der Prophet gewesen. Nach seiner Lehre gibt es für den Menschen der Zukunft nur die Erde, sonst nichts. In der Vorrede zum »Zarathustra« heißt es:
»Ich beschwöre euch, meine Brüder, bleibet der Erde treu und glaubet denen nicht, welche euch von überirdischen Hoffnungen reden. Giftmischer sind es, ob sie es wissen oder nicht…
Einst war der Frevel an Gott der größte Frevel, aber Gott starb, und damit starben auch diese Frevelhaften. An der Erde zu freveln, ist jetzt das Furchtbarste, und die Eingeweide des Unerforschlichen höher zu achten als den Sinn der Erde.«
[*Anmerkung AK:* Nietzsche, Zarathustra, Vorrede 3, 280.]

218 *Anmerkung im Neuabdruck von 1963:* Vgl. dazu und zum Folgenden: R. Guardini, Europa – Wirklichkeit und Aufgabe, in: Sorge um den

Menschen, Würzburg 1962, S. 253 ff. [*Anmerkung AK:* Vgl. Sorge um den Menschen, Würzburg 1926, 253–270; neu abgedruckt in: Sorge um den Menschen. Band 1 (GW), Mainz/Paderborn 1988, 238–253.]

219 Griech. ἀρχή (*archē*) = Anfang, Ursprung, Ursache, Prinzip.

IV. Die Vorsehung

220 *Grundlage:* Die Vorsehung, in: Frankfurter Hefte 3 (1948), 1116–1126; neu abgedruckt in: ders., Glaubenserkenntnis. Versuche zur Unterscheidung und Vertiefung, Würzburg ²1949, 63–76; ferner in: Glaubenserkenntnis. Versuche zur Unterscheidung und Vertiefung (GW), Mainz/Paderborn 1997, 68–82. – Zu weiteren Versionen siehe die bibliographischen Angaben. – Zum Inhalt siehe auch den dritten Vortrag des »Memminger Triduums« (siehe oben).

221 In *Memmingen* handelte es sich um den dritten Vortrag nach »Wahrheit und Lüge« und »Christus und der Mythos«; vgl. Gerner, Guardini 2, 339. Für Heilbronn ist kein genaues Datum bekannt; vgl. ebd., 406 und Anm. 33, 429 (auch mit Nachweisen zu Ravensburg und Trier; s. u.). – Weitere Vorträge zum Thema nach 1945: Freitag, 22. 12. 1946, *Ulm* (»Was ist Vorsehung?«); Dienstag, 15. 4. 1947, *Ravensburg* (»Die Vorsehung«); Dienstag, 27. 5. 1947, *Trier* (»Über die Vorsehung«); Anfang Juni 1947, *Stuttgart* (»Schicksal und Vorsehung«). Vgl. insgesamt, Gerner, a. a. O., 574 f.; Knoll, Folgenreiche Begegnungen, 90 mit Anm. 77, 99.

222 Erschienen 1939 in der Reihe »Christliche Besinnung«, dann mit anderen Beiträgen aus dieser Reihe in der ersten Ausgabe des Sammelbands »Glaubenserkenntnis« von 1944 (siehe Bibliographie). Zur Beanstandung dieses Heftchens seitens der nationalsozialistischen Zensurbehörde siehe oben in der Einleitung.

223 Diese Vorbemerkung wurde 1948 für die Fassung in den »Frankfurter Heften« verfasst (siehe oben Anm. 220). Sie zeigt die thematisch begrenzte Zielsetzung des Beitrags aus dem Jahr 1939 auf. Umfassender setzte Guardini zeitgleich an im Kapitel »Die Vorsehung« seines anthropologischen Hauptwerks »Welt und Person« von 1939 (siehe Bibliographie).

224 Bereits 1931 hat Guardini eine Aufsatzfolge zum Vaterunser veröffentlicht, die 1932 als Buch herauskam. Vgl. ders., Das Gebet des Herrn; ferner später ders., Gebet und Wahrheit.

225 Anstelle des folgenden Satzes steht in der Fassung von 1939 noch: »Die Naturgesetze tun es ganz gewiss nicht; für sie ist der Mensch ein körperliches Gebilde, wie Stein und Baum. Die Gesetze der Psychologie und der Geschichte ebenso wenig; sie sind Weltgesetze höherer Ordnung und nehmen den Menschen als einen Bestandteil der Welt. Alle diese Gesetze kümmern sich nicht um den persönlichen Menschen und sein Schicksal, sondern gebrauchen und missbrauchen ihn. Sie Vorsehung zu nennen, ist sinnlos. Wenn die Offenbarung sagt, es gebe eine allmächtige, weise und gütige Ordnung, die sich um den Menschen – um jeden Menschen in seinem eigensten Wesen und Ergehen – kümmert; es gebe ein Antlitz, das sich ihm zuwendet, eine Liebe,

die ihn umfasst, eine Sorge, die auf sein Heil im ehrlichen Sinn dieses Wortes gerichtet ist, so ist das etwas, wovon die Welt nichts weiß.« Zit. nach Glaubenserkenntnis (Ausgabe 1944; siehe Bibliographie), 103.

226 Hierher gehört auch die Beschreibung des nationalsozialistischen Hitlerbildes in »Der Heilbringer« (siehe oben Kapitel III, Abschnitt VI). – Die Namen Napoleons und Hitlers fehlten verständlicherweise 1939 noch. Ansonsten hatte Guardini damals diese Position ausführlicher skizziert (vgl. Glaubenserkenntnis 1944, 103–105). Die vom Zensor inkriminierte Stelle lautete: »Noch eine dritte Weise gibt es, wie man sich wohl die Vorsehung denkt. Sie geht von dem eigentümlichen Gefühl aus, das sich oft in starken, wagemutigen und schöpferischen Menschen findet, mit ihnen habe es eine besondere Bewandtnis. Ein Solcher ist überzeugt, er wäre für eine bestimmte Aufgabe da und werde in seinem Tun von den Mächten des Daseins unterstützt. Je größer der Mensch, desto größer und deutlicher kann dieses Gefühl werden – so sicher, dass er sich als Mittelpunkt des Geschehens um ihn her empfindet, von einem geheimnisvollen Auftrag gesendet, von einer nie fehlbaren Weisheit geführt, von einem besonderen Schutz gehütet.« Zit. nach Glaubenserkenntnis (Ausgabe 1944), 103 f. – Siehe Einleitung.

227 1939 wird diese Aussage noch verdeutlicht: Was Jesus verkünde, sei »keine Philosophie oder Religion der Geschichte, sondern die Offenbarung dessen, was der lebendige Gott ›denen zugedacht hat, die ihn lieben‹. Seine Botschaft redet nicht vom großen, sondern vom glaubenden Menschen, sei er nun groß oder klein; nicht vom handelnden oder schaffenden, sondern vom Gott liebenden Menschen, ob er nun große Taten vollbringt, oder ein ganz unscheinbares Leben führt, ein schöpferisch Begabter ist oder einer, der einfach seine tägliche Pflicht tut. Außerdem droht jener Deutung auch die Gefahr, ›Vorsehung‹ und ›Erfolg‹ gleichzusetzen, was der Lehre Jesu ganz widerspricht, gibt es doch in seiner Botschaft ebenso wie in seinem eigenen Leben das Kreuz. Der Erfolg kann Ausdruck der Huld Gottes sein, aber auch seines Zornes, und den Menschen verhärten. Und wenn die Pläne eines Menschen zerbrechen, so steht durchaus dahin, ob das Strafe ist, oder aber Gottes mahnende und erziehende Liebe.« Zit. nach Glaubenserkenntnis 1944 (siehe Bibliographie), 104 f.

228 *Anmerkung RG:* Zusätze in eckiger Klammer vom Verfasser.

229 Zu diesem Gedanken vgl. Guardini, Welt und Person (GW), 188–198; vgl. ferner bereits ebd., 111–114 (im Kapitel »Die Person«).

230 Auch mit dem Werk des dänischen Denkers *Sören Kierkegaard* (1813–1855) hatte sich Guardini seit den 20er Jahren intensiv beschäftigt; vgl. dazu Knoll, Glaube und Kultur, 90–95, 223 f., 244–246, 263 f. u. ö. (s. Register). Zur vorliegenden Stelle vgl. bes. Kierkegaard, Einübung im Christentum. Vgl. dazu auch Kampmann, Kierkegaards »Einübung im Christentum« (Beitrag zur Guardini-Festschrift 1965).

231 Vgl. Augustinus, Confessiones 9, 4, 12.

232 Vgl. auch Guardini, Vom Sinn der Schwermut. Auch diese Schrift steht unter dem Eindruck der Kierkegaard-Lektüre Guardinis (siehe oben Anm. 230).

233 Die Herausgeber der »Frankfurter Hefte« (siehe Bibliographie) hän-

gen dem Beitrag Guardinis 1948 am Ende der letzten Seite (1126) ohne Quellennachweis ein Zitat von *Georges Bernanos* (1888–1948) an: »Gott hütet keinen von uns wie einen kostbaren Vogel im Käfig… Er gibt seine besten Freunde preis, gibt sie für nichts hin, an die Guten wie an die Bösen, an jedermann, wie der Heiland an Pilatus ausgeliefert wird. ›Da, nehmt, dies ist der Mensch!‹« Vgl. Joh 19,5.

V. Die Waage des Daseins

234 *Grundlage:* Guardini, Romano, Die Waage des Daseins. Rede zum Gedächtnis von Sophie und Hans Scholl, Christoph Probst, Alexander Schmorell, Willi Graf und Prof. Dr. Huber, gehalten am 4.11.1945, Tübingen 1946; neu abgedruckt 1948 und 1955 (Manuskriptdruck der LMU München). Siehe Bibliographie sowie die Ausführungen dazu in der Einleitung. – Der erste Abschnitt ist in der Vorlage nicht nummeriert. Der Herausgeber hat, entsprechend der nachfolgenden Zählung, die Ziffer »I« ergänzt.

235 Zu Vorgeschichte und Ablauf der Veranstaltung siehe die Einleitung zu dieser Edition.

236 Das Gedenken bezog sich auf *Sophie* und *Hans Scholl,* auf *Christoph Probst, Alexander Schmorell, Willi Graf* und Prof. Dr. *Kurt Huber.* Letzterer hatte das sechste Flugblatt verfasst, das am 18. Februar 1943 im Lichthof der LMU München in einer gewagten Aktion verteilt wurde. Dabei wurden Hans und Sophie Scholl beobachtet und gefangengenommen, in der Folge viele ihrer »Mittäter« und Sympathisanten gefasst und verurteilt. Am 22. Februar 1943 wurden die Geschwister Scholl sowie Christoph Probst hingerichtet. Schmorell starb am 13. Juli (die russisch-orthodoxe Kirche hat ihn 2007 heiliggesprochen), Huber und Graf folgten am 12. Oktober. Bei der Veröffentlichung 1955 wurde in das Gedenken auch noch *Hans Leipelt* einbezogen, der u. a. den Kontakt zu einer Gruppe in Hamburg hergestellt hatte und in München bei der Verteilung des Flugblatts geholfen hatte (hingerichtet am 29. Januar 1945). Vgl. insgesamt Scholl, Weiße Rose; ferner im Anhang zur hier vorgelegten Rede Guardinis ihr hinführender Beitrag von 1955 »Es lebe die Freiheit«.

237 Umgekehrt war Guardini einigen Mitgliedern der ›Weißen Rose‹ durch seine Schriften bekannt. Hans Scholl schätzte besonders Guardinis Hölderlin-Buch. Vgl. dazu die knappen Angaben bei Schüler, Im Geiste der Gemordeten, 271.

238 Diesen ›Mangel‹ konnte in der Ausgabe von 1955 dann die Einleitung von Inge Scholl, der Schwester von Hans und Sophie Scholl, ein wenig ausgleichen (abgedruckt im Anhang zu diesem Kapitel).

239 »*Sunt lacrimae rerum et mentem mortalia tangunt.*« »Man hat Tränen für die Dinge, und das Sterbliche berührt das Herz.« Vergil, Aeneis I, 462.

240 Guardini hatte auf Vermittlung seines Freundes Josef Weiger um 1907 die Liturgie des Benediktinerklosters Beuron im Donautal kennen und schätzen gelernt. Er ließ sich wenig später in Beuron als Oblate aufnehmen. Später trat er über die Liturgische Bewegung in engen

Kontakt zu dem von Beuron aus gegründeten Kloster Maria Laach. Die benediktinische Spiritualität war für ihn persönlich zeitlebens prägend. Vgl. Gerl-Falkovitz, Guardini, 65 f.

241 Regula Benedicti 31, 10: »*Omnia vasa monasterii cunctamque substantiam ac si altaris vasa sacrata conspiciat.*« »Alle Geräte und den ganzen Besitz des Klosters betrachte er als heiliges Altargerät.«

242 Dieser christliche Hintergrund der Gruppe um die Geschwister Scholl wird heute wieder stärker betont. Vgl. aber bereits Inge Scholl in ihrem Buch »Die Weiße Rose« sowie dann Schüler, Im Geiste der Gemordeten, passim. Es ist bezeichnend, dass Guardini diesen Aspekt bereits während der ersten Gedenkveranstaltung nach dem Krieg hervorhob.

243 Diese Formulierung verweist auf die Analysen, die Guardini in »Wahrheit und Lüge« (Kapitel II) und »Der Heilbringer« (Kapitel III) ausführlicher vorgelegt hatte.

244 Die beiden Geleitworte des Rektors und des AStA-Vorsitzenden sind der Broschüre von 1955 (siehe Bibliographie) vorangestellt. Sie werden hier im Anhang wiedergegeben, um die bedeutsame spätere Rezeption des Vortrags von 1945 an der Münchener Universität zu dokumentieren.

245 Eine erste Gedenkveranstaltung in der neu errichteten Münchener Universität fand am 2. November 1946 statt; Rektor Karl Vossler hielt dabei die Hauptrede; Minister Fendt enthüllte eine Ehrentafel zum Gedächtnis an die Ermordeten. Im Februar 1947 begann dann die Reihe der jährlich wiederkehrenden Gedenkstunden. Seit 1954 berät ein kleiner Kreis, zu dem auch Guardini gehört, die Einrichtung einer festen Erinnerungsstätte im Lichthof der Universität. Am 12. Juli 1958 findet dann die Einweihung des wiederhergestellten Lichthofs und die Enthüllung des Denkmals für die »Weiße Rose« statt; in diesem Rahmen hält wieder Guardini die Gedenkrede, für die er das überlieferte letzte Wort von Hans Scholl »Es lebe die Freiheit!« als Titel wählt. In diese Gedenktradition ist auch die Universitätsbroschüre von 1955 einzuordnen. Vgl. v. a. Gerner, Guardini 2, 572–578.

246 »*Alma mater*« (lat., wörtl. »nährende Mutter«) ist eine verbreitete metaphorische Umschreibung für eine Universität, hier für die Ludwig-Maximilians-Universität München (= »*monacensis*«).

247 *Alfred Marchionini* (1899–1965), seit 1950 Inhaber des Lehrstuhls für Dermatologie an der LMU München, 1954/55 Rektor der Universität.

248 *Joseph Höß* (geb. 1931), studierte von 1952 bis 1957 an der LMU München Rechtswissenschaften und Volkswirtschaft. 1960 promovierte er in Würzburg. Von 1970 bis 1990 war er Oberbürgermeister der Stadt Kempten im Allgäu.

249 *Inge Aicher-Scholl* (1917–1998) war die älteste Tochter von Robert und Magdalena Scholl sowie die Schwester von Hans und Sophie Scholl; 1952 heiratete sie Otl Aicher (siehe dazu auch die Einleitung zur vorliegenden Edition). Im selben Jahr veröffentlichte sie ihr weit verbreitetes Buch »Die Weiße Rose« (siehe oben). Ihre kurz gefasste Einführung in die Broschüre von 1955 wird hier ebenfalls im Anhang wiedergegeben.

250 Dieser Name steht für ein Massaker, das die Waffen-SS am 10. Juni 1944 an der Bevölkerung des französischen Dorfes Oradour-sur-Glane anrichtete. Nahezu alle Bewohner (642 Opfer) wurden ermordet, das Dorf selbst vollständig zerstört. 1953 fand in Frankreich ein Prozess statt, bei dem 65 Personen angeklagt wurden. Vgl. etwa Fouché, Jean-Jacques, Oradour, Paris 2001.

VI. Zum Beginn der Vorlesungen in Tübingen

251 *Grundlage:* GA 1325 (Typoskript). Siehe: Bibliographische Nachweise. – Die handschriftlichen Überarbeitungen werden in unseren Text übernommen, da sie die Fassung letzter Hand darstellen. Auf den ursprünglichen Text wird in Fußnoten hingewiesen.

252 Die Datierung ergibt sich aus GA 1325.

253 Da ein offizielles Vorlesungsverzeichnis erst ab Wintersemester 1946/47 vorliegt (vgl. Vorlesungen Guardinis, 280 f.), lässt sich nicht exakt belegen, welches Thema Guardini für seine Einstiegsvorlesung wählte. Aus Äußerungen eines Hörers (des späteren Politikwissenschaftlers Iring Fetscher) lässt sich aber schließen, dass Guardini in diesem Semester über die platonische und christliche Auffassung des Todes las (siehe dazu auch die Einleitung zu dieser Edition, hier Anm. 100).

254 An dieser Stelle verwendet Guardini im (sicher nicht wörtlich gemeinten) Zitat schon den Begriff »christlich« statt »katholisch«, was dem Titel des Münchener Lehrstuhls (»Religionsphilosophie und christliche Weltanschauung«) entsprach und was Guardini auch schon in Tübingen durchzusetzen versuchte. Vgl. dazu in der Einleitung Anm. 96.

255 Die Passage in spitzen Klammern wurde handschriftlich hinzugefügt, gibt aber wohl Guardinis tatsächlich vorgetragene Worte wieder. Im ursprünglichen Typoskript hieß es (ohne einleitendes Komma): *und sagte, der Sinn des Daseins liege nicht im Leben der Einzelpersönlichkeit, sondern nur im Ganzen; diese Ganzheit werde vom Staat dargestellt.*

256 Zur Vorgeschichte siehe oben in der Einleitung zu dieser Edition.

257 Zuerst hatte Guardini sich im WS 1903/04 und im SS 1904 in Tübingen aufgehalten, um hier Chemie zu studieren. Im WS 1906/07 kehrte er als Theologiestudent zurück und blieb dort bis Frühjahr 1908. Vgl. Knoll, Folgenreiche Begegnungen, 81–86.

258 Handschriftliche Korrektur Guardinis (urspr. *zu tun*).

259 Vgl. Guardini, Vom Wesen katholischer Weltanschauung (1923). An die dortigen Überlegungen knüpft Guardini hier wieder an.

260 Handschriftliche Korrektur (urspr. *dem Glauben*).

261 Handschriftliche Korrektur (urspr. *beständig neu*).

262 Urspr. stand an dieser Stelle: *wieder* (handschriftl. gestrichen).

263 Siehe dazu in der Einleitung zu dieser Edition Anm. 98.

VII. Unsere Verantwortung für die Sprache

264 *Grundlage:* GA 1509 (Druckvorlage). Siehe Bibliographie. Die spätere Typoskript-Fassung GA 1508 wird im Anhang hinzugefügt. Auf die wichtigsten Änderungen wird in den Fußnoten hingewiesen. Siehe dazu oben den letzten Abschnitt der Einleitung zu dieser Edition.

265 Zum Anlass siehe ebenfalls die Einleitung zu dieser Edition (letzter Abschnitt). Evtl. wiederholte Guardini diesen Vortrag am 20. Dezember in *Ulm* (siehe das dazugehörige Plakat ohne Titelangabe oben Abb. S. 62). Nachgewiesene Vorträge zum Thema: Montag, 19. 8. 1946, *München*, St. Ursula (vgl. Gerner, Guardini 2, 44; unter Verweis auf den Zeitungsbericht in der SZ vom 23. 8. 1946 ebd., Anm. 19, 66); Montag, 18. 11. 1946, *Stuttgart*, Markuskirche (vgl. Knoll, Folgenreiche Begegnungen, 90 und Anm. 76, 99; mit Verweis auf den Gottesdienst-Anzeiger der Pfarrgemeinde St. Josef, Stuttgart, vom 17. (!) November 1946 [das Datum ist gegenüber meinem früheren Nachweis zu korrigieren!]).

266 Die Abschnitte I–II entsprechen in GA 1508 dem ersten Teil des Vortrags (»Das Wesen der Sprache« mit den Abschnitten I–III).

267 *Anmerkung RG:* Auf diese Seite der Sprache, nämlich ihre Beziehungen zu bestimmten Völkern, Ländern und Zeiten, können wir hier nicht weiter eingehen.

268 In GA 1508 bilden die folgenden Passagen bereits Abschnitt III. Die beiden Fassungen stimmen weitgehend überein.

269 Anders als hier folgt in GA 1508 an der vorliegenden Stelle der Verweis auf die Anekdote aus der Chronik von Salimbene (die allerdings nicht wiedergegeben wird). Auch die daran anschließenden Sätze sind erheblich umformuliert.

270 Die folgenden Abschnitte III und IV bilden in GA 1508 den zweiten Teil (»Die Schädigung der Sprache« mit den Abschnitten I–V), der erheblich erweitert ist.

271 *Anmerkung RG:* Eine andere Frage ist, was das Schweigen bedeutet. Es gehört mit dem Reden zusammen. Schweigen ist nicht nur die Abwesenheit des Redens, nicht etwas Negatives, sondern eine eigene, erfüllte Form des inneren Lebens. Reden und Schweigen bilden ein letztes Ganzes, und auch daraus erwachsen dem Pädagogen wichtige Aufgaben. Über die Erziehung zum Schweigen wäre viel zu sagen.

272 Vgl. dazu Mogge, Winfried, »Und heute gehört uns Deutschland…« Karriere und Nachwirkungen eines Liedes 1933–1993, in: Hein, Peter Ulrich / Reese, Hartmut Reese (Hg.), Kultur und Gesellschaft in der Bundesrepublik Deutschland. Eine Festschrift zum 65. Geburtstag von Arno Klönne, Frankfurt a. M. [u. a.] 1996, 101–109. – Das Zitat stammt aus dem Lied »Es zittern die morschen Knochen« von *Hans Baumann* (1914–1988), das nach 1934 zum nationalsozialistischen Kampflied avancierte, wobei die Fassung »heute *gehört* uns Deutschland / und morgen die ganze Welt« nach 1945 als typischer Ausdruck nationalsozialistischer Kriegsideologie verstanden wurde (vgl. auch die Parallelstelle in GA 1508; siehe Anhang zu diesem Kapitel). Dane-

ben wurde auch gesungen »heute da *hört* uns Deutschland« (wie Guardini hier, vielleicht versehentlich, vielleicht aber auch bewusst, zitiert, wobei das Wörtchen ›da‹ bei ihm fehlt).

273 Zum Begriff ›gottgläubig‹ siehe unten Anm. 290.

274 Die folgenden Ausführungen nehmen Gedanken aus dem Memminger Jugendvortrag über die Wahrheit (siehe Kapitel I/2) und dem bekannteren Vortrag »Wahrheit und Lüge« (siehe Kapitel II) auf und führen sie weiter.

275 Zu Guardinis Beschäftigung mit diesem großen italienischen Dichter siehe oben Anm. 199.

276 Der 600. Todestag Dantes wurde am 14. September 1921 begangen; Papst Benedikt XV. veröffentlichte zu diesem Anlass eine eigene Enzyklika (»*In praeclara summorum*«, 30. April 1921).

277 GA 1508 fügt als weiteres Beispiel den Begriff »Lehrkraft« hinzu. Ebenso wie »Schreibkraft« hat er sich bis heute in unserer Sprache erhalten, ohne dass die von Guardini konstatierte Herkunft aus dem Sprachgebrauch im Nationalsozialismus mehr bewusst wäre. Siehe zu dieser Art von Sprachkritik den letzten Abschnitt der Einleitung.

278 GA 1508 fügt hier Ausführungen über die »Sachlichkeit« hinzu (in Abschnitt IV des zweiten Teils; siehe Anhang unten), die mit den Aussagen über die Vernachlässigung des »Herzens« und den Missbrauch des »Geschlechtlichen« verbunden werden. Außerdem wird dort ausführlicher auf konkrete Veränderungen der Gegenwartssprache und ihre Problematik eingegangen.

279 Zur ursprünglichen Zielgruppe des Vortrags (Schulräte bzw. Lehrer) siehe oben in der Einleitung.

280 *Grundlage:* GA 1508 (Typoskript). Siehe Bibliographie. Guardini hat den Vortrag aus dem Jahr 1945 im folgenden Jahr zumindest bei zwei Anlässen (in München und Stuttgart wiederholt (siehe oben Anm. 265). In deren Kontext dürfte das vorliegende Typoskript entstanden sein, das freilich in seiner Ausführlichkeit den Rahmen eines Einzelvortrags bei weitem sprengt.

281 Die Vorbemerkung ist gegenüber GA 1509 erheblich erweitert. Der gesamte Text ist sehr viel ausführlicher und mit den Überschriften »Vorbemerkung«, »Das Wesen der Sprache« und »Die Schädigung der Sprache« versehen. Die beiden Hauptteile sind weiter untergliedert (I–III und I–V), so dass insgesamt 8 Abschnitte (gegenüber 4 Abschnitten in GA 1509) entstehen.

282 Dieser über GA 1509 hinausgehende Hinweis bleibt im Text unausgeführt. Guardini meint den Franziskaner *Salimbene von Parma* (eigentlich Omnibene de Adam[o], teilweise auch Salimbene von Adam, 1221 – nach 1288), von dessen schriftstellerischem Werk ausschließlich seine Chronik über die Zeit von 1167 bis 1287 (teilweise noch 1288) zum Teil erhalten blieb. Vgl. Cronica Fratris Salimbene de Adam, hg. v. Oswald Holder-Egger (MGH 32), Hannover-Leipzig 1905–1913, Nachdruck 1963. Guardini bezieht sich auf die Stelle ebd., 350,13–24. Vgl. auch Guardini, Welt und Person, Anm. 51, 138: »Es gibt eine in der Chronik des Salimbene berichtete Anekdote, wie Friedrich II. von

Hohenstaufen die Ursprache des Menschen zu erforschen suchte. Danach ließ er einige elternlose Säuglinge in ein Haus zusammenbringen; ordnete an, dass man ihnen jegliche Art von Pflege angedeihen lasse, verbot aber aufs strengste, mit ihnen zu reden. So sollte sich zeigen, welche Sprache sie spontan hervorbringen würden. Die Kinder aber begannen weder hebräisch, noch griechisch, noch lateinisch – worin nach Meinung der Zeit die Urmöglichkeiten der Sprache bestanden – ebenso wenig in der Mundart ihrer Eltern zu reden, sondern starben. Die Geschichte ist sehr tiefsinnig und besagt, dass das Sprechen kein Produkt, sondern eine Voraussetzung des menschlichen Lebens bildet.«

283   Allerdings geht es an der zitierten Stelle (siehe oben Anm. 280) nicht nur um die fehlende Spracherfahrung, sondern auch um die ausgebliebene emotionale Zuwendung, d. h. insgesamt um eine fehlende Einbettung der Säuglinge in jegliche intersubjektive Kommunikationszusammenhänge. Salimbene will damit die menschenverachtende Grausamkeit Friedrichs II. an einem Beispiel illustrieren, dessen Historizität allerdings recht fraglich ist.

284   Im Typoskript bleibt diese Feststellung ebenfalls unausgeführt. Die Polarität von Reden und Schweigen hat Guardini in seinen Schriften immer wieder betont. Vgl. etwa Die religiöse Sprache, 12 f.

285   Hier wie auch in der nachfolgenden Passage deutet Guardini zusätzliche Aspekte (Sprache und Dichtung, Sprache und Bildung) lediglich an. Vgl. hierzu etwa den in Anm. 282 angegebenen Titel. Im mündlichen Vortrag könnte hier Gelegenheit für freie Ausführungen geblieben sein, die Guardini je nach Bedarf nutzen wollte.

286   Guardini lenkt hier den Blick offenbar auf das Gesamtziel der Vorträge des Religiösen Bildungswerks München (evtl. auch in Stuttgart?), wo er über dasselbe Thema 1946 referierte (siehe oben Anm. 265).

287   Siehe auch schon die an Weihnachten 1945 verfasste Vorbemerkung zu »Der Heilbringer« (oben Kapitel III). Hier taucht wohl der Begriff erstmals auf, um dann auch im vorliegenden Vortrag sowie in weiteren Veröffentlichungen verwendet zu werden. Vgl. etwa Freiheit, Gnade, Schicksal, 27; dann vor allem Das Ende der Neuzeit (in: ders., Das Ende der Neuzeit / Die Macht, 7–94; vgl. ebd., 9, den Rückbezug auf eine in Tübingen und München gehaltene Pascal-Vorlesung). Zur Unterscheidung von »Neuzeit« und »Nach-Neuzeit« bei Guardini einschließlich ihrer Vorgeschichte vgl. Knoll, Glaube und Kultur, 337–453.

288   Handschriftlich korrigiert (urspr. *scharfes*).

289   Handschriftlich notiert Guardini an dieser Stelle: »*diesmal aus dem religiösen Bereich*« [nämlich ein weiteres Beispiel].

290   Durch Erlass des Reichsinnenministeriums vom 26. November 1936 konnte auf den Melde- und Personalbögen der Einwohnermeldeämter sowie den Personalpapieren für aus einer Kirche ausgetretene Personen die Bezeichnung »gottgläubig« eingetragen werden. Als »gottgläubig« galt, wer sich von den anerkannten Religionsgemeinschaften abgewandt hatte, sich jedoch nicht einfach als glaubenslos bezeichnen wollte. Das Beiwort drückte eine besondere Nähe zur nationalsozia-

listischen Ideologie aus. Vgl. Art. »gottgläubig«, in: Schmitz-Berning, Cornelia, Vokabular des Nationalsozialismus. 2. durchges. u. überarb. Aufl., Berlin-New York 2007, 281–283.

291 Handschriftlich korrigiert (urspr. *Sie kommt zuerst*).

292 Handschriftlich korrigiert (uspr. *So*).

293 *Anmerkung RG:* Problem der Erkrankung des Geistes ... – [*Anmerkung AK:* Darauf war Guardini in seinen Vorträgen über »Wahrheit« (siehe oben Kapitel I/2, Abschnitt IV, sowie Kapitel II, Abschnitt VI) näher eingegangen. Hier belässt er sich bei einem stichwortartigen Verweis, der in GA 1509 noch fehlt.]

294 *Anmerkung RG:* »Die Wandlung« 1945/1946, Heft 4, S. 347 ff. – [*Anmerkung AK:* Für den 5. November 1937 hatte Hitler die militärische Führungsspitze und Außenminister Neurath zu einer Konferenz geladen, um Probleme der Rüstungswirtschaft zu erörtern. Bei diesem Anlass gab er in einem mehrstündigen Vortrag Einblicke in seine weitgespannten außenpolitischen Ziele. Oberst *Friedrich Hoßbach* (1894–1980) fertigte im Nachhinein eine Niederschrift dieser Besprechung an, die später in den Nürnberger Prozessen (1945–1949) als Beweismittel für die Vorbereitung eines Angriffskrieges diente. Da die Reaktionen der Besprechungsteilnehmer nur unzureichend wiedergegeben waren, gilt die Bezeichnung »Hoßbach-Protokolle« heute als irreführend. Guardini zitiert den Text nach dem Abdruck in der Zeitschrift »Die Wandlung« (hier innerhalb von Sternberger, Hitlers weite Sicht, 354–362), die zwischen 1945 und 1949 in Heidelberg erschien und von Dolf Sternberger unter Mitarbeit von Karl Jaspers, Werner Krauss und Alfred Weber herausgegeben wurde (vgl. dazu Waldmüller, Die Wandlung). Spätere Edition des Dokuments in: Akten zur deutschen auswärtigen Politik 1918-1945, Serie D (1937–1945), Bd. 1: Von Neurath zu Ribbentrop (September 1937 – September 1938), Göttingen 1950, 25–32.

295 Akten I (wie Anm. 292), 26.

296 Ebd., 27.

297 Ebd.

298 Mit *Blaise Pascal* (1623–1662) hatte sich Guardini intensiv beschäftigt. Vgl. v. a. ders., Christliches Bewusstsein. An der vorliegenden Stelle zitiert er aus dem Gedächtnis, wobei er mit Sicherheit Fragment Nr. 585 der »*Pensées*« (nach der Zählung bei Louis Lafuma; innerhalb von Serie XXIII der nichteingeordneten Papiere; in der Zählung von Léon Brunschwicg Nr. 32) vor Augen hat: »Es gibt ein gewisses Muster von Gefälligkeit und Schönheit, das in einer gewissen Übereinstimmung zwischen unserer schwachen oder starken Natur – so, wie sie eben ist – und der Sache, die uns gefällt, besteht. Alles, was nach diesem Muster geformt ist, erscheint uns gefällig, seien es Haus, Lied, Rede, Vers, Prosa, Frau, Vögel, Flüsse, Bäume, Zimmer, Kleider usw. Alles, was nicht nach diesem Muster geschaffen ist, missfällt denjenigen, die Geschmack haben. [...] Nichts macht besser verständlich, wie lächerlich ein falsches Sonett ist, als wenn man dessen Wesen und Muster bedenkt und sich hierauf eine Frau oder ein Haus vorstellt, die nach jenem Muster geformt sind.« Übers. nach Ulrich Kunzmann (vgl.

Pascal, Gedanken, 350 f.). Vgl. auch Guardinis eigene Übersetzung in: ders., Christliches Bewusstsein, 100 f.

299 Handschriftlich korrigiert (urspr. *Feinheit*).

300 Handschriftlich korrigiert (urspr. *Überall hat man den Weg des Befehlens und Durchfahrens, des Drohens und Dreinschlagens, des Zwingens und Vernichtens eingeschlagen*). Die ursprüngliche Formulierung erschien Guardini offenbar zu schwach, insofern man diesen Weg ja nicht einfach nur ›einschlug‹, sondern ihn auch tatsächlich *ging*!

301 Dieses Beispiel ist gegenüber GA 1509 ebenso hinzugefügt wie »Lehrkraft«. Guardini könnte es – als Leser der Zeitschrift »Die Wandlung« (siehe oben Anm. 292 sowie Anm. 116) – dem entsprechenden Abschnitt »Aus dem Wörterbuch des Unmenschen« entnommen haben, einer durchgängigen Rubrik dieser Zeitschrift, in der im 1. Jahrgang 1945/46 folgende Begriffe behandelt werden: »Ausrichtung« (Dolf Sternberger), »Betreuung« (ders.), »Charakterlich« (ders.), »Durchführen« (Gerhard Storz), »Einsatz« (ders.; siehe Bibliographie). Im letztgenannten Beitrag konnte Guardini etwa lesen: »Das Bild ist gewagter, als man es gemeinhin weiß, wenn der Mensch, Leben oder Schicksal als Spiel verstehend, sich selbst als Einsatz bezeichnet. Zur Sache gemacht, begibt er sich seiner Freiheit und Person und gibt, verzweifelt oder frevlerisch, sich dahin an das blinde und unerforschliche Walten von Mächten.« Ebd., 428. »Nachdem der Volksgenosse einige Zeit die spielerische Heroisierung seiner alltäglichsten Hantierungen mit dem kriegerischen Wort ›Einsatz‹ sich hatte gefallen lassen, bekam er Gelegenheit, dessen vollen und ernsten Sinn auf dem Spieltisch der Schlachtfelder zu ermessen. So lange redete er vom Einsatz, bis er darüber zum Einsatz wurde, ja so sehr ist er Teilstück und Rädchen geworden, einverstanden damit, in Lücken und Gestänge geschoben zu werden, dass er selbst heute noch zum Einsatz kommt oder gelangt, hochwertiges Material, das er ist.« Ebd., 430.

302 Hier zeigt sich einmal mehr Guardinis durchgängige Betonung des »Lebendig-Konkreten«, allerdings nun angewendet auf die Sprache. Vgl. v. a. Guardini, Der Gegensatz.

303 In seinen veröffentlichten Schriften hat Guardini diese Linie »*Philosophia*« und »*Theologia cordis*« immer wieder skizziert. Vgl. etwa Christliches Bewusstsein, 143 (innerhalb des Kapitels »Die Verborgenheit Gottes und das Herz«, ebd., 127–152).

304 Hier steht im Typoskript *furchtbar*, was ein Versehen sein muss, weshalb es vom Herausgeber zu *fruchtbar* korrigiert wurde.